高职高专金融保险专业系列教材
金融保险企业岗位培训教材

金融学基础

（第2版）

卜小玲　朱　静　主　编
张淑谦　周惠昨　副主编

清华大学出版社
北京

内容简介

本书根据我国近年新颁布实施的金融政策法规和管理制度，参考现代金融服务业务操作规程编写，系统介绍了货币与货币制度、信用和信用形式、利息与利息率、金融市场、金融机构体系、商业银行、中央银行、货币供求与均衡、货币政策、国际收支与外汇、金融创新与金融发展等基本知识，注重教学实践和提高读者的应用能力。

本书具有理论适中、知识系统、案例真实、注重应用等特点。本书可作为应用型大学本科金融管理、证券投资等专业学生的必修教材，同时兼顾高职高专、成人高等教育金融保险专业的教学需要，也可用于金融服务机构从业人员的在职教育岗位培训用书。

图书在版编目(CIP)数据

金融学基础/卜小玲，朱静主编. —2版. —北京：清华大学出版社，2018（2021.9重印）
（高职高专金融保险专业系列教材　金融保险企业岗位培训教材）
ISBN 978-7-302-49278-8

Ⅰ. ①金…　Ⅱ. ①卜…　②朱…　Ⅲ. ①金融学－高等职业教育－教材　Ⅳ. ①F830

中国版本图书馆CIP数据核字(2018)第002450号

责任编辑：张　弛
封面设计：常雪影
责任校对：李　梅
责任印制：宋　林

出版发行：清华大学出版社
　网　　址：http://www.tup.com.cn，http://www.wqbook.com
　地　　址：北京清华大学学研大厦A座　　**邮　　编**：100084
　社 总 机：010-62770175　　**邮　　购**：010-83470235
　投稿与读者服务：010-62776969，c-service@tup.tsinghua.edu.cn
　质量反馈：010-62772015，zhiliang@tup.tsinghua.edu.cn
　课件下载：http://www.tup.com.cn，010-62770175-4278
印 装 者：北京嘉实印刷有限公司
经　　销：全国新华书店
开　　本：185mm×260mm　　**印　张**：15.25　　**字　　数**：369千字
版　　次：2012年4月第1版　2018年5月第2版　　**印　　次**：2021年9月第5次印刷
定　　价：43.00元

产品编号：075288-02

编写委员会

序 言

随着我国改革开放进程的加快和我国社会主义市场经济的快速推进，特别是在我国加入 WTO 后，中国经济建设已经连续多年保持持续高速增长的态势。我国经济生活进入了一个最为活跃的历史发展时期。金融体系作为市场经济运行的主体，既是国家经济的命脉，也是现代经济的核心，金融服务于企业，惠及千家万户；金融保险在国家经济发展、改善民生、构建和谐社会等各方面发挥着越来越重要的作用。

金融是实体经济的命脉，是国家重要的核心竞争力。党的十八大以来，我国金融改革发展取得新的重大成就，金融业保持了快速发展。习近平总书记在 B20 峰会(20 国集团工商峰会)上指出："在有序开展人民币汇率市场化改革、逐步开放国内资本市场的同时，我们将继续推动人民币'走出去'，提高金融业国际化水平。"

为支持"中、小、微"型企业和文化创意企业发展，为适应中国经济国际化发展趋势，为配合国家经济体制和金融保险业改革进程，国家出台了一系列关于"金融与保险"的政策法规与管理制度。金融业发展的新形势，对金融服务从业人员提出了更高的要求，社会需求、市场呼唤有知识、会操作、能顶岗的实务型金融专业人才。本书的出版有力地配合了应用型大学教学创新和教材更新，也体现了高等职业教育办学育人注重实践性、应用性的特色，满足了社会需求，起到了为国家经济建设服务的作用。

本套教材作为应用型大学金融管理专业的特色教材，分为银行业务和保险业务两部分。所编教材均遵循以科学发展观为统领，严格按照教育部关于"加强职业教育、突出实践技能与能力培养"的教育教学改革要求，根据高等职业教学特点和培养目标，结合当前金融体制改革的新思路、新举措及发展趋势，针对市场对金融岗位用人的实际需求，组织多年从事金融保险课程教学的应用型大学院校教师与具有丰富实践经验的金融业专家共同编写。

由于本套教材紧密结合中国金融业的改革发展、注重前瞻性，系统地对于金融经营理念、组织结构、技术手段、服务功能、业务流程和市场监管及有效防范化解风险等内容从理论到实践进行了阐述分析，并以实例引导，图文并茂、通俗易懂，有利于学生理解；因此本套教材既可作为应用型大学本科及高职高专学生金融、保险、工商管理、财税、经济管理等相关专业教学的首选教材，也可作为金融保险企业从业人员在岗继续教育和参加各类专业资格证书考试的培训教材，对于广大社会读者也是有益的参考读物。

在教材编写过程中，我们参阅借鉴了大量国内外有关金融银行与保险方面的书刊资料和国家近年来新出台的关于“金融与保险”的政策法规及管理制度，并得到有关金融行业企业领导与专家教授的指导，在此一并致谢。希望全国各地区应用型大学及高职高专院校积极选用本套教材并多提改进意见，以使教材不断完善与提高。

编写委员会主任　牟惟仲

2017年2月

前言

金融是国家重要的核心竞争力，党中央高度重视防控金融风险、保障金融安全。党的十九大要求："深化金融体制改革，增强金融服务实体经济能力，提高直接融资比重，促进多层次资本市场健康发展。健全货币政策和宏观审慎政策双支柱调控框架，深化利率和汇率市场化改革。健全金融监管体系，守住不发生系统性金融风险的底线。"这是习近平总书记新时代中国特色社会主义思想在金融领域的根本要求，是金融发展一般规律与我国金融改革实践探索相结合的科学部署，是指导金融改革稳定发展的行动指南，是做好新时代金融工作的根本遵循。

随着我国经济的高速发展，海外资本将目光更多地转向亚洲、转向中国，大量国外资本和金融机构已经大批涌入我国，尤其面对国际金融危机的持续影响和国内外金融市场竞争压力的严峻挑战，不仅促使我国金融业深化体制改革、加快金融业管理机制与运营模式的整改，而且也对金融企业管理干部和用人提出了更高的要求。加紧为金融服务企业培养大批急需的知识技能型人才已成为当前亟待解决的问题。

"金融学基础"是金融管理专业的重要基础课程，也是金融企业从业者所必须掌握的基本知识技能。本书共 11 章，以学习者应用能力培养为主线，根据我国近年来新颁布实施的金融政策法规和管理制度，依据金融服务业务操作规程，系统介绍了货币与货币制度、信用和信用形式、利息与利息率、金融市场、金融机构体系、商业银行、中央银行、货币供求与均衡、货币政策、国际收支与外汇、金融创新与金融发展等基本知识，并注重教学实践和提高读者的应用能力。

本书的第 1 版自 2012 年出版以来，因写作质量高且突出学用结合而深受全国各类高校广大师生的欢迎，目前已经多次重印；此次再版，编者审慎地对原书进行了压缩篇幅、更新案例、补充新知识等修改，以使其更好地为国家经济建设服务。

本书作为金融管理专业的特色教材，响应党中央提出的提高金融服务实体经济效率和支持经济转型的号召，严格按照教育部关于"加强职业教育、突出实践能力培养"的教学改革要求，突出实操性、注重实践技能的培养和训练。本书的出版不仅有力配合了高等职业教育创新和教材更新，而且对帮助学生尽快熟悉金融管理操作规范、掌握业务岗位技能，毕业后能够顺利就业具有特殊意义。

由于本书融入了金融学最新的实践教学理念，坚持改革创新、注重与时俱进，具有知识系统、理论适中、案例真实、注重应用等特点，因此本书既可作为应用型大学本科金融管理、证券投资等专业学生的必修教材，同时兼顾高职高专、成人高等教育金融管理专业的教学需要，也可用于金融企业从业人员的在职岗位培训，并为广大读者和创业者提供自我学习实践指导。

本书由李大军筹划并具体组织，卜小玲和朱静主编，卜小玲统改稿，张淑谦、周惠昨为副主编；由彭爱美教授审定。作者编写分工为牟惟仲编写序言，卜小玲编写第一章和第四章，杨向荣编写第二章，周惠昨编写第三章和第七章，赵秀艳编写第五章，张淑谦编写第六章和第八章，胡彦平编写第九章，朱静编写第十章和第十一章，周伟编写附录，李晓新负责文字修改、版式调整、教学课件的制作。

在本书再版过程中，我们参阅了国家及中国人民银行、银监会、证监会、保监会等部门颁布实施的金融管理政策法规，借鉴了有关互联网金融、金融服务业创新管理的最新书刊资料，并得到金融行业协会和商业银行业务经理的支持与指导，在此一并致谢。为方便教学，本书配有课件，读者可以从清华大学出版社网站（www.tup.com.cn）免费下载使用。因作者水平有限，书中难免存在疏漏和不足，恳请专家和读者批评指正。

编　者

2018年2月

目录

第一章　货币与货币制度 …… 1
第一节　金融概述 …… 2
第二节　货币的起源 …… 4
第三节　货币的职能 …… 7
第四节　货币形式及其演变 …… 10
第五节　货币层次的划分 …… 14
第六节　货币制度 …… 16
第二章　信用和信用形式 …… 27
第一节　信用的产生和发展 …… 28
第二节　信用的形式 …… 31
第三章　利息与利息率 …… 39
第一节　利息概述 …… 40
第二节　利率的计算及种类 …… 42
第三节　利率的决定及影响因素 …… 46
第四节　利率的功能及作用 …… 48
第五节　利率体系与利率机制 …… 52
第四章　金融市场 …… 57
第一节　金融市场概述 …… 58
第二节　货币市场 …… 63
第三节　资本市场 …… 68
第四节　外汇市场和黄金市场 …… 76
第五节　金融衍生产品交易市场 …… 79
第五章　金融机构体系 …… 86
第一节　金融机构体系的产生 …… 87
第二节　西方国家的金融机构体系 …… 89
第三节　我国的金融机构体系 …… 95
第六章　商业银行 …… 104
第一节　商业银行的性质和职能 …… 105
第二节　商业银行的组织形式 …… 109
第三节　商业银行业务 …… 113
第四节　商业银行的经营原则 …… 118

第五节　商业银行的资产负债管理…………………………………………………… 120
第七章　中央银行………………………………………………………………………… 125
第一节　中央银行的产生和发展………………………………………………………… 126
第二节　中央银行的性质和职能………………………………………………………… 128
第三节　中央银行制度……………………………………………………………………… 132
第四节　中央银行业务……………………………………………………………………… 134
第五节　金融监管…………………………………………………………………………… 136
第八章　货币供求与均衡………………………………………………………………… 146
第一节　货币供求…………………………………………………………………………… 147
第二节　货币均衡…………………………………………………………………………… 154
第三节　通货膨胀…………………………………………………………………………… 155
第四节　通货紧缩…………………………………………………………………………… 161
第九章　货币政策………………………………………………………………………… 166
第一节　货币政策及其目标………………………………………………………………… 167
第二节　货币政策工具……………………………………………………………………… 175
第三节　货币政策传导机制………………………………………………………………… 180
第四节　货币政策效应……………………………………………………………………… 183
第十章　国际收支与外汇………………………………………………………………… 187
第一节　国际货币体系……………………………………………………………………… 188
第二节　国际收支及国际收支平衡表…………………………………………………… 194
第三节　外汇与汇率………………………………………………………………………… 200
第十一章　金融创新与金融发展………………………………………………………… 213
第一节　金融创新概述……………………………………………………………………… 214
第二节　金融创新风险与金融安全……………………………………………………… 221
参考文献…………………………………………………………………………………… 232
附录　金融行业相关法规………………………………………………………………… 233

第一章

货币与货币制度

【内容框架】

- 货币与货币制度
  - 第一节 金融概述
  - 第二节 货币的起源
  - 第三节 货币的职能
  - 第四节 货币形式及其演变
  - 第五节 货币层次的划分
  - 第六节 货币制度

【学习目标】

1. 了解货币的起源和发展，货币的形式及其演变过程；
2. 理解货币的职能，掌握货币层次的划分，了解货币层次划分的意义和依据；
3. 熟悉货币制度的形成、演变，掌握货币制度的基本内容。

【学习重点】

1. 货币的职能；
2. 货币层次的划分；
3. 货币制度。

【技能要求】

1. 掌握货币的职能和在经济生活中的应用；
2. 理解货币的层次划分及其在经济调控和管理中的运用。

引例

人民币“入篮”带给百姓啥实惠

北京时间2015年12月1日，国际货币基金组织总裁拉加德宣布将人民币纳入“特别提款权(SDR)”篮子，2016年10月1日正式生效。人民币正式成为继美元、欧元、英镑和日元之后，加入SDR货币篮子的第5种货币，这也标志着人民币成为被纳入SDR篮子的新兴市场国家货币。人民币“入篮”无论是对人民币国际化进程、中国金融体系改革，还是中国百姓的境外消费、投资等都有着重要意义。

特别提款权(Special Drawing Right，SDR)亦称“纸黄金”(Paper Gold)，是IMF在1969年创设的补充性国际储备资产，可用于偿还国际货币基金组织债务、弥补会员国政府之间国际收支逆差的一种账面资产和记账单位，可与黄金、自由兑换货币一样充当国际储备。因为它是国际货币基金组织原有的普通提款权以外的一种补充，所以称为特别提款权，SDR货币篮子每5年审核一次。

如果说加入世界贸易组织(World Trade Organization，WTO)推动了中国出口型经济的腾飞，那么加入SDR则使中国在国际金融舞台上站稳脚跟。对于老百姓而言，短期影响不是特别明显。从长期看，此后我国百姓可以直接用人民币在境外旅游、购物、投资，降低汇兑成本并避免汇率风险。

(1) 人民币加入SDR可以使一国的货币更快地获得国际认可，增加国际市场对人民币的信心，使中国老百姓手中的人民币更加坚挺，同时也有利于企业跨境投资，在海外购买资源、技术和劳务等。

(2) 人民币加入SDR后，出国旅游、购物、留学、置业等行为不用再走复杂的换汇流程，可直接用人民币进行结算，方便了老百姓的出国生活。尤其是对一大批海淘用户来说，以后可以不找代购了，人民币加入SDR后将逐步实现国内国外价格一致。

(3) 人民币加入SDR还有助于拓宽国内居民的海外投资渠道。今后中国居民可以更方便地到国外投资不动产、股票和债券。国外投资者也可更多地参与中国国内股票、基金、国债、P2P等投资理财。

资料来源：根据互联网资料编写。

货币是从哪里来的？人民币货币制度内容有哪些？本章就从货币的起源、货币的职能、货币的层次划分以及货币制度等方面对货币进行讲解。

第一节　金融概述

社会经济的发展是由诸多因素共同推动的，但经济发展史的研究表明，经济发展过程中金融的作用在不断增强，特别是在高度发达的现代经济中，这一因素的重要性更加突出，目前几乎已达到足以影响或决定国民经济发展的程度。关于什么是金融，金融的产生发展、金融学研究的主要内容和发展金融的意义，正是本部分介绍的主要内容。

一、金融的含义

“金融”一词并非古已有之，最早列入“金融”条目工具书的是1915年版的《辞源》和

1937年的《辞海》。金融在英文中的表述"finance"一词来自法语，意思为 end debt-settle，即借贷结清的意思。而中文"金融"来自日语，指资金融通。

《辞源》中将金融一词表述为"今谓金钱之融通曰金融"，并同时指出"各种银行、票号、钱庄曰金融机关"；《中国金融百科全书》将金融描述为"货币流通和信用活动以及与之相关的经济活动的总称"；《新帕尔格雷夫经济学大辞典》对金融学的解释是"金融学最主要的研究对象是金融市场运行机制，以及资本资产的供求和价格的确定。"可见，中文"金融"与英文"finance"一词的意思并不一定全然等之。

西方人对 finance 的用法

西方人对 finance 的用法也不仅仅限于一种，但是归纳起来，根据其诠释的内容大体可分为3种口径。

(1) 最宽泛的诠释：货币的事务、货币的管理、与金钱有关的财源等。这是最为普通的用法。具体包括3个方面：政府的货币资财及其管理，归之为 public finance，即"国家财政"；工商企业的货币资财及其管理，归之为 corporate finance，即"公司理财"；个人的货币资财及其管理，归之为 personal budget，即"个人收支"。这种诠释所概括的范围大于"金融"在中国涵盖的范围。

(2) 最狭窄的诠释：金融概括了与资本市场有关的运作机制以及股票等有价证券的价格形成。在国外的经济学界，这样的用法通行。近年来，在我国开始流行的对"金融"的狭义解释，即来源于国外对 finance 的这种用法。

(3) 介于两者之间的口径的诠释：货币的流通、信用的授予、投资的运作、银行的服务等。一些国际组织采用这样的统一口径。

资料来源：黄达. 金融学[M]. 二版. 北京：中国人民大学出版社，2009.

根据中文"金融"与西方 finance 一词的比较，经济学家黄达教授认为不能一一对应，也不能强行使之简单恒等。"金融"主要指与资金融通相关的活动，而资金主要是以货币的形式存在。资金的融通必然会形成一定的债权债务关系，即信用关系。

由此可见，金融是货币与信用相结合的产物。金融是货币流通和信用活动以及与之相联系的经济活动的总称，广义的金融泛指一切与信用货币的发行、保管、兑换、结算、融通有关的经济活动，甚至包括金银的买卖，狭义的金融专指信用货币的融通。

二、金融学的主要内容

从本教材讲解的金融学内容看，主要学习与金融产生关系密切的两个范畴——货币和信用；金融自身的两大主干——直接金融和间接金融，及与其相关的机构——银行类金融机构、非银行类金融机构；同时，关注金融宏观调控、金融监管的机构和内容——中央银行与货币政策、金融监管；最后跟随金融全球化发展的步伐，去了解金融向全球扩展的活动——国际金融。

上述内容可以被概括为"三根支柱，一个空间，上有调控，外有扩展"：三根支柱即货币、信用和金融机构；一个空间即金融市场；上有调控是指一切与金融总量相关的问题构成了宏观金融运作；外有扩展是指国际金融关系（即现代金融是一个完全开放的系统），如图 1-1 所示。

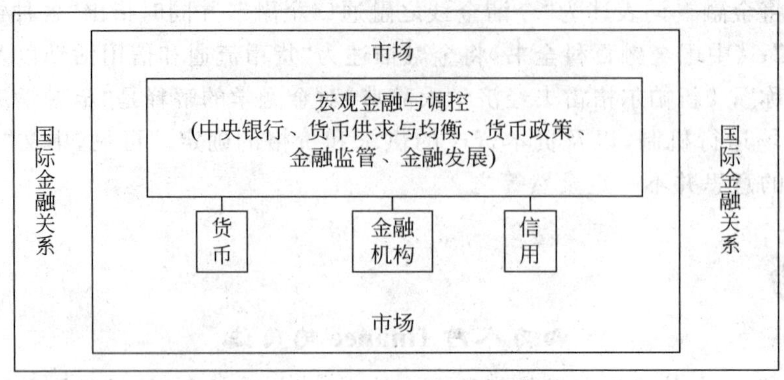

图 1-1　金融学主要的研究内容

三、发展金融的意义

金融是经济的核心。在西方大国的崛起中，金融发挥了不可或缺的重要作用，甚至是关键作用。邓小平在 1991 年视察上海时指出："金融很重要，是现代经济的核心。金融搞好了，一着棋活，全盘皆活。"许多经济学家对金融的重要性做过精辟的论述，但在中国改革开放及经济转轨的关键时刻，邓小平的上述著名论断对中国有着特别重大的意义。如今，金融服务在促进生产、推动国家经济发展、改善民生、惠及千家万户、构建和谐社会中发挥着极其重要的作用。金融功能的良好发挥既能够增强一国的国家力量，又能够纠正资源的错配，实现经济的稳定运行。

金融如果搞不好，影响巨大。1997 年爆发的亚洲金融危机再次印证了金融在经济中的核心地位。核武器代表着近代武器的最高级，金融危机的破坏力不亚于核武器。韩国在 1996 年年底时人均国内生产总值（GDP）是 10 610 美元，到 1997 年年底、1998 年年初时就只剩下 6000 多美元了。

试想有哪种武器的破坏力能使一国的人均 GDP 在这样短的时间内下降 40%？马来西亚总理马哈蒂尔深有感触地说："金融危机使我们过去 10 年辛辛苦苦积累下来的财富丧失殆尽。"可见，如果金融出问题，会影响到整个社会经济生活。

2007 年爆发于美国的次债危机，继而快速地蔓延到欧洲和世界范围内，此后又发生了欧债危机，这些危机使得 2007 年以来至今，世界经济依然在起起落落、反反复复中探寻健康发展的道路。可见，无论世界经济如何向前发展，金融问题始终是个重要的、值得研究的范畴。

第二节　货币的起源

货币自问世以来，已经有几千年的历史。从历史资料的记载中可以看出，货币的出现是和交换联系在一起的，这也是古今中外人们对研究货币起源问题的一种共识。那么，货币和交换是怎样联系到一起的？货币到底是怎样产生的呢？人们对这些问题存在着不同的看法，由此产生了不同的货币起源说。

一、马克思的货币起源学说

马克思在科学地考察了货币历史后指出，“货币结晶是交换过程的必然产物”，第一次阐明了货币产生的根源是商品经济。商品是为交换而生产的产品，在商品交换中要实行等价交换原则。为此就必须衡量商品的价值量，通常是用一种商品价值来表示另一种商品的价值，这就是价值表现形式。货币就是价值形式演变的结果，经历了4个阶段。

（一）简单的偶然的价值形式

人类最初的商品交换是在原始部落之间进行的，那时还未出现社会分工，生产力低下，剩余产品很少，交换带有偶然性质，但就是在这种偶然的交换中，商品的价值已有了外在的表现，即一种商品的价值偶然、简单地表现在另一种商品上，例如：

1只绵羊＝2把石斧

在这个简单的等式中，1只绵羊的价值通过另一种商品——石斧表现出来了，所以绵羊处于相对价值形式地位。石斧则证明了绵羊有与自身相同的价值，所以石斧处于等价形式地位，成了等价物。处于相对价值形式的商品价值量通过和等价物交换所形成的比例表现出来，即1只绵羊＝2把石斧。在这里处于相对价值形式的商品是作为使用价值而存在的，但等价形式的商品本身就是作为价值体而存在的，它就代表价值。

处于等价形式的等价物的使用价值成了价值的表现形式，等价物的具体劳动成了抽象劳动的表现形式，等价物的私人劳动直接表现为社会劳动的形式。因此，处于等价形式的等价物本身就克服了商品的内在矛盾，谁拥有它，就是拥有社会财富。但这种简单的价值形式又将商品的内在矛盾转化为一般商品与等价物商品之间外部对立的矛盾。

随着商品交换种类和交换范围的扩大，价值表现形式也就由偶然、简单的价值形式过渡到扩大的价值形式。

（二）扩大的价值形式

在第一次社会大分工后，畜牧业从农业中分离出来，交换逐渐经常化，某种商品（如绵羊）经常和其他许多商品相交换，形成了扩大的价值形式。例如：

$$1\text{只绵羊}=\begin{cases}2\text{把石斧}\\50\text{斤米}\\20\text{尺布}\\\cdots\cdots\\0.5\text{克黄金}\end{cases}$$

在扩大的价值形式中，绵羊的价值真正表现为无差别的人类劳动的凝结。这个价值形式还说明，不是交换调节商品的价值量，而是商品价值量调节交换的比例。

扩大的价值形式也暴露了它的缺点，即商品价值未能获得共同的、统一的表现形式。

（三）一般价值形式

为了克服上述缺点，在第二次社会大分工之前，即手工业从农业中分离出来之前，人们就开始自发地用自己的商品先换成一种大家都乐意接受的商品，然后再去交换自己需要的其他商品。其结果是使某种商品从大量的商品中分离出来，成为表现其他各种商品价值的材料，即该商品成了一般等价物。这种一般等价物的商品中就有绵羊。

一般价值表现为

$$\left.\begin{array}{l}2\text{把石斧}\\50\text{斤米}\\20\text{尺布}\\\cdots\cdots\\0.5\text{克黄金}\end{array}\right\}=1\text{只绵羊}$$

虽然从等式来看，一般价值形式与扩大的价值相比，只是等式两边的移位，其实这是一个质的变化。它使一切商品价值都通过一种公认的等价物商品明确地表现出来。它使物物直接交换变成了以一般等价物为媒介的间接交换。一般等价物实际上就是货币的雏形，它离货币只有一步之遥了。

（四）货币形式

在货币真正出现之前，一般等价物虽然已成为商品交换的媒介，但它不固定。一般等价物在不同时期、不同地区是不相同的，例如在欧洲，最早的一般等价物是绵羊，而在中国，最早的一般等价物是贝壳。许多充当一般等价物的商品本身存在着难以克服的缺点，例如难以分割、价值不统一、不便于携带、难以保存等。这些缺点都是和作为社会财富象征的一般等价物的要求不相容的。人们要选择一种价值含量高、价值统一、便于分割、便于携带、便于保存的商品固定充当一般等价物。

在第二次社会大分工后，人们终于找到了这种最适宜充当一般等价物的商品——贵金属。贵金属具有4个自然属性：一是具有同一性，贵金属质地均匀，重量相等，则价值相等；二是具有可分性，贵金属可以根据需要加以分割而不丧失价值；三是具有便利性，贵金属体积小，价值高，便于携带；四是具有永恒性，贵金属不变质，适宜保存，作为财富储藏。正是因为贵金属同时具备这4个特征，所以最适宜作为货币材料。

当人们选择用贵金属作一般等价物时，一般等价物就相对稳定了，货币也就产生了。

二、其他关于货币起源的学说

生活中，货币几乎无处不在，但货币并不是自人类社会产生的第一天起就存在。关于什么是货币，货币的本质是什么，自古至今众多的经济学家都分别给予了阐述，各抒己见，众说纷纭。但细细分析会发现，历史资料的记载大都显示货币的出现是和交换联系在一起的，这也是古今中外许多研究货币起源问题的人们的一种共识。关于货币的产生，比较有代表性的观点有以下几种。

（一）先王造币说

先王造币说认为货币是圣王先贤为解决民间交换困难而创造出来的。传说周景王二十一年（公元前524年）欲废小钱铸大钱，单穆公劝谏景王说："不可。古者天灾降戾，于是乎量资币，权轻重，以振（赈）救民。"意思是说古时候天灾降临，先王为赈救百姓，便创造出货币以解决百姓交换中的困难。

再如《管子》一书中所说："汤七年旱，禹五年水，民之无（擅，改提手旁为米字旁）在卖子者。汤以庄山之金铸币，而赎民之无卖子者；禹以历山之金铸币，而赎民之无卖子者。"即货币起源于禹汤之时，适逢水旱灾荒，无粮充饥，卖儿鬻女，禹汤为拯救百姓，便创造了货币。先王造币说在先秦时代十分盛行，以后的许多思想家大都继承了这一观点。

（二）便于交换说

便于交换说认为“货币的出现与交换紧密联系”，其主要代表人物之一是司马迁，司马迁认为货币是用来沟通产品交换的手段，即“维币之行，以通农商”。货币是为适应商品交换的需要而自然产生的，随着农、工、商三业的交换的兴起和流通渠道的畅通，货币和货币流通应运而生，随之兴盛。即“农工商交易之路通，而龟贝金钱刀布之币兴焉。所从来久远，自高辛氏之前尚矣，靡(不)得而记云”。而英国经济学家亚当·斯密(1723—1790年)也对便于交换说进行了总结，他认为货币是随着商品交换发展而逐渐从诸货物中分离出来的，是为解决相对价值太多而不易记忆、直接物物交换不便而产生的。

如果进入交换过程有100种货物，那么每种货物都会有99个相对价值，由于这么多价值不易记忆，人们自然会想到把其中之一作为共同的衡量标准，通过它来对其他货物进行比较，解决直接物物交换的困难。

货币的本质

什么是货币，货币的本质是什么，从古至今众多的经济学家，各抒己见，众说纷纭。西方经济学家从商品交换发展史的现象入手，从物物交换困难出发，探索货币的起源和特征，把货币定义为：“在交易和支付中被人们普遍接受的交换媒介。”

马克思在《资本论》第一卷首篇中提出：“货币是充当一般等价物的商品。”这种观点认为货币首先是一种商品，其次货币是充当一般等价物的特殊商品。

第三节 货币的职能

货币的职能就是货币本身所具有的功能，是货币本质的具体表现。关于货币的职能，不同学派的经济学家有不同的看法。但马克思的表述较为全面，所以在此主要介绍马克思对货币职能的看法。

马克思在分析货币职能时，假定金是唯一的货币商品，认为货币具有5个职能，它们的表述和排列顺序是价值尺度、流通手段、储藏手段、支付手段和世界货币。其中最基本的职能是价值尺度和流通手段。

一、价值尺度

货币用来衡量和表现商品价值的一种职能，是货币最基本、最重要的职能。货币作为价值尺度，就是把各种商品的价值都表现为一定的货币量，以表示各种商品的价值在质的方面相同，在量的方面可以比较。各种商品的价值并不是由于有了货币才可以互相比较，恰恰相反，只是因为各种商品的价值都是人类劳动的凝结，它们本身就具有相同的质，从而在量上可以比较。

货币之所以能够执行价值尺度的职能，是因为货币本身也是商品，也是人类劳动的凝结。可见货币作为价值尺度，是商品内在的价值尺度即劳动时间的表现形式。

货币在执行价值尺度的职能时，并不需要有现实的货币，只需要观念上的货币。例如，

1 辆自行车值 1 克黄金，只要贴上个标签就可以了。当人们在做这种价值估量的时候，只要在他的头脑中有金的观念就行了。

用来衡量商品价值的货币虽然只是观念上的货币，但是这种观念上的货币仍然要以实在的金属为基础。人们不能任意给商品定价，因为在金的价值同其他商品之间存在着客观的比例，这一比例的现实基础就是生产两者所耗费的社会必要劳动量。在商品价值量一定和供求关系一定的条件下，商品价值的高低取决于金的价值的大小。

商品的价值用一定数量的货币表现出来，就是商品的价格。价值是价格的基础，价格是价值的货币表现。货币作为价值尺度的职能，就是根据各种商品的价值大小，把它表现为各种各样的价格，例如 1 头牛值 2 两金，在这里 2 两金就是 1 头牛的价格。

二、流通手段

货币充当商品交换媒介的职能。在商品交换过程中，商品出卖者把商品转化为货币，然后再用货币去购买商品。在这里货币发挥交换媒介的作用，执行流通手段的职能。货币充当价值尺度的职能是它作为流通手段职能的前提，而货币的流通手段职能是价值尺度职能的进一步发展。

充当流通手段的货币，最初是以金或银的条块形状出现的。由于金属条块的成色和重量各不相同，每次买卖都要验成色、称重量，很不方便。随着商品交换的发展，金属条块就被具有一定成色、重量和形状的铸币所代替，铸币的产生使货币能够更好地发挥它作为流通手段的职能。铸币在流通中会不断地被磨损，货币的名称和它的实际重量逐渐脱离，成为不足值的铸币。

货币作为流通手段则必须是现实的，但可以不足值。这是因为货币发挥流通手段的职能，只是转瞬即逝的媒介物，不足值的铸币，甚至完全没有价值的货币符号，也可以用来代替金属货币流通。

目前很多国家发行并强制流通纸币代替金属货币流通，纸币本身是不足值的，但理论上要求无论发行多少纸币，它只能代表商品流通中所需要的金属货币量，所以如果纸币发行超过了商品流通中所需要的金属货币量，那么每单位纸币代表的金量就减少了，商品价格就要相应地上涨，反之，则要相应地下跌。可见，不足值的信用货币作为流通手段已经孕育着引起经济问题的可能性。

三、储藏手段

货币退出流通领域充当独立的价值形式和社会财富的一般代表而储存起来的一种职能。货币能够执行储藏手段的职能，是因为它是一般等价物，可以用来购买一切商品，因而货币储藏就有必要了。

通过货币储藏，可以自发地调节货币流通量，起着蓄水池的作用。当市场上商品流通缩小，流通中货币过多时，一部分货币就会退出流通领域而被储藏起来；当市场上商品流通扩大，对货币的需要量增加时，有一部分处于储藏状态的货币，又会重新进入流通领域。

四、支付手段

支付手段表现为货币作为独立的价值形式而进行的单方面运动，如清偿债务、缴纳税款、支付工资和租金等过程中，货币就在发挥支付手段职能。

货币作为支付手段，一方面可以减少流通中所需货币量，节省大量现金，促进商品流通的发展。另一方面也进一步扩大商品经济的矛盾。在赊买赊卖的情况下，许多商品生产者之间都发生了债权债务关系，如果其中有人到期不能支付，就会引起一系列的连锁反应，“牵一发而动全身”，使整个信用关系遭到破坏。例如，某个人在规定期限内没有卖掉自己的商品，他就不能按时偿债，支付链条上某一环节的中断，就可能引起货币信用危机。可见，货币作为支付手段以后，经济危机的可能性也进一步发展了。

从货币作为支付手段的职能中，产生了信用货币，如银行券、期票、汇票、支票等。随着资本主义的发展，信用事业越展开，货币作为支付手段的职能也就越大，以致信用货币占据了大规模交易的领域，而铸币却被赶到小额买卖的领域中。

五、世界货币

马克思认为“货币充当世界货币必须脱掉自己原有的民族服装，还原成金银本来面目。”由于国际贸易的发生和发展，货币流通超出一国的范围，在世界市场上发挥作用，于是货币便有了世界货币的职能。马克思在《资本论》中说“世界货币执行一般支付手段的职能、一般购买手段的职能和一般财富的绝对社会化身的职能。它的最主要的职能，是作为支付手段平衡国际贸易差额。”马克思的这段话对货币的世界货币职能作了明确的阐述。世界货币除了具有价值尺度的职能以外，还有以下职能。

(1) 充当一般购买手段，一个国家直接以金、银向另一个国家购买商品。

(2) 作为一般支付手段，用以平衡国际贸易的差额，如偿付国际债务、支付利息和其他非生产性支付等。

(3) 充当国际间财富转移的手段。货币作为社会财富的代表，可由一国转移到另一国，例如，支付战争赔款、输出货币资本或由于其他原因把金银转移到外国去。在当代，世界货币的主要职能是作为国际支付手段，用以平衡国际收支的差额。

作为世界货币的金银流动是二重的：一方面，金银从它的产地散布到世界市场，为各个国家的流通领域所吸收，补偿磨损了的金、银铸币，充作装饰品、奢侈品的材料，并且凝固为储藏货币。这个流动体现了商品生产国和金银生产国之间劳动产品的直接交换；另一方面，金和银又随着国际贸易和外汇行情的变动等情况，在各国之间不断流动。

为了适应世界市场的流通，每个国家必须储藏一定量的金、银作为准备金。这些世界货币准备金随着世界市场商品流通的扩大或缩小而增减。在资本主义国家，银行中的黄金储备往往要限制在它的特殊职能所必要的最低限度。过多的货币储藏对于资本是一个限制，而且在一定程度上也表示商品流通的停滞。

关于货币职能的典型分析

货币的职能就是货币本身所具有的功能，是货币本质的具体表现。关于货币的职能，不同学派的经济学家有不同的看法。早在古希腊时代，伟大的思想家亚里士多德就已为货币总结了3项职能：价值尺度、流通手段和储藏手段。大多数教科书认同马克思对货币职能的分析，马克思在《资本论》第一卷的分析中假定金是唯一的货币商品，认为货币具有5个职能，它们的表述和排列顺序是价值尺度、流通手段、储藏手段、支付手段和世界货币。

其中最基本的职能是价值尺度和流通手段。马歇尔在《货币、信用与商业》中认为"货币的主要职能分为两类，货币首先是当场买卖交换的媒介……货币的第二种职能是充当价值标准或延期支付的标准，也就是用来表明一般购买力的数量。"

金德尔伯格认为货币具有支付手段、记账单位、交换媒介和价值储存4种职能。米什金认为货币具有交易媒介、计算单位和价值储藏3种职能。我国比较有代表的表述是黄达教授在《金融学》中的表述，货币的主要职能有：①赋予交易对象以价格形态；②购买和支付手段；③积累和保存价值的手段……可见，各种研究者分析的货币职能尽管有所取舍，有所侧重，但并没有本质的对立。

资料来源：根据《资本论》《货币、信用与商业》等总结编写

第四节　货币形式及其演变

货币产生以来，先后已有数千年，其形态也在漫长的历史中数度演变，不断从低级向高级形式发展。

一、币材

币材是指充当货币的材料或物品。通常，能充当货币的材料应具备以下性质：①价值较高，可以用少量的货币完成大量的交易；②易于分割，指货币材料可以自由分割，且分割后不影响其价值，以便为价值量不等的商品交易服务；③易于保存，指货币材料不会因保存而减少价值，不需要支付费用；④便于携带，方便货币在较大区域内进行商品交换。

从货币的发展史来看，历史上曾经有过许多种类不同的物品充当过货币。货币的发展可以粗略地划分为两个大的阶段，首先是以实物商品为主的商品货币阶段，其次是货币的信用本位阶段。但从货币材料的演变来看，大致如下：实物货币→金属货币→纸币和信用货币。要注意的是，就货币发展历史中的任意一种币材，上述4个要求也不是在任何时期都是同等重要的。也要注意，币材的不同演进，并不能说明它们之间有严格的此生彼亡的界限。如金属货币产生后，在某些历史时期，仍有实物货币同时使用，如中国唐代的钱帛兼行，就是金属货币和实物货币同时使用。

世界各国或地区曾经典型的实物货币

宋杰著《中国货币发展史》称"像牲畜、皮毛、贝壳、盐块、粮食、工具、布帛等，这是最初的货币，世界上处于原始社会末期发展阶段的各个民族都普遍地使用过这种货币形式。"此外在海外，比如斐济鲸鱼的牙，法国动物的皮革，Yap岛的石头，美洲殖民地的烟草、威士忌等，阿比西尼亚的盐，弗吉尼亚的烟草，纽芬兰的干鱼丁，印度殖民地的砂糖等都充当过实物币材。还有的地区甚至将奴隶与妻妾也当作货币。

资料来源：张友直. 关于实物货币定义的一些思考[J]. 中国钱币，2007(2).

二、货币形式的演进

（一）实物货币

实物货币是指以自然界存在的某种物品或人们生产的某种物品来充当货币。在中国历史上，实物货币种类很多，如龟壳、海贝、蚌珠、皮革、米粟、布帛、牲畜、农具等都充当过实物货币，其中时间较长、影响最大的有两类：一类是贝币，另一类是谷帛。

贝币是中国最早的货币之一。它以产于南洋海域的海贝为币材。这种海贝原来是用作饰物的，由于它坚固耐用，价值较高，携带方便，有天然单位，因而被当作货币使用。贝的货币单位为“朋”，通常十贝为一朋。中国使用贝币的时间很长，从殷周时期开始，至秦始皇统一中国货币后废除贝币，使用了近千余年时间，在中国云南一带，贝币一直使用到清初。在亚洲、非洲、美洲和欧洲的许多民族和国家，也都曾使用过贝币。

谷帛也是中国历史上影响较大的实物货币。中国历史上用作货币的谷帛情况不同。谷只是用于零星交易，成匹的谷帛则适用于大额支付，以补铜钱之不便。即使在钱币广泛流通以后，谷帛的货币性也未完全丧失，特别是在魏晋隋唐时期表现得尤为明显。宋代以后，银钱日益发展，谷帛杂货的货币作用才完全消失。

实物货币尽管产生的早，但不能很好地满足交换对货币的要求。因为许多实物货币都形体不一，不易分割、保存，不便携带，而且价值不稳定，所以不是理想的交易媒介。

（二）金属货币

以金属如铜、银、金等作为材料的货币称为金属货币。与实物货币相比，金属货币具有价值稳定、易于分割、易于储存等优势，更适宜于充当货币。中国是最早使用金属货币的国家，从殷商时代开始，金属货币就成为中国货币的主要形式。金属充当货币材料采用过两种形式：一是称量货币，二是铸币。

1. 称量货币

称量货币是指以金属条块的形式发挥货币作用的金属货币。金属货币出现后，最开始是以金属条块形式流通，这种金属条块在使用时每次都要称重量，鉴定成色，所以称为称量货币。称量货币在中国历史上使用的时间很长，典型的形态是白银。

从汉代开始使用的白银，一直是以两为计算单位，以银锭为主要形式，银锭分为 4 种形式：一是元宝，也称马蹄银、宝银，每枚重约 50 两；二是中锭，也称小元宝；三是小锭，重约一二两到三五两；四是碎银，重量在 1 两以下。白银在使用时，每次都要验成色、称重量，很不方便。

清朝中叶以后，为了便利商品交易，各地都建立了公估局，专门负责鉴定银元宝的成色和重量，宝银经过鉴定后，即可按批定的重量和成色流通，交易时不必再随时称重和鉴色。但公估局的鉴定只在当地有效，到了外地，仍要改铸成当地通行的宝银重新鉴定，不能从根本上改变银两制度的落后性。一直到 1933 年，国民党政府实行废两改元之后，才从法律上废止了这种落后的货币制度。

2. 铸币

铸币是铸成一定形状并有国家印记证明其重量和成色的金属货币。铸币的出现，克服了称量货币使用时的种种不便，便利了商品交易。铸币最初形态各异，如中国历史上铸币的形状有伪造贝币而铸造的铜贝、银贝、金贝,有伪造刀状而铸造的刀币,有伪造铲状而铸造的布币等。最后铸币的形态逐渐过渡统一到圆形,因为圆形便于携带,不易磨损。

中国最早的圆形铸币是战国中期的圜钱(亦称环钱),流通全国的则是秦始皇统一中国货币而铸造的秦半两,这种铸币为圆形,中间有方孔,一直沿用到清末。

西方国家金属铸币采用的是圆形无孔的形式,币面通常铸有统治者的头像。清朝末年,受流入我国的外国银圆的影响,方孔铸币被圆形无孔铸币所代替。

(三)纸币

纸币是国家强制发行流通的纸制货币符号。

中国是世界上使用纸币最早的国家。公元10世纪,北宋就开始使用纸币——交子。交子是在宋朝初期,四川商人为克服铁钱携带不便的缺点,联合发行的、可以兑现的纸质货币,后来因为发行人破产而改为官办,流通范围由四川省内扩展到省外。

自交子流通开始,后面的几个朝代也都仿照交子发行纸币。如南宋发行会子。北宋灭亡之后,金仿照宋交子发行了金交钞,有大钞、小钞两种,大钞称贯,小钞称文。发行初期规定流通期限(为界),到期换发新钞,后来改为永久流通。元代流通的纸币是中统元宝交钞,是元世祖忽必烈中统元年(1260年)发行的。明代发行的纸币"大明通行宝钞"流通了100多年,在中国历史上可称得上是流通时间最长的纸币。

中国历史上流通过的纸币往往和金属铸币一起流通,虽然有些纸币发行初期禁止铸币流通,但由于纸币发行过多,贬值速度快,最终还是恢复铸币的流通。

(四)信用货币

信用货币是以信用活动为基础产生的、能够发挥货币作用的信用工具。信用货币的形式主要是商业票据、银行券和存款货币。在此重点分析银行券和存款货币。

1. 银行券

银行券是银行发行的信用工具,是一种银行票据。最早的银行券出现于17世纪的欧洲。当时流通中的货币是金属铸币,银行办理存款业务而收进的货币是金属铸币,银行发放贷款时使用的也是金属铸币。但有些时候,当商人们急需贷款时,银行却又没有足够的金属货币去贷放。为了解决金属铸币的不足,银行就用发行银行券的形式向商人们发放贷款。

由于银行券是由银行信用作保证,而且在当时银行还承诺持有银行券的人可以随时到银行兑换金属铸币,银行券普遍被接受。对持有银行券的人来说,不仅可以同持有铸币一样进行支付,而且还免去了持有铸币的种种不便,如体大质重、不易保管运输、清点困难等,因此银行券广泛流通起来。

银行券在流通的初期是可以兑换金属货币的,所有的银行都可以发行自己的银行券,后来由于小银行信誉不佳,不能保证兑现,它们发行的银行券也就渐渐地被一些资信雄厚的大银行发行的银行券所取代。

第一次世界大战以后,欧洲资本主义国家金本位制大大削弱,银行券的兑现性受到了削弱。1929—1933年的世界性经济大危机后,金属货币制度彻底崩溃,银行券也不再兑现,变成了不可兑现的银行券。现在世界上绝大部分国家流通使用中的货币都是这种不可兑现的银行券,而且银行券的发行权也由一国中央银行所垄断。

2. 存款货币

信用货币还包括另一种形式——存款货币。存款货币就是指能够发挥货币作用的银行存款，主要是指能够通过签发支票办理转账结算的活期存款。

现代银行的一项重要业务是为客户办理结算业务，充当支付中介。银行支付业务的发展是与社会经济生活节奏加快和大额交易的剧增分不开的。人们先把一部分存款项存入银行，设立活期存款账户，客户根据存款余额可签发支票，凭支票进行转账结算或提取现金。当客户支付时，可根据交易额在存款余额内签发支票，将支票支付给收款人。

收款人可将这张支票交给其开户银行，将付款人账户的存款额相应转为收款人账户的存款。这样通过存款账户间存款的转移来完成支付行为，在这个过程中，可签发支票的存款同银行券一样发挥着货币的作用，因此也叫"存款货币"。与银行券支付相比，用开立支票的方式进行转账结算，具有快速、安全、方便的优点，特别是在大额交易中，有时用银行券进行交易是很难进行的。因此在发达的商品经济中，转账结算占有重要的位置，绝大部分的交易支付都通过存款货币的转移进行。

（五）货币的创新形式

第二次世界大战后，银行间的竞争日益激烈，国家对金融业的控制也逐日加强。银行为了规避金融管制，不断在业务上推陈出新。在存款方面，定期存款和活期存款的界限越来越模糊，许多存款在某种程度上都具有一定的货币性，以致信用货币的范围扩大。从实际操作上看，哪些是货币，哪些不是货币并不容易区分。

人们通过开立支票运用存款货币进行支付，虽然比用银行券支付大大简便，但随着现代经济的发展，支付额度越来越大，次数越来越多，签收支票也需要耗费大量的人力物力，形成巨大的财力支出。

为此人们利用电子计算机创造了一种更为便捷的支付方式，即利用银行卡之类的卡片来记录人们的存款货币额，在支付时既不需要现金也不需要支票，只需要出示这些卡片，并通过计算机程序进行处理就可以完成支付了，这就是人们常说的"电子货币"，它以信息技术为依托，不借助有形实体进行储存、支付和流通；无须实体交换，从而可简化异地支付手续，节约流通费用和时间，特别是节省了处理各种票据的人力和物力。电子货币作为一种创新，也有许多问题值得人们进一步思索和探讨。

匈牙利发行欧洲地区首张人民币银行卡

为更好地服务客户，适应人民币日益加快的国际化步伐，中国银行（匈牙利）有限公司2016 年 1 月在布达佩斯推出了匈牙利福林、人民币双币芯片银联借记卡。据悉，此卡是欧洲地区发行的首张人民币银行卡，可在全球标有银联标识的 ATM 取款和 POS 商户消费，产品的服务对象主要为往来中匈的匈牙利商旅客户、中资企业客户以及留学生群体。

匈牙利虽属欧盟和申根国家，但并未加入欧元区，流通货币为匈牙利福林。以往中资金融机构在欧洲发行的银行卡大多为欧元卡，随着中国与匈牙利两国投资贸易的加强以及旅游人数的大幅增加，越来越多的客户希望使用人民币银行卡。

中国银行副行长许罗德表示，该卡将人民币和匈牙利福林结合，是中匈金融合作的重要成果，是欧洲人民币国际化的重要标志。中国银行将匈牙利定位为中东欧业务发展中心以及辐射中东欧的人民币服务中心，作为在中东欧地区设立的第一家营业性金融机构和人民币清算机构，匈牙利分行将在中东欧快速发展中扮演更加重要的角色。据了解，中国银行将以匈牙利分行为中心，在布拉格、维也纳和塞尔维亚分支机构发行人民币和当地货币的双币银行卡，为中东欧地区个人客户提供优质全面的综合金融服务。

第五节　货币层次的划分

货币层次是指各国中央银行在确定货币供给的统计口径时，以金融资产流动性的大小作为标准，并根据自身政策目的的特点和需要，划分了货币层次。

一、货币层次划分的意义

货币是引起经济变动的一个因素，如今货币与经济的联系日益密切，货币供求的变化对国民经济的运行产生着重大的影响。调控货币供应量，使其适应经济发展的需要，已成为各国中央银行的主要任务。可见，对货币供应量层次的划分具有重要的意义。

通过对货币供应量指标的分析，可以观察分析国民经济的变动；考察各种具有不同货币性的资产对经济的影响，并选定一组与经济的变动关系最密切的货币资产，作为中央银行控制的重点，有利于中央银行调控货币供应，并及时观察货币政策的执行效果。

二、货币层次划分的依据

发达国家从20世纪60年代开始划分货币层次。当时划分货币层次主要是为了便于中央银行控制货币供给。在如何划分货币层次的问题上，不同的学者有不见的见解。有人主张按货币职能划分货币层次，有人主张根据资产与国民经济活动之间的关系来确定货币层次，但最常见的还是按照资产流动性来划分货币层次。

流动性是指资产在尽量不发生损失的情况下快速转变为现金的能力。一种资产能迅速变现，而且没有成本和损失，则其流动性就强。按此要求，现金是构成货币的最核心的部分，依此外推，是活期存款、储蓄存款、定期存款。由于活期存款人可以用签发支票的方式进行购买和支付，所以活期存款也可看作现实购买力，构成货币核心部分。

而储蓄存款和定期存款要变为现实购买力，则需要有一个转化过程，在这一过程中可能会发生成本和损失。例如，在存款期限未到而存款人需要提前支取的情况下，存款人就要牺牲利息，发生利息损失。所以，储蓄存款和定期存款只能充当货币外延部分。

三、货币层次的划分

（一）西方通常的货币层次划分

M0＝流通中现金

M1＝流通中现金＋商业银行的活期存款

M2＝M1＋商业银行的定期存款和储蓄存款

M3＝M2＋其他金融机构的定期存款和储蓄存款

M4＝M3＋其他短期流动资产（如国库券，银行及商业承兑汇票，人寿保险单等）

（二）国际货币基金组织的货币层次划分

M0＝流通于银行体系外的现金通货

M1＝M0＋商业银行活期存款＋邮政汇划资金＋国库接受的私人活期存款

M2＝M1＋储蓄存款＋定期存款＋政府短期债券

（三）我国的货币层次划分

M0＝流通中现金

M1＝M0＋企业单位活期存款＋农村存款＋机关团体部分存款＋个人持有信用卡类存款

其中：企业活期存款＝企业存款－单位定期存款－自筹基建存款

M2＝M1＋企业单位定期存款＋城乡居民储蓄存款＋外币存款＋信托类存款＋证券公司客户保障金

通常，上述货币层次中M1是狭义货币，M2是广义货币。我国把流通中的现金单独列为一个层次的原因是，与西方国家相比，我国的信用制度还不够发达，现金在狭义货币供应量M1中占30％以上，流通中现金的数量对我国消费品市场和零售物价的影响很大，现金的过度发行会造成物价上涨。

我国货币层次划分的发展

随着职能的转变，中国人民银行对宏观经济从直接调控转向间接调控，由此中国人民银行正式推出了货币供应量统计监测指标，并定期公布。从我国具体的金融经济运行状况出发，根据国际通用的按货币流动性的强弱进行划分的原则，1994年，中国颁布了《中国人民银行货币供应量统计和公布暂行办法》；1996年，中国人民银行正式将M1设定为货币政策中介目标，将M0、M2设定为观测目标，2001年6月，中国央行第一次修订货币供应量指标，将证券公司客户保证金计入M2；2002年年初，中国央行第二次修订货币供应量指标，将在中国的合资银行、外资银行、外国银行在华分行以及外资财务公司等金融机构内人民币存款业务分别计入不同层次货币。

2003年年底，中国央行在其网站上发布了《关于修订中国货币供应量统计方案的研究报告》（征求意见稿）。该报告建议，将住房公积金存款、证券投资基金管理有限公司和保险公司在存款性金融机构内存款计入M3。之后因社会上一直未能形成比较一致的意见，M3意义上的货币统计暂且搁置。所以，目前在中国人民银行官网上公开披露的货币层次只到M2，具体如表1-1所示。

表1-1　我国2016年7—12月货币供应量　　单位：亿元

项目	2016.07	2016.08	2016.09	2016.10	2016.11	2016.12
M2	1 491 558.72	1 510 982.91	1 516 360.50	1 519 485.40	1 530 432.06	1 550 066.67
M1	442 934.43	454 543.60	454 340.25	465 446.65	475 405.54	486 557.24
M0	63 276.01	63 454.70	65 068.62	64 214.93	64 903.50	68 303.87

注：自2011年10月起，货币供应量已包括住房公积金中心存款和非存款类金融机构在存款类金融机构的存款。

资料来源：中国人民银行网站 http：//www.pbc.gov.cn.

第六节　货币制度

货币制度是随着资本主义经济制度的建立而逐步形成的。随着商品经济的发展变化，货币制度也不断演变。

一、货币制度

货币制度简称币制，是国家以法律形式对货币的有关要素、货币流通的组织形式与管理等做出的规定。

二、货币制度的基本内容

货币制度的基本内容包括币材的规定，货币单位的规定(包括货币单位的名称和值)，流通中货币种类的规定，货币法定支付能力的规定，货币的铸造、发行与流通程序的规定，货币发行准备制度的规定等。

（一）币材的规定

货币材料简称币材，币材的选择及规定处于货币制度的首位。币材在货币制度中的重要性可归纳为币材决定货币制度和造币权的规定。币材不同，构成的货币本位就不同。在金属货币流通的阶段，确定用什么金属来作为货币材料是建立货币制度的首要步骤，货币金属是建立货币制度的基础。金属货币材料的选择是受客观经济发展制约的。

历史上一般都先以白银为货币金属，后来随着黄金的大量开采，才过渡到金银并用，并最终使黄金在币材中独占了统治地位。选择什么样的金属作为本位币的币材，就会构成什么样的货币本位制度。这是由国家法律确立的，但要受客观经济发展需要的制约。

现代各国货币都是信用货币，而且无法兑现，所以货币制度中不再对币材作出规定。如今的货币，选择币材的技术意义已超出经济意义，例如如何防伪等。

（二）货币单位的规定

货币单位的规定是随着货币金属的确定而产生的，货币单位是货币本身的计量单位，规定货币单位包括两方面：一是规定货币单位的名称，二是规定货币单位的值。

1. 货币单位的名称

货币单位最早与货币商品的自然单位和重量单位相一致，如我国秦代铸造过“半两”铜钱，汉代铸造过“五铢”铜钱，钱面上分别铸有两、铢字样。规定了货币单位也就规定了价格标准。后来由于种种原因，货币单位日益与自然单位、重量单位相脱离。有的维持原名，内容发生变化。

例如，英国货币单位“镑”就是重量单位名称，但早在1816年正式采用金本位制时，其含金量就与名称完全不相符。有的则完全摆脱旧名，重立新名。例如，中国以元为货币单位。在国际上，习惯于一国货币单位的名称往往就是该国货币的名称，如美元、英镑、日元等。

2. 货币单位的值

金属货币制度条件下，货币单位的值是每个货币单位包含的金属重量和成色；在信用货币尚未脱离金属货币制度条件下，货币单位的值是每个货币单位的含金量；在黄金非货币化后，确定货币单位的值表现为确定或维持本币的汇率。

规定了货币单位及其等分，就有了统一的价格标准，从而使货币更准确地发挥计价流通的作用。当代世界范围内流通的都是信用货币，货币单位的值的确定，就同如何维持本国货币与外国货币的比价有直接关系。

（三）流通中货币种类的规定

规定流通中货币的种类主要指规定主币和辅币。

主币就是本位币，是一国的基本通货和法定价格标准。其最小规格通常是一个货币单位，如1美元，1元，1英镑等，也有少数国家规定为货币单位的整数倍，比如10、100个货币单位。无论如何，一个国家一般只有一种主币。金属货币制度下主币是用国家规定的货币材料按照国家规定的货币单位铸造的货币，本位币可以自由铸造、自行熔化，并且流通中磨损超过重量公差的本位币，不准投入流通使用，但可向政府指定的单位兑换新币，即超差兑换。

本位币的这种自由铸造、自行熔化和超差兑换，能使铸币价值与铸币所包含的金属价值保持一致，保证流通中的铸币量自发地适应流通对于铸币的客观需要量。信用货币制度下，主币的发行权集中于中央银行或政府指定机构。

辅币是小面额货币，是主币的等分，主要用于小额支付。金属币制下，为节约流通费用，辅币多用贱金属并由国家垄断铸造，但铸造数量往往有限制，铸造收益归国家所有；在信用货币制度下，同主币一样，辅币的发行权也集中于中央银行或政府指定机构。

（四）货币法定支付能力的规定

在一国政府干预货币发行和流通的情况下，国家都是通过法律对货币的偿付能力做出约定，约定的主要内容包括无限法偿和有限法偿。

无限法偿指不论用于何种支付和支付数额多大，对方均不得拒收；有限法偿即在一次支付中有法定限额的限制，超过限额对方可以拒收。金属货币制度下，一般而言主币具有无限法偿能力，辅币则是有限法偿，在信用货币制度条件下，国家对各种货币形式支付能力的规定不是十分的明确和绝对。

例如我国只是规定除居民外各经济单位除了特殊情况，超过1000元就要用非现金方式结算，单对于人民币“元”和辅币“分”未作出明确的有限法偿和无限法偿的特殊约定，只是规定它们都是法定货币，都具有法偿能力。

但是美国在金属币制下曾经规定，10美分以上的银辅币每次支付限额为10元；铜镍制造的分币，每次支付限额为25美分。但向国家纳税或向银行兑换时不受数量限制。

（五）货币的铸造、发行与流通程序的规定

货币的铸造是指本位币与辅币的铸造。货币铸造发行与流通程序主要分为金属货币的自由铸造与限制铸造、信用货币的分散发行与集中垄断发行。自由铸造指公民有权用国家规定的货币材料，按照国家规定的货币单位在国家造币厂铸造铸币，通常指主币；限制铸造指只能由国家铸造，通常指辅币。信用货币分散发行指各商业银行可以自主发行，通常是早期的信用货币，目前各国信用货币的发行权都集中于中央银行或指定机构。

17世纪银行券产生后，最早的银行券是用来代替商业票据。当商品经济发展到一定阶段后，由于信用交易产生了商业票据，一些持票人因急需现金而到银行要求贴现，银行就付给他们银行券。这样银行券就通过银行放款的程序投入了流通，同时银行券的发行应有信用保证（票据保证）和黄金保证。持券人可随时向发行银行兑换金属货币。

但自1929—1933年世界经济危机后，各国中央银行发行的银行券都不能兑现，它的流

通已不再依靠银行信用，而是单纯靠国家政权的强制力量，从而使银行券纸币化了。虽然当今世界许多国家的银行券均是不可兑换的，但不少国家仍实行银行券发行限制制度。例如，瑞士规定中央银行发行的银行券必须有40%的黄金准备，且这些黄金必须存放在国外而不能由中央银行自己保存，其余60%可用国家债券和商业票据做担保，充当发行准备金。

纸币是银行和政府发行并依靠其信誉和国家权力强制流通的价值符号。现在的纸币，其前身就是可兑换的银行券。但纸币并不需要黄金准备，因此可以用来弥补财政赤字，因而就可能导致货币膨胀。

（六）货币发行准备制度的规定

货币发行准备制度是货币制度的一项重要内容，是为约束货币发行规模、维护货币的币值稳定而制定的一项制度，也是一国货币稳定的基础。货币发行准备制度是指中央银行在货币发行时需要以某种金属或几种形式的资产作为其发行货币的准备，从而使货币的发行与某种金属或某些资产建立联系和制约关系。

在金属本位制度下，货币发行的准备是以法律规定金属为准备的。在当今信用货币制度下，货币的发行准备主要体现为现金准备或有价证券准备。

港币的发行准备

香港的联系汇率制度属于货币发行局制度，在该制度下，货币基础的流量和存量必须有充足的外汇储备支持，透过严谨和稳健的货币发行局制度得以实施。香港并没有真正意义上的货币发行局，纸币大部分由3家发钞银行即汇丰银行、渣打银行、中国银行（香港）发行。

法例规定发钞银行发钞时，需按7.80港元兑1美元的汇率向金管局提交等值美元，并记入外汇基金的账目，以购买负债证明书，作为所发钞纸币的支持。相反，回收港元纸币时，金管局会赎回负债证明书，银行则自外汇基金收回等值美元。由政府经金管局发行的纸币和硬币，并由代理银行负责储存及向公众分发，金管局与代理银行之间的交易也是按7.80港元兑1美元的汇率以美元结算。可见，港币的发行是要100%的美元做准备的。

资料来源：根据互联网资料编写。

三、国家货币制度的演变

国家货币制度是伴随着国家统一铸造货币开始的。资本主义国家在其历史发展过程中，货币制度的发展变化，经历了从银本位制，到金银复本位制，再到金本位制，如今过渡到不兑现的信用货币本位制的发展。具体如图1-2所示。

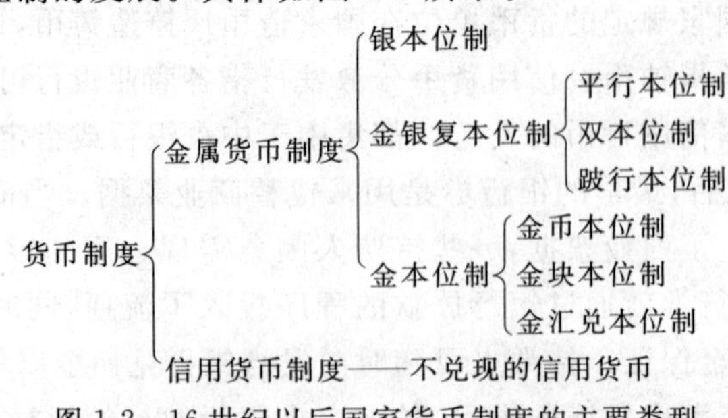

图1-2　16世纪以后国家货币制度的主要类型

（一）银本位制

银本位制是指以白银为本位货币的一种货币制度。在货币本位制的演变过程中，以银本位为最早。在银本位制下，以白银作为本位币币材，银币是无限法偿货币，其名义价值与实际含有的白银价值是一致的。

银本位制从16世纪以后才开始盛行，到19世纪末期被大多数国家放弃。其主要原因有：①19世纪以后，白银产量激增，国际市场上银价不稳定，并且由于供大于求而不断下跌；金银比价大幅波动，伦敦市场金银比价由1860年的1∶15，一直降到1932年的1∶73.5；②与黄金相比，白银体积大而价值小，资本主义大工业与批发商业的兴起导致大规模交易日益增多，白银显然已经不再适应经济发展的客观需要。

（二）金银复本位制

金银复本位制盛行于资本主义原始积累时期(16—18世纪)，是指以金和银同时作为币材的货币制度。在这种制度下，金银两种铸币都是本位币，均可自由铸造，两种货币可以自由兑换，并且两种货币都是无限法偿货币。

历史上的这一时期，商品生产和流通进一步扩大，对银和金的需求量都大幅增加。由于银价值含量小，所以适合小额交易；金的价值含量高，适合于逐渐多起来的大额交易。同时，金的供给量也由于人工开采的增加而增加，使金银复本位代替银本位成为可能。复本位制按金银两金属的不同关系又可分为平行本位制、双本位制和跛行本位制。

1. 平行本位制

平行本位制是复本位制早期的形式，指金币与银币各按其实际价值流通，两币的交换比率由市场上生金与生银的比价确定。在此制度下，由于金币与银币的比价是由市场自发形成、确定的，从而金银比价关系极不稳定，且变动频繁，进而给交易和找零带来了极大的不便，造成了市场的混乱，于是产生了双本位制度。

2. 双本位制

双本位制是指金币与银币按国家规定比价流通，在此制度下，两币的交换比率不受生金、生银市场价格波动的影响。欧美国家曾普遍采取此制度，是复本位制的主要形式。双本位制克服了平行本位制金银比价不稳定的缺陷，但其结果是在社会上产生了官方比价和市场比价两种比价关系，而国家官方比价是国家以法令形式确定的，比较市场自发显然缺乏弹性，不能快速依照金银实际价值比进行调整。两者常常出现偏离。

实践中，当金币与银币的实际价值与名义价值相背离，从而使实际价值高于名义价值的货币(即良币)被收藏、熔化而退出流通，实际价值低于名义价值的货币(即劣币)则充斥市场，即所谓的“劣币驱逐良币”，这一规律又称“格雷欣法则”。这个法则的存在导致某些时期市场上实际只有一种货币在流通，很难有两种货币同时并行流通。这也成了许多国家向金本位制转变的动因。

“劣币驱逐良币”法则的由来

“劣币驱逐良币”是16世纪英国政治家与理财家汤姆斯·格雷欣在其给英国女王的改

铸铸币的建议中提出的，后来被英国经济学家麦克劳德在其著作《经济学纲要》中加以引用，并命名为"格雷欣法则"。

3. 跛行本位制

跛行本位制即名义上金币、银币都被规定为本位货币，但金币可以自由铸造、自由熔化，并且金币与银币可以固定的比例兑换，而银币却不能。在此制度下，银币其实已经演化为金币的符号，起着辅币的作用。因而严格意义上看，跛行本位制是一种不完全的复本位制，是一种由金银复本位制向金本位制演变的过渡性货币制度。

（三）金本位制

金本位制是指以黄金作为本位货币的货币制度。其主要形式分为 3 种：金币本位制、金块本位制和金汇兑本位制。

1. 金币本位制

金币本位制盛行于 1880—1914 年，是以黄金为货币金属的一种典型的金本位制。其主要特点如下。

(1) 金币可以自由铸造、自由熔化。这样可以自发调节流通中的货币量，使金币的自身价值与面额价值保持一致，从而保证商品流通的顺利进行和经济的平稳运行。

(2) 流通中的辅币和价值符号可以自由兑换金币。因此，流通中的价值符号，如纸币、银行券等，就有了充足的黄金保证，能够代表一定量的黄金进行流通，从而保证了辅币与价值符号的稳定，不会导致货币膨胀，同时也节约了黄金。

(3) 黄金可以自由输出与输入。在实行金本位制的国家之间，其汇率是根据两国货币的黄金含量计算出来的，称为金平价；当由于供求关系等因素导致市场汇率偏离金平价，在达到黄金输出输入点时，黄金就会在外汇市场不均衡引起的利益驱动下自由流动，从而稳定外汇汇率，有利于国际贸易的顺利开展。

英国于 1816 年 5 月最早实行金币本位制，之后欧洲其他国家也纷纷效仿，美国到 1900 年才实行。在 20 世纪初，西方主要资本主义国家大多实行了金币本位制，从历史上看，金币本位制对于各国商品经济的发展、世界市场的统一都起到了重大的推动作用，其稳定的货币自动调节机制无疑是高效率的。

一战时期，尤其是战后，由于资本主义政治经济发展的不平衡，黄金的自由流通、银行券的自由兑换和黄金的自由输出入遭到破坏，另外，资本主义经济迅速发展，对黄金的需求也日益增加，但黄金的开采由于种种原因不可能相应地快速增长，使得供给满足不了需求。各国为阻止黄金外流，先后放弃了金币本位制。

此后，金块本位制和金汇兑本位制的相继出现，恰恰是作为对上述困难的应对。

2. 金块本位制

英国、法国、荷兰、比利时等国在 1924—1928 年实行了金块本位制。金块本位制下，并不铸造和流通金币，而是由中央银行发行以金块为准备的纸币，代替金币流通的货币制度。其特点如下。

(1) 以纸币或银行券作为流通货币，不再铸造、流通金币，但纸币或银行券仍是金单位，规定含金量。

(2) 不再实行金币本位制下的辅币和价值符号同黄金的自由兑换，规定黄金由政府集中储存,居民可按本位币的含金量在达到一定数额后兑换金块,例如,英国 1925 年规定,兑换黄金的最低限额是 1700 英镑；法国在 1928 年规定至少需 215 000 法郎才能兑换黄金,这样高的限额对于大多数人是达不到的。

3. 金汇兑本位制

金汇兑本位制又称虚金本位制,是指以银行券作为流通货币,通过外汇间接兑换黄金的货币制度。其特点是货币单位规定含金量,国内流通银行券,没有铸币流通,银行券不能兑换黄金,只能兑换外汇。本国中央银行将黄金与外汇存于另一个实行金本位制的国家,允许以外汇间接兑换黄金,并规定本国货币与该国货币的法定比价,通过固定价买卖外汇以稳定币值和汇率。

可见,实行金汇兑本位制的国家,实际上是使本国货币依附于一些经济实力雄厚的外国货币,如美元、英镑等,并成为其附庸,处于附庸地位,从而货币政策和经济都受这些实力强的国家的左右。同时,附庸国家向其大量提取外汇准备或兑取黄金也会影响后者的币值稳定。

金块本位制和金汇兑本位制的缺陷

无论是金块本位制还是金汇兑本位制,都没有金币的流通,都是残缺不全的金本位制,是不稳定的货币制度。主要表现：①都没有充足的黄金基础,都没有黄金流通——破坏了黄金自发调节货币流通量的机制；②银行券自由兑换黄金遭到很大限制——削弱了货币流通的稳定性；③金汇兑本位制下,本国货币币值受主权国货币稳定的影响。

因为金块本位制和金汇兑本位制自身的缺陷,1929—1933 年,资本主义国家爆发了世界性的经济金融危机,危机迅速摧毁了原有的金本位制。其后,各资本主义国家纷纷实行不可兑现的信用货币制度,从而为国家干预调节经济提供了一个十分有利的机制。

(四) 不兑现的信用货币制度

不兑现的信用货币制度又称信用货币制度,是当今世界各国普遍采用的货币制度,是指以不兑换黄金的信用货币为本位制的货币制度。信用货币一般是由中央银行发行,国家法律赋予无限法偿能力。

信用货币制度特点如下。

(1) 现实经济中流通的都是信用货币,主要形式是现金或银行存款。在信用货币制度下,不兑现的信用货币一纸币,代替黄金成为本位币,黄金完全退出货币流通,实现黄金的非货币化,纸币体现着中央银行作为发行人对持有者的负债,反映的是政府信用。

(2) 信用货币是银行对货币持有人的负债,通过银行放款程序投入到流通领域。无论是现金,还是存款货币,都是通过商业银行等金融机构的贷款、取款、黄金外汇和有价证券的买卖等投放入流通的。

(3) 一国货币的发行客观上受国家经济发展水平的制约,从而使国家对货币的供应实施管理。信用货币流通量的多少能够影响经济的发展,信用货币供应量不受贵金属量的制约,具有一定的弹性,政府可以根据经济运行状况进行一定的调节,如果银行放松银根,信用货币投放过多,就可能出现货币膨胀,物价上涨；如果紧缩银根,就可能出现货币紧缩,物价下跌。

可见，在信用货币制度下，政府不再只是经济运行的守夜人、旁观者，而是可以利用纸币发行、流量来调节干预经济的参与者、操纵者，当然，不兑现的信用货币制度也是一柄双刃剑，使国家获得干预经济的手段的同时，也使货币膨胀成为可能并且不时困扰着世界各国。

四、中国的货币制度

（一）中国货币制度的概况

我国现行的货币制度较为特殊，由于实行"一国两制"的方针，1997 年香港和 1999 年澳门分别回归祖国以后，继续维持原有的货币金融体制，从而形成了"一国多币"的特殊货币制度。这种特殊的货币制度规定各种货币各为不同地区的法定货币，其内容包括：人民币是祖国大陆地区的法定货币；港元则是我国香港特别行政区的法定货币；澳门元是我国澳门特别行政区的法定货币；新台币是台湾地区的法定货币。

各种货币各限于本地区流通，人民币与港元、澳门元之间按以市场供求为基础决定的汇价进行兑换，澳门元与港元直接挂钩，新台币主要与美元挂钩。下面主要介绍人民币货币制度。

（二）人民币制度的基本内容

我国大陆的货币制度是人民币制度，人民币制度是从人民币的发行开始的。目前我国大陆货币制度包括的基本内容如下。

1. 货币名称是人民币

人民币是由中国人民银行发行的信用货币，没有确定法定含金量，也不能自由兑换黄金，以现金和存款货币两种形式存在。人民币的主币（本位币）"元"是我国经济生活中法定的计价、结算货币，单位为"元"。辅币的单位有"角"和"分"两种。1 元＝10 角＝100 分。人民币的票券、铸币种类由国务院决定。人民币以"¥"为符号，取"元"字汉语拼音的首位字母"Y"加两横而成。辅币与主币一样具有无限法偿能力。

钱币收藏不能忽略的趣味号纸币

所谓的号码就是你手上的纸币正面左下角的一排字母加数字。

狮子号：号码末尾 4 个数字相同，如 8888、6666 等。

豹子号：号码末尾 3 个数字相同，如 888、666 等。

顺子号：号码中含有 12345、54321 等。

对称号：号码中含有 1234321、2345432 等。

生日号：第 5 套人民币号码中的数字是 8 位，可以组成生日如 19670327。

其他趣味号：如叠字号 112233、88766、222333 等。

2. 人民币是我国的法定货币

商品买卖、劳务提供、信用活动、财政收支、会计价值核算等，都必须使用人民币作为价值尺度、流通手段和支付手段。国家禁止金银和外币计价、流通、结算和私相买卖，金银只能由中国人民银行出售，生金和出土金银归国家所有。

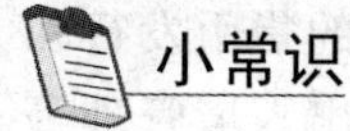

发现假币咋办？

假币一般分为两大类，分别是伪造币和变造币。伪造币是仿照真币的图案、文字、形状规格、色彩等，采用印制、打印、复印等多种手段伪造的货币；变造假币是在真币的基础上，利用挖补、揭层、涂改、拼凑、移位等多种方法，改变真币形态的货币，分为真真拼凑币和真伪拼凑币。

根据《中华人民共和国人民币管理条例》和《中国人民银行假币收缴、鉴定管理办法》，当对人民币的真伪存在怀疑时，可以到中国人民银行以及中国人民银行授权的银行业金融机构进行货币真伪鉴定。

日常生活中关于假币的处理方法如下。

(1) 在日常生活中误收假币，不应再使用，应上缴当地银行或公安机关。

(2) 看到别人大量持有假币，应劝其上缴，或向公安机关报告。

(3) 发现有人制造、买卖假币，应掌握证据，向公安机关报告。

(4) 中国人民银行、公安机关发现伪造、变造的人民币，应予以没收，加盖“假币”字样的戳记，并登记造册。

(5) 办理人民币存取款业务的金融机构发现伪造、变造的人民币，数量较多、有新版的伪造人民币或者有其他制造贩卖伪造、变造人民币线索的，应立即报告公安机关；数量较少的，由该金融机构两名以上工作人员当面予以收缴，加盖“假币”字样戳记，登记造册，并向持有人出具中国人民银行统一印制的假币收缴凭证，并告知持有人可以向中国人民银行或者向中国人民银行授权的银行业金融机构申请鉴定。

3. 国务院授权中国人民银行对人民币的发行进行管理

人民币发行权掌握在国家手里，国家授权中国人民银行具体掌管货币发行工作。中国人民银行是货币的唯一发行机关，并集中管理货币发行基金。人民币发行基金亦称国家发行基金，或称为人民币发行准备基金，是指未进入流通领域的人民币，它的存在形式就是发行库中保存的人民币成品，来源于新印制的人民币或回笼款。发行库是发行基金保管库的简称，其基本任务如下。

(1) 根据国务院核定的货币发行额度，统一保管和调拨发行基金。

(2) 具体办理货币发行工作和损伤票币的回收、销毁工作。

(3) 调剂市场各种面额人民币的流通比例。

(4) 办理发行业务的会计核算。正确、全面地反映市场货币投放和回笼情况。

业务库由中国人民银行对外营业机构及专业银行自行管理，其主要任务是在上级行核定的库存限额范围内进行日常的现金收付活动。人民币的发行工作是通过发行库和业务库之间的现金调拨来进行的。具体如图 1-3 所示。

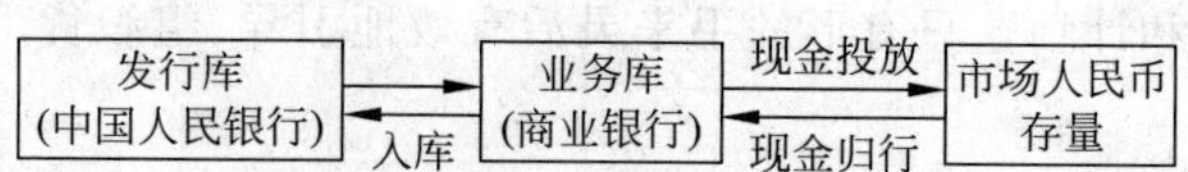

图 1-3　人民币发行程序简介

中国人民银行根据经济发展的需要，在由国务院批准的额度内，组织年度的货币发行和货币回笼。此外，还负责发行基金的运送管理、反假币及票样管理和人民币的出入境管理等方面的事物。

4. 人民币的发行保证

首先，人民币是信用货币，它根据商品生产发展和流通扩大对货币的需要而发行，这种发行有商品物资做基础，可以稳定币值，这是人民币发行的首要保证；其次，人民币的发行还有大量的信用保证，包括政府债券、商业票据、商业银行票据等；最后，黄金、外汇储备也是人民币发行的一种保证，我国建立的黄金和外汇储备，主要用于平衡国际收支，进口需要的大量外汇需要用人民币购买，出口收入的外汇必须向外汇指定银行出售，银行在购买外汇的同时也就发行了人民币，同时对人民币的发行起着保证作用。

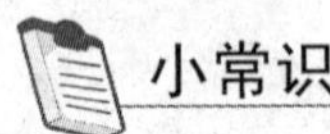

残缺、污损人民币可以兑换吗？

残缺、污损人民币是指票面撕裂、损缺，或因自然磨损、侵蚀，外观、质地受损，颜色变化，图案不清晰，防伪特征受损，不宜再继续流通使用的人民币。

凡办理人民币存取款业务的金融机构应无偿为公众兑换残缺、污损人民币，不得拒绝兑换。残缺、污损人民币兑换分“全额”“半额”两种情况。

一是能辨别面额，票面剩余3/4（含3/4）以上，其图案、文字能按原样连接的残缺、污损人民币，金融机构应向持有人按原面额全额兑换。

二是能辨别面额，票面剩余1/2（含1/2）至3/4，其图案、文字能按原样连接的残缺、污损人民币，金融机构应向持有人按原面额的一半兑换。

纸币呈正十字形缺少1/4的，按原面额的一半兑换。

三是兑付额不足一分的，不予兑换；五分按半额兑换的，兑付二分。

5. 人民币实行有管理的货币制度

作为我国市场经济体制构成部分的货币体制，对内必须是国家宏观调节和管理下的体制，包括货币发行、货币流通、外汇价格等都不是自发的而是有管理的；对外则采取有管理的浮动汇率制。1994年1月1日，人民币官方汇率与外汇调剂价格正式并轨，我国开始实行以市场供求为基础的、单一的、有管理的浮动汇率制，企业和个人按规定向银行买卖外汇，银行进入银行间外汇市场进行交易，形成市场汇率，中央银行设定一定的汇率浮动范围，并通过调控市场保持人民币汇率稳定。

随着中国经济的发展，与此相适应的汇率体制也在与时俱进地发生着变革，自2005年7月21日起，我国开始实行以市场供求为基础、参考一篮子货币进行调节、有管理的浮动汇率制度。有管理的货币制度形式是在总结历史经验和逐步认识客观经济规律的基础上，运用市场这只无形的手和计划这只有形的手来灵活有效地引导、组织货币运行。

货币、货币制度、货币的职能、货币的层次、流动性、发行库、发行基金、业务库

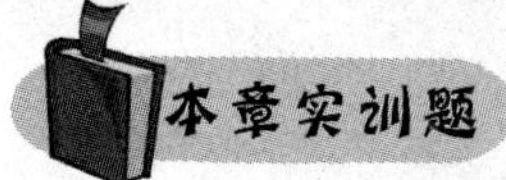

一、单项选择题

1. 在货币层次中，货币的流动性越强，则现实购买力越(　　)。
   A. 强　　B. 弱
   C. 可能强，也可能弱　　D. 答案 AC 是正确的
2. 马克思认为，货币是(　　)。
   A. 国家创造的产物　　B. 先哲为解决交换困难而创造的
   C. 为了保存财富而创造　　D. 固定充当一般等价物的商品
3. 货币在(　　)时执行价值尺度手段的职能。
   A. 商品买卖　　B. 缴纳税款　　C. 支付工资　　D. 表现商品价值
4. 我国货币发行的起点是(　　)。
   A. 中国人民银行的业务库　　B. 中国人民银行的发行库
   C. 市场和流通　　D. 商业银行的业务库
5. 在所有金融资产中，流动性最强的是(　　)。
   A. 现金　　B. 储蓄存款　　C. 活期存款　　D. 定期存款
6. 货币在(　　)时执行流通手段的职能。
   A. 商品买卖　　B. 缴纳税款　　C. 支付工资　　D. 表现商品价值
7. 历史上最早出现的货币形态是(　　)货币。
   A. 实物　　B. 信用　　C. 存款　　D. 电子
8. 在我国的货币供应量中，通常狭义货币是指(　　)。
   A. M0　　B. M1　　C. M2　　D. M3
9. 在我国的货币供应量中，通常广义货币是指(　　)。
   A. M0　　B. M1　　C. M2　　D. M3
10. 世界上最早实行金本位制的国家是(　　)。
   A. 美国　　B. 英国　　C. 日本　　D. 德国

二、判断题

1. 我国是一国 4 币，其中大陆主要流通的是人民币。(　　)
2. 从货币发展的历史看，最早的货币形式是实物货币。(　　)
3. 金币本位制条件下，流通中的货币都是金铸币。(　　)
4. 人民币是我国的法定货币，其中主币具有无限法偿能力，辅币有限法偿。(　　)
5. 只要是国家铸造的货币都具有无限法偿的能力。(　　)
6. 国家货币制度由一国政府或司法机构独立制定实施，是该国货币主权的体现。(　　)
7. 现代信用货币是纸制的货币符号，不具有典型意义上的储藏手段职能。(　　)
8. 货币发挥储藏手段职能最大的优势在于其收益性。(　　)
9. 在金属货币制度下，本位币的名义价值与实际价值是相一致的。(　　)
10. 我国货币发行的准备是 100%的外汇准备。(　　)

三、简述题

1. 我国货币层次划分的主要依据和内容。
2. 结合生活中的例子，分析货币在其中发挥的职能。
3. 货币的形式及其演进。
4. 货币制度及其基本内容。
5. 人民币制度的基本内容。

四、实践课堂

查阅相关统计数据和资料，总结我国各层次货币增长的特点，并分析我国广义货币 M2 快速增长并突破百万亿大关可能带来的影响。

第二章

信用和信用形式

【内容框架】

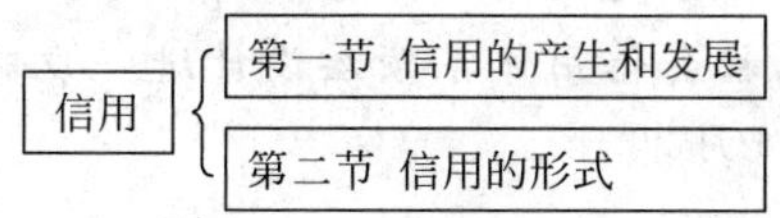

【学习目标】

1. 了解信用的概念、特征、分类；

2. 理解商业信用和银行信用的区别。

【学习重点】

1. 信用的特征、分类和形式；

2. 商业信用和银行信用的联系。

【技能要求】

能准确理解各种信用形式对经济发展的重要性，并灵活选用不同对象、不同适用情况的信用形式。

 引例

加强社会信用体系建设　多维联合奖惩机制正在形成

2016 年 2 月，黑龙江省哈尔滨市出现宰客的“天价鱼”事件，成为继青岛“天价虾”事件之后又一起令社会关注的失信事件。社会诚信缺失现象不断出现，不仅危害了经济社会的发展，而且妨碍了社会文明的进步。

坚持“守信者一路绿灯，失信者处处受限”，2016 年，我国继续从失信问题出发，倒逼改

革，社会信用体系建设取得积极进展。

(1) 守信联合激励和失信联合惩戒的大格局正在形成

在守信联合激励方面，国家发改委、人民银行会同税务总局、团中央、海关总署等 50 多个部门共同签署了 A 级纳税人、优秀青年志愿者、海关高级认证企业 3 个联合激励备忘录。在失信联合惩戒方面，国家发改委、人民银行会同最高人民法院、环保部等 40 多个部门签署了 7 个联合惩戒合作备忘录，共同推进联合惩戒落地。

(2) 以商务诚信建设增强市场活力

每年的“双十一”无疑都是电子商务领域的重要节日。每到此时，虚假交易、“刷单炒信”、恶意差评等网络失信问题总会对消费者的消费和选择造成困扰。2016 年 11 月，阿里巴巴、腾讯等企业代表共同签订了《反“炒信”信息共享协议》，在国家发改委等有关部门的指导下，联合开展反“炒信”行动，打击利用网络虚拟交易炒作信用“刷单”行为，并公布“刷单炒信”严重失信主体黑名单。这被看作是加强电子商务领域信用体系建设的一项重要举措。

(3) 社会信用体系顶层设计进一步健全

2016 年 6 月，国务院印发《关于建立完善守信联合激励和失信联合惩戒制度加快社会诚信建设的指导意见》；2016 年 9 月，国务院办公厅印发《关于加快推进失信被执行人信用监督、警示和惩戒机制建设的意见》；近期，《国务院关于加强政务诚信建设的指导意见》《国务院办公厅关于加强个人诚信体系建设的指导意见》《关于全面加强电子商务领域诚信建设的指导意见》等文件相继出台，社会信用体系顶层设计进一步健全。

资料来源：金融时报 2017 年 1 月 26 日。

什么是信用？为什么要进行社会征信？信用的产生和发展经历过什么过程，信用发展到现代都有哪些形式？这正是本章要解决的问题。

第一节　信用的产生和发展

一、信用的概念

当前，“信用”一词在社会中的使用频率很高，比如信用卡、社会信用讨论、信用缺失、信用管理体系等，但其具体含义各有不同，大致可以划分为道德和经济两个范畴的信用。

（一）道德范畴的信用

信用一词在西方源于拉丁文 Credo，意思为相信、信任、声誉等。《辞海》对信用的解释是“遵守诺言、实践成约，从而取得别人的信任”。历史上，我国儒家文化有许多对君子的行为规范，如“言必信，行必果”，还有“君子一言，驷马难追”，孔子说：“民无信不立”，荀子认为：“诚信生神，夸诞生惑”等。

这都是从社会伦理的角度对信用的理解，反映了信用的某些社会伦理属性。可见，道德范畴的信用主要指的是诚信，即通过诚实履行自己的诺言而取得他人的信任。

（二）经济范畴的信用

经济范畴的信用是一种借贷行为，是以偿还和付息为条件的价值单方面运动。在信用活动中，商品或货币的所有者把商品或货币暂时转让给别人使用，并约定期限归还，并由借者支付给贷者一定的利息，借贷双方形成的是债权债务关系，即信用关系。

经济范畴信用关系的确立必须具备4个要素。

(1) 信用主体,即信用关系的当事人,一方债务人(借者),另一方是债权人(贷者)。

(2) 信用客体指信用交易的对象,既可为实物形式,也可为货币形式。

(3) 信用载体即信用工具,是债权债务的书面证明,用以规避口头约定出现的毁约风险,也便于使债权工具充当购买手段或转化为现金。

(4) 信用条件指信用关系确立的各种制约性规定,主要包括信用期限、利率和偿付方式等。

思考两个信用范畴的关系

道德范畴中的信用—诚信,与经济范畴中的信用—借贷活动,从表面看两者没什么联系,但实际是否有内在联系呢?请想一想。

二、信用的产生和发展

(一) 信用的产生

信用是在商品交换过程中逐步出现的。最早的商品交换是纯粹的物物交换,此后又借助货币进行"一手交钱、一手交货"钱货两清的交换,这种交换行为并不是信用行为。私有制出现以后,社会分工不断发展,大量剩余产品不断出现。私有制和社会分工使得劳动者各自占有不同的劳动产品,剩余产品的出现则使交换行为成为可能。

当商品交换出现延期支付,货币执行支付手段职能时,信用就产生了。正是由于货币作为支付手段的职能,使得商品能够在早已让渡之后独立地完成价值的实现,从而确保了信用的兑现。整个过程实质上就是一种区别于实物交易和现金交易的交易形式,即最原始的信用交易形式。这种最原始的信用交易形式首先是以高利贷方式出现的。可见,私有制和社会分工造成的财富占有不均是信用产生的两大条件。

(二) 信用的发展

1. 高利贷信用

高利贷信用是最古老的信用形式,是一种贷放实物或货币以收取高额利息的应用。高利贷信用产生于原始社会末期,在奴隶社会和封建社会得到广泛的发展。

高利贷具有两个特点,一是利率特别高,剥削残酷。一般年利率为30%以上,有的达100%~200%,甚至达300%。二是对生产具有破坏性。高利贷信用主要用于非生产性用途,较少用于发展生产,加上高额利息,往往使小生产者破产,使社会生产力受到破坏。

高利贷信用的发展,一方面使高利贷者积蓄起大量的货币资财,有可能将其转化为产业资本;另一方面,高利贷又使农民和手工业者大量破产,变成无产阶级,这促进了雇佣劳动者队伍的形成。

最高院:民间借贷最新司法解释,取消4倍利率限制

《最高人民法院关于审理民间借贷案件适用法律若干问题的规定》已于2015年6月

23日由最高人民法院审判委员会第1655次会议通过，自2015年9月1日起施行。

(1) 废止最高4倍的利率限制

第二十六条　借贷双方约定的利率未超过年利率24%，出借人请求借款人按照约定的利率支付利息的，人民法院应予支持。借贷双方约定的利率超过年利率36%，超过部分的利息约定无效。借款人请求出借人返还已支付的超过年利率36%部分的利息的，人民法院应予支持。

(2) 符合条件的企业间借贷有效

第十一条　法人之间、其他组织之间以及它们相互之间为生产、经营需要订立的民间借贷合同，除存在合同法第五十二条、本规定第十四条规定的情形外，当事人主张民间借贷合同有效的，人民法院应予支持。

(3) P2P平台可能承担担保责任

第二十二条　借贷双方通过网络贷款平台形成借贷关系，网络贷款平台的提供者仅提供媒介服务，当事人请求其承担担保责任的，人民法院不予支持。网络贷款平台的提供者通过网页、广告或者其他媒介明示或者有其他证据证明其为借贷提供担保，出借人请求网络贷款平台的提供者承担担保责任的，人民法院应予支持。

2. 借贷资本信用

借贷资本信用是产生和发展于资本主义制度下的一种信用形式。借贷资本是货币资本家为了取得利息收入贷放给产业资本家使用的货币资本。借贷资本的特点如下。

(1) 借贷资本信用的主要对象是产业资本家。

(2) 借贷资本是在产业资本循环和周转过程中形成的暂时闲置部分。

(3) 目的是为了获取剩余价值。

(4) 利率水平不能超过社会平均利润率。

（三）现代信用经济

1. 现代信用经济特点中最明显的是具有扩张性

信用保证现代化大生产的顺利进行，即信用活动从资金上为现代化大生产提供条件；在利润率引导下，信用使资本在不同部门之间自由转移，导致各部门利润率趋向相同水平，从而自然调节各部门的发展比例；在信用制度基础上产生的信用流通工具代替金属货币流通，节约流通费用，加速资本周转；信用为股份公司的建立和发展创造了条件，同时，信用聚集资本，扩大投资规模的作用通过股份公司的形式也得到了充分发挥。

"没有金刚钻，不揽瓷器活""有多大钱干多大事"已经是传统非信用经济的特点，在现代信用经济中，几乎每个企业主体都需要借助于负债去扩大生产规模、更新设备，需要借助于各种信用形式去筹措资金改进工艺、推销产品。

2. 现代经济中债权债务关系是最基本、最普遍的经济关系

在现代经济生活中，信用即债权债务关系是一种最普遍的经济关系，经济活动中的各个经济部门、每一个环节都渗透着债权债务关系。债权债务关系已经成为经济中最重要最复杂的经济关系，成为连接经济各部门、政府、企业、个人最重要的纽带。经济越发展，债权债务关系越紧密，越成为经济正常运动的必要条件。具体表现在以下几方面。

(1) 个人通过在银行储蓄或取得消费贷款与银行形成了信用关系，个人购买国债、企业债券与政府、企业形成了债权债务关系。

(2) 企业在信用关系中既是货币资金的主要供给者,又是货币资金的主要需求者。

(3) 政府通过举债、放贷形成与居民、企业、金融机构或其他机构之间的信用关系。

(4) 金融机构作为信用中介从社会各方面吸收和积聚资金,同时通过贷款等活动将其运用出去。

(5) 国际收支的顺差、逆差的调节也离不开信用。

3. 现代经济中信用货币是最基本的货币形式

各种经济活动形成各种各样的货币收支,而这些货币收支最终都是银行的资产和负债,都体现了银行与其他经济部门之间的信用关系。

综上,信用已成为现代经济中一个无所不在的最普遍经济关系。现代经济已俨然成为一种信用经济。

三、信用的作用

(一) 信用的积极作用

1. 推动资本集中,优化社会资源配置

社会中有来自企业的、国家的、个人的闲散资金,这些资金代表着社会财富资源,零散的资金没有达到要求的数量就无法转化为资本,形成闲置,有了信用关系就可以把闲散资金集中起来,投入到生产当中去,这就扩大了生产规模,促进了经济的发展。

同时,信用又以偿还和付息为特征,资金以信用方式流动,不仅促使企业尽量减少资金占用,加速资金周转,而且可以促使资金从效益低的部门流向效益好的部门,从而提供资金的使用效益。

2. 调节国民经济的运行

信用是国民经济的一个重要杠杆,信用的规模可以调节国民经济发展的速度和规模,信用分配的结构可以调节国民经济的布局和结构,市场的利息和利率可以促使资源的合理配置。因此,信用的健康发展有利于国民经济的健康协调发展。

(二) 信用的消极作用

信用对经济的消极作用主要表现在信用风险和经济泡沫的出现。

(1) 信用风险是指债务人无法按照承诺偿还债权人本息的风险。在现代社会,信用关系已经成为最普遍、最基本的经济关系,社会各个主体之间债权债务交错,形成了错综复杂的债权债务链条,这个链条上有一个环节断裂,就会引发连锁反应,对整个社会的信用联系造成很大的危害。2007 年爆发于美国的次贷危机就发生了一定规模的信用风险,很多债务人到期无法偿还金融机构的债务。

(2) 经济泡沫是指某种资产或商品的价格大大偏离其基本价值。经济泡沫的开始是资产或商品的价格暴涨,即这些资产或商品的需求急剧膨胀,极大地超出了供给,而信用对膨胀的需求给予了现实的购买和支付能力的支撑,使经济泡沫的出现成为可能。

第二节 信用的形式

现代信用活动主要集中在投资和融资两个方面,参与者主体涵盖了个人、工商企业、政府、金融企业等,具体形式有以下几种。

一、商业信用

（一）含义和特点

商业信用是工商企业间在商品买卖中以赊销和预付两种基本形式提供的信用，属于直接信用。商业信用的特点主要有以下几点。

(1) 主体是工商企业。

(2) 客体是商品资本。

(3) 与产业资本的变动一致。在繁荣阶段，会随着生产和流通的发展、产业资本的扩大而扩张；在危机阶段，又会随着生产和流通的缩减、产业资本的缩小而萎缩。

（二）作用和局限性

商业信用企业短期融资的重要形式，在市场经济发达国家日益普及。商业信用在商品经济中发挥着润滑生产和流通的作用，它直接为商品流通服务，是促进商品销售的有力武器；它的工具简单、方式灵活，便于企业采用。但其作用也存在一定的局限性。

(1) 规模的局限性。工商企业可提供的信用数量是十分有限的，每笔信用最大规模仅限于交易额，且受其对客户了解的限制。

(2) 方向受限。商业信用受到流转方向的严格限制，它往往由卖方企业为销售商品而向买方提供信用。

(3) 期限也有限制。提供的信用期限较短，它不能成为现代信用的主要形式。

二、银行信用

（一）含义和特点

银行信用是银行及其他金融机构以货币形式提供的信用。银行信用的出现，突破了商业信用在数量上和方向上的局限性，对现代信用经济的发展起到了极大的推动作用，是现代经济中占主导地位的信用形式。银行信用的特点有以下几点。

(1) 间接信用。它是以银行及其他金融机构为中介，以货币形式对社会提供的信用。

(2) 客体是单一形态的货币资本。

(3) 与产业资本变动不一致。

在经济危机时期表现得尤为明显，危机时期企业的生产规模大为缩小，商品滞销，企业为了防止破产和清偿到期债务，对银行信用的需求激增，但此时由于存款人大量提取存款，银行信用的供给锐减。

（二）银行信用的优点

银行信用是银行或其他金融机构以货币形态提供的信用，它伴随着现代资本主义银行的产生，在商业信用的基础上发展起来。与商业信用不同，银行信用属于间接信用，银行在借贷关系中充当债权人和债务人双重角色，吸收存款，发放贷款，作为信用中介。

银行信用的优点有 3 个。

(1) 规模巨大。银行和其他金融机构作为投融资中介，可以把分散的社会闲置资金集中起来统一进行借贷，规模可大可小。

(2) 授信对象十分广泛。银行信用的债务人主要是从事商品生产和流通的工商企业和个人,独立于商品买卖,不要求必须是有商品业务联系的关联方。

(3) 存贷方式灵活、期限可长可短。银行信用所提供的信贷资金是从产业循环中独立出来的货币,它可以不受个别企业资金数量的限制,聚集小额的可贷资金满足大额资金借贷的需求。同时可把短期的借贷资本转换为长期的借贷资本,满足对较长时期的货币需求,不再受资金流转方向的约束。从而在规模、范围、期限和资金使用的方向上都大大优越于商业信用。

由于上述优点,银行信用在整个经济社会信用体系中占据核心地位,发挥主导作用。商业信用的发展也越来越依赖银行信用,银行的商业票据贴现将分散的商业信用集中统一为银行信用,为商业信用的进一步发展提供了条件。

央行发布2013年社会融资结构:银行信用为主

从最近公布的2013年社会融资规模情况看,我国目前社会融资仍以银行信用为主,具体如图2-1所示。

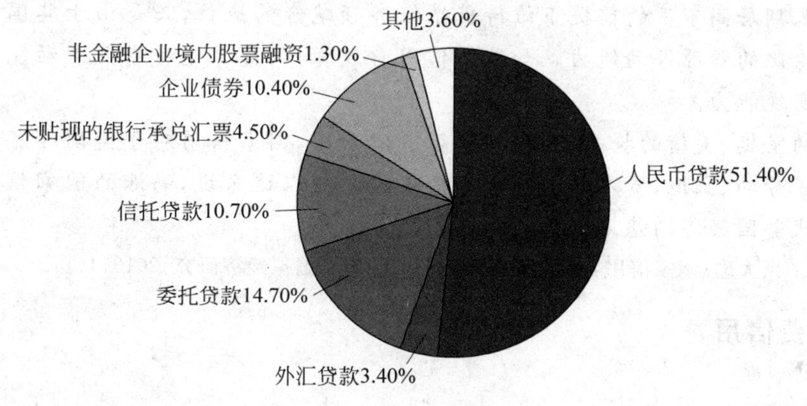

图 2-1 2013年社会融资

资料来源:搜狐财经,http://business.sohu.com.

三、国家信用

国家信用是以国家为主体进行的一种信用活动,是国家按照信用原则同国内外的货币持有者发生的借贷关系。国家信用的债务人是国家(政府),债权人是购买国家债券的企业和居民等。其主要形式有以下几种。

(1) 发行政府公债,政府公债的期限一般在1年以上,有的长达10余年,甚至几十年。

(2) 发行国库券,国库券的期限在1年以下。

(3) 发行专项债券,通常有专属用途。

(4) 向央行透支或借款,这种借款以临时性的居多。

国家信用的作用主要表现为以下几个方面。

(1) 调节政府收支不平衡。国家往往采取发行国库券办法解决收支不平衡。

(2) 弥补财政赤字。解决财政赤字的方法主要有增加税收、挤占银行贷款和借债。国家举债的方法,副作用较小,是弥补财政赤字的主要手段。

(3) 筹集巨额资金。筹集重大资金用于发生战争、特大自然灾害和举办大规模新开发项目建设。

(4) 调节经济。通过买进卖出国家债券来调节社会的货币供应,影响市场资金需求。

国家信用:美国经济的基石

作为世界头号经济强国同时又是世界头号债务国,美国的经济一直给人一种互相矛盾的感觉:拥有世界上最庞大的黄金储备,同时又拥有世界上最巨大的公共债务规模;拥有世界上一流的生活水平,以5%的人口吸收了全世界25%的资源,然而其制造业所占GDP比例不到20%;国内利率水平长年处于极低的状态,却仍然能够吸收全世界65%的资本;长期处于双赤字运行的模式,却始终拥有最高的公共信用评级……显然,传统的经济理论无法准确解释上述现象,笔者也没有兴趣运用这些理论牵强附会地解释美国经济的奥秘。

实际上,美国人之所以能在实体经济比例不断下降、公共债务规模不断上升、贸易赤字与财政赤字长期居高不下的前提下维持世界经济领跑者的地位,正是由于其国家信用已经具有了无与伦比的资源调动能力。如果把信用看成资产,那么这种资源调动能力实际上又意味着一种变现能力。

从美元的坚挺、美债的抢手、美股的强势可以看出,国家信用对于美国经济的重要性已经大大超过了劳动、土地、资本等传统的经济要素。可以这么说,高涨的国家信用正是广义虚拟经济时代美国经济的基石。

资料来源:田大瑜.国家信用:美国经济的基石[J].广义虚拟经济研究,2013,4(1).

四、消费信用

(一) 含义

消费信用是指工商企业、银行和其他金融机构对消费者提供的信用。提供的对象可以是商品、货币,也可以是劳务。

(二) 形式

1. 赊销

赊销是零售商对消费者提供的信用,即以延期付款方式销售商品。在许多国家,赊销多采用信用卡透支方式提供。

2. 分期付款

分期付款是指消费者在购买商品或取得劳务时,第一次支付一定比例的现款,其余价款按合同规定分期加息支付。

3. 消费贷款

消费贷款是银行和其他金融机构采用信用放款或抵押放款方式,直接或间接对消费者提供的信用。

(三) 发展消费信用的意义

首先,可以促进消费,推动生产;其次,可以调节消费,提高人们的生活水平;再次,可以优化银行等金融机构的资产结构、增加银行利润。当然,消费信用的大发展还有赖于人们进一步转变传统的消费观念,提高对消费信用的认识;以及不断调整收入分配结构,提高大多数人的收入水平;完善社会保障制度,解决人们的后顾之忧。

个人不良记录不再是终身制

不良的个人信用记录会带来许多负面的影响,但是不良记录并不是终身制的。目前,国际上一般都对个人的不良记录设定了保存年限,但是设定的年限各不相同,如韩国规定保留5年;英国规定保留6年;美国规定个人破产信息保留10年,其他不良信息保留5年,而15万美元以上的不良信息则不受保存期限限制;我国香港规定个人破产信息保留8年,败诉信息保留7年。

我国内地的规定是不良信息保留5年,超过5年系统将自动删除信息。其实,为不良记录设定保存年限,主要是为了促使个人改正并保持良好的信用记录。

当前,个人信用报告中主要记录了个人基本信息、信用卡信息以及贷款信息等,一个不经意的疏忽都容易在个人信用报告中留下污点。对于非恶意违约产生的信用污点持卡人来说,信用污点只保存5年,给了他们一个重建良好个人信用记录的机会。

五、国际信用

(一) 含义

国际信用是国际间相互提供的信用。随着国际经济关系的发展,各类信用形式逐步扩展到世界范围,形成了国际信用。

(二) 主要形式

1. 国际商业信用

国际商业信用是指出口商以延期付款方式向进口商提供的信用。除国际贸易中的延期付款外,还有补偿贸易和来料加工两种形式。

2. 国际银行信用

国际银行信用是指进口国和出口国双方银行为进出口商提供的信用。其主要形式是出口信贷和银团贷款。

1) 出口信贷

出口信贷是一国政府为支持和扩大本国大型设备等产品的出口,增强国际竞争力,对出口产品给予利息补贴、提供出口信用保险及信贷担保,鼓励本国的银行或非银行金融机构对本国的出口商或外国的进口商(或其银行)提供利率较低的贷款,以解决本国出口商资金周转的困难,或满足国外进口商对本国出口商支付货款需要的一种国际信贷方式。出口信贷名称的由来就是因为这种贷款由出口方提供,并且以推动出口为目的而得名的。

根据贷款对象不同出口信贷分为出口卖方信贷和出口买方信贷。出口卖方信贷是出口方银行向本国出口商提供的商业贷款。出口买方信贷是出口国政府支持出口方银行直接向进口商或进口商银行提供信贷支持,以供进口商购买技术和设备,并支付有关费用。

2）银团贷款

银团贷款又称为辛迪加贷款，是指由一家或数家银行牵头，多家银行参与组成的银行集团，由两位或以上贷款人按相同的贷款条件、以不同的分工，共同向一位或以上借款人提供贷款，并签署同一贷款协议的贷款业务。

通常会选定一家银行作为代理行代表银团成员负责管理贷款事宜。采用同一贷款协议，按商定的期限和条件向同一借款人提供融资的贷款方式。银团贷款是国际银行业中一种重要的信贷模式。

3. 国际间政府信用

国际间政府信用是指国家政府间相互提供的信用，一般由政府和财政部门进行借贷，利率较低，期限较长，条件较优惠，具有友好往来的性质，但个别国际间政府信用附有政治条件。

4. 国际金融机构信用

国际金融机构信用是指全球性或区域性国际金融机构为其成员国所提供的信用。国际金融机构贷款一般期限较长，利率较低，条件优惠，但审查较严格。一般用于成员国弥补暂时性国家收支不平衡、经济开发和基础设施建设。

关键术语

信用、道德范畴的信用、经济范畴的信用、高利贷信用、商业信用、商业票据、银行信用、国家信用、消费信用、国际信用、出口信贷、买方信贷、卖方信贷

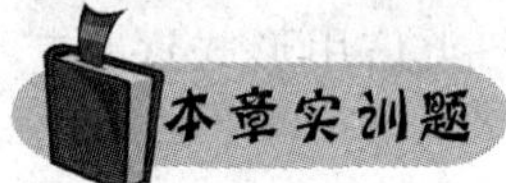

本章实训题

一、单项选择题

1. 信用是（　　）。
   A. 赠予行为　　B. 买卖行为
   C. 各种借贷关系的总和　　D. 救济行为
2. 商业信用是企业之间由于（　　）而相互提供的信用。
   A. 生产联系　　B. 产品调剂　　C. 物质交换　　D. 商品交易
3. 信用的基本特征是（　　）。
   A. 平等的价值交换　　B. 无条件的价值单方面让渡
   C. 以偿还为条件的价值单方面转移　　D. 无偿的赠予或援助
4. 目前在整个社会的融资总规模中，债权信用的规模远远（　　）股权信用的规模。
   A. 大于　　B. 小于　　C. 等于　　D. 都有可能
5. 以下对商业信用的描述正确的是（　　）。
   A. 主要用于解决企业的大额融资需求
   B. 周期较长，在银行信用出现后，企业就较少使用这种融资方式
   C. 融资规模大于银行信用融资规模
   D. 融资期限一般较短

6. 以下属于信用活动的是(　　)。

A. 财政拨款　　B. 商品买卖　　C. 救济　　D. 赊销

7. 个人汽车购置的贷款属于(　　)。

A. 商业信用　　B. 消费信用　　C. 国家信用　　D. 补偿贸易

8. 在我国,企业与企业之间普遍存在"三角债"现象,从本质上讲它属于(　　)。

A. 银行信用　　B. 国家信用　　C. 商业信用　　D. 消费信用

9. 以下对银行信用的描述不正确的是(　　)。

A. 是以货币形式提供的信用　　B. 银行在其中充当信用中介的角色

C. 在商业信用的基础上产生　　D. 不可以由商业信用转化而来

10. 以下不属于国家信用的主要形式的有(　　)。

A. 发行国家公债　　B. 银行透支或借款

C. 专项债券　　D. 国际组织的无偿援助

二、判断题

1. 现代社会中,银行信用逐步取代商业信用,并使后者规模日益缩小。(　　)

2. 通过办理商业票据的贴现或抵押贷款等,商业信用可以转变为银行信用。(　　)

3. 银行信用是银行和各类金融机构以货币形式提供的信用,它是在商业信用基础上产生和发展起来的,银行信用是当代各国采用的最主要的信用形式。(　　)

4. 消费信用对于扩大有效需求,促进商品销售是一种有效的手段。其规模越大对经济的推动作用就越强。(　　)

5. 企业的债权信用规模影响着企业控制权的分布,由此影响利润的分配。(　　)

6. 信用是在私有制的基础上产生的。(　　)

7. 商品生产和流通的发展是信用存在与发展的基础。(　　)

8. 现代经济中国家信用作用日益增强,是由于弥补财政赤字需要而造成的。(　　)

9. 出口信贷是本国银行为了拓展自身的业务而向本国出口商或外国进口商提供的中长期信贷。(　　)

10. 信用中介机构是为资金借贷和融通直接提供服务的机构,简称金融机构。(　　)

三、简述题

1. 经济范畴的信用的概念及要素。

2. 商业信用与银行信用的区别与联系。

3. 现代信用的主要形式有哪些?

4. 试述发展消费信用的双重作用。

5. 国际信用的主要形式有哪些?哪些形式利率相对优惠?

四、实践课堂

1. 通过查阅相关资料,围绕以下问题,总结何为信用、征信?结合我国央行征信现状分析,如何了解自己的信用现状?如何维护好自己的信用?

2. 登录中国人民银行征信中心 www.pbccrc.org.cn 网站。

(1) 查看自己的信用报告能否通过网络的形式查询,如果能,尝试查阅个人信用报告,并打印。具体试点地区和查询步骤如图 2-2 所示。

资料来源:中国人民银行征信中心 www.pbccrc.org.cn.

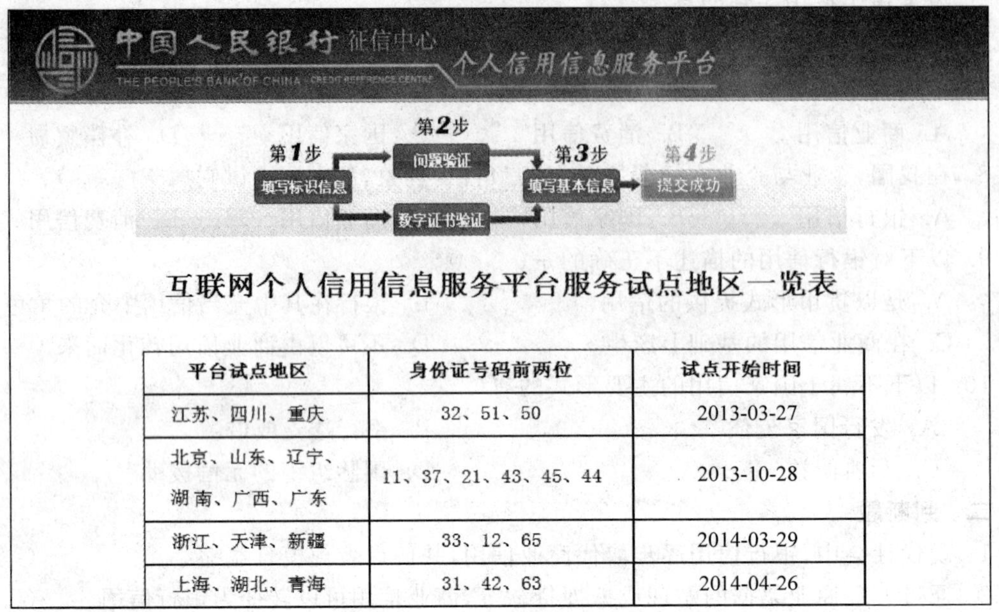

互联网个人信用信息服务平台服务试点地区一览表

平台试点地区	身份证号码前两位	试点开始时间
江苏、四川、重庆	32、51、50	2013-03-27
北京、山东、辽宁、湖南、广西、广东	11、37、21、43、45、44	2013-10-28
浙江、天津、新疆	33、12、65	2014-03-29
上海、湖北、青海	31、42、63	2014-04-26

图 2-2　个人信用信息查询

(2) 如果无法通过互联网查询，则通过电话查询的方法查找，并列出。以北京为例，列示如下：

北京市分中心

中国人民银行营业管理部

地址：北京市西城区月坛北街 26 号恒华国际商务中心 A 座 907(A/B)室

电话：010-68559550/68559671/68559595

资料来源：中国人民银行征信中心 www.pbccrc.org.cn.

第三章

利息与利息率

【内容框架】

利息与利息率
- 第一节 利息概述
- 第二节 利率的计算及种类
- 第三节 利率的决定及影响因素
- 第四节 利率的功能及作用
- 第五节 利率体系与利率机制

【学习目标】

1. 掌握利息的概念和本质，掌握利率的分类；
2. 掌握单利和复利的概念及其计算公式，掌握现值和终值的计算公式；
3. 了解利率在宏观和微观经济活动中的作用、利率发挥作用的环境与条件；
4. 广义阅读我国利率市场化的相关资料，并对我国利率改革现状和进展全面了解。

【学习重点】

1. 利率的种类和计算方法；
2. 利率的作用。

【技能要求】

熟练应用利率的计算方法于社会实践和生活中。

引例

周小川：利率市场化已经基本完成

中国人民银行行长周小川在2016中国发展高层论坛上发表演讲时表示，中国的利率市场化应该说在2015年年底之前基本上就已完成，无论是贷款还是存款利率管制都已经取消，金融机构都有自主决定利率的权力。

利率改革后续还有很多任务，例如中央银行对利率指导的传导机制尚待健全，利率形成机制还需在市场上不断磨合、逐渐完善。因此，需要完善的方面还很多，但总体上看利率市场化改革已经取得了决定性进展。

利率市场化是指在市场经济中，利率水平及其结构由经济主体自主决定的过程。自1996年以来，利率市场化改革已经推行了近20年，回顾中国利率市场化改革的进程主要分为银行间同业拆借利率和债券利率的市场化；贷款利率、贴现利率的市场化；存款利率的市场化3个阶段。

利率市场化通常包括3方面的内容。

(1) 利率水平的高低由市场供求关系所决定。

(2) 形成一个以中央银行利率为核心、货币市场利率为中介，由市场供求决定存贷款利率的体系。

(3) 中央银行作为利率调节的主体。

所以利率市场化实质上是一个逐步发挥市场机制在利率决定中的作用，进而实现资金流向和配置不断优化的过程。但是利率市场化并不意味着利率的完全自由化，中央银行仍可以通过公开市场操作影响市场基准利率，进而影响其他金融产品的定价。

资料来源：根据互联网资料整理。

引例从一个侧面说明了利率作为宏观经济调控重要工具在经济决策中的重要性。本章重点分析利息、利息率、利率对经济的影响和重要性等问题。

第一节 利息概述

一、利息的概念

什么是利息？不同时代、不同观点的人有不同的见解。经济学之父亚当·斯密认为，“以资本贷人取息，实际就是由出借人以一定部分的年产物，让予借用人。但作为报答这种让予，借用人须在借用期内，每年以较小部分的年产物，让予出租人，称作利息；在借期满后，又以相等于原来由出借人让给他的那部分年产物，让予出借人，称作还本。”

马克思的资本论认为，利息是借贷资本运动的产物。职能资本所有者通过生产销售获得利润，利润的一部分以利息的形式支付给借贷资本所有者，而利息是剩余价值的特殊转化形式，是货币资本所有者凭借他们对借贷资本的所有权，与职能资本所有者共同瓜分劳动者创造的剩余价值。

综上，给利息这样一个定义：利息是指在借贷活动中，债务人支付给债权人的超越借贷本金的那部分货币资金，是债务人为取得货币使用权所付出的代价，或者说，它是资金所有者借出资金、让渡货币使用权所获得的报酬，即信贷资金的增值额。

二、利息的本质

不同的经济学家对利息的形成有不同的解释：英国古典政治经济学创始人威廉·配第认为利息是因为暂时放弃货币的使用权而获得的报酬；英国经济学家达德利·诺思认为利息源于资本的余缺，是资本的租金，他被马克思称为是第一个正确理解利息的人；英国经济学家约瑟夫·马西认为利息直接来源于利润，是利润的一部分。

法国重农主义学派的重要代表人物雅克·杜尔阁认为利息来源于货币所有者对货币所拥有的权利；英国经济学家亚当·斯密认为利息具有双重来源：当借贷的资本用于生产时，利息来源于利润，当借贷的资本用于消费时，利息来源于别的收入，如地租等；英国经济学家西尼尔认为利息是由资本所有者对目前享乐和满足的牺牲，放弃自己的消费欲望，节制消费的报酬；奥地利庸俗经济学家庞巴维克认为利息是对价值时差的一种补偿；英国经济学家凯恩斯认为利息是对人们放弃流动性偏好的报酬……

关于利息本质的研究，广泛被接受的是卡尔·马克思的解释，他认为利息是利润的一部分。马克思从借贷资本运动过程来分析利息的来源并揭示利息的本质，他认为利息是利润的一部分，即“取息的合理性，不是取决于借人者是否赚到利润，而是取决于它(所借的东西)在适当使用时能够生产利润，富人不亲自使用自己的货币，而是把它贷给别人，让别人用这些货币去牟取利润，并且把由此获得的利润的一部分为原主保留下来。”

三、利息转化为收益的一般形态

在现代社会，利息被看作收益的一种形态，借出款项收取利息已经成为很自然的事情，货币因借贷而会增值的概念也已深植于人们的经济观念之中。利息之所以是收益的一般形态，主要有以下几个原因。

1. 利息是“天然收益”

在借贷关系中，利息表现为资本所有权的“天然收益”。本来利息的真正来源是资本使用者运用资本于生产过程中所带来的利润的一部分，但人们往往忽略整个过程中创造价值的这个实质的内容，而认为资本带来利息是理所当然的事，利息是资本的“天然收益”，成为人们广泛接受的观念。

2. 利息是资本的自然收益

利息是利润的一部分，而利润率的高低取决于企业的经营状况。企业经营的好坏事先无法确定，而利息的给付却是固定的，这就进一步巩固了人们认为利息是资本的自然收益的观点。

3. 利息是借款成本、放贷收益

利息的存在历史久远，早在封建社会，就有原始的借贷萌芽——高利贷，借钱就要付出成本，利息就是这个借款者的成本，或者说，是放贷者的收益。所以，不管货币是否能借出，人们都认为它能自然产生收益。

第二节 利率的计算及种类

一、利率的概念

利率也叫利息率，是指借贷期内所形成的利息额与所贷资金总额的比率，是单位货币在单位时间内的利息水平，表明利息的多少。利息的基本计算公式是：

$$利息率 = 利息 \div 本金 \times 100\% = I \div P \times 100\% \tag{3-1}$$

$$利息 = 本金 \times 利息率 \tag{3-2}$$

二、利率的分类

（一）按照计息时间分类

(1) 年利率，年利率用本金的百分之几来表示，记为%，年利率＝月利率×12。银行的定期存款，一般都是以年息计算，即以年计算利息。

(2) 月利率，月利率用千分之几来表示，记为‰，月利率＝日利率×30。银行放贷利率通常按月计算，用‰表示，1分的利率就是10‰(即1%)，月利率五厘六即为5.6‰

(3) 日利率，习惯叫拆息，是以日为单位计算。日利率用万分之几来表示，记为‱。所得税缴款，如果迟缴，必须缴纳滞纳金，滞纳金就是以日为计算单位。

利率的习惯表示方法

在习惯上，我国将年息、月息、日息的计算单位都称作“厘”，年息的厘指%。月息的厘指‰，日息的厘指‱。民间借贷中的一般利息都按月息计算，月息1‰，叫一厘息，月息1%，叫一分息，月息10%，叫一毛息。

（二）按利率是否考虑了通货膨胀因素分类

通货膨胀率是货币发行超过市场实际需要的部分与实际需要的货币量之比，用以反映通货膨胀、货币贬值的程度，用 P 表示。

1. 名义利率

名义利率是政府官方制定或银行公布的存贷款利率，以一定货币数量表示，即用货币表示的利息与本金之比。名义利率是包含信用风险与通货膨胀风险的利率，用 r 表示。

2. 实际利率

实际利率是在通货膨胀条件下，名义利率扣除物价变动因素对货币影响后的利率。用 i 表示。实际利率表明在没有通货膨胀风险前提下，物价不变、货币购买力相对稳定时的利率，即包括补偿通货膨胀风险的利率。可见，实际利率比名义利率更能客观地反映借款方的资金成本。

用公式表示就是：实际利率＝名义利率－通货膨胀率，即

$$i = r - P \tag{3-3}$$

其中，i 表示实际利率，r 表示名义利率，P 表示通货膨胀率。

国际上通用的实际利率计算公式

公式 3-3 是假设通货膨胀只对本金有影响，对利息没有影响，实际上，通货膨胀对于利息部分也有使其贬值的影响，所以，名义利率 r 还应做相应的调整。

名义利率的计算公式可以写成：

$$r=(1+i)(1+P)-1 \tag{3-4}$$

从公式 3-4 中可以推出实际利率公式：

$$i=\frac{1+r}{1+P}-1 \tag{3-5}$$

这是目前国际上通用的计算实际利率的公式。

（三）按利率在借贷期内是否调整分类

1. 固定利率

固定利率是指在整个借贷期内按事先约定的利率计息而不做调整的利率。实行固定利率，在借贷期内不做调整，方便计算成本与收益。其缺点是在通货膨胀条件下，实行固定利率，对债权人尤其是对进行长期放款的债权人会带来较大损失，因此，在越来越多的借贷中开始采用浮动利率。

2. 浮动利率

浮动利率是一种在借贷期内根据借贷双方的协定，在规定的时间依据某种市场利率进行调整的利率。浮动利率是定期调整的利率。尽管可以为债权人减少损失，但也因手续繁杂、计算依据多样而增加费用开支，因此，多用于 3 年以上的借贷及国际金融市场。浮动利率调整的依据是权威的短期利率，如伦敦同业拆借利率。

（四）按是否由市场决定分类

1. 市场利率

市场利率是指在金融市场上，由借贷资金供求关系直接决定的利息率。它主要反映了市场内在力量对利率形成的作用。利率按市场规律自由变动是市场利率存在的前提条件，借贷资金供大于求时利率作为资金的价格会下跌，借贷资金供小于求时利率作为资金的价格会上升。

2. 官定利率

官定利率又称法定利率，是由一国政府金融管理部门或者中央银行所确定的利率，各金融机构必须执行，是国家为了实现宏观调节目标的一种政策手段。

3. 公定利率

公定利率是介乎市场利率与官定利率之间，由非政府部门的金融行业自律性组织（如银行公会）所确定的利率，这种利率对其会员银行也有约束性。

我国目前以官定利率为主，发达市场经济国家以市场利率为主，发展中国家和地区基本介于上述两类情况之间。加快利率市场化的问题是我国目前金融改革的重点。

（五）按影响力的大小分类

1. 基准利率

基准利率是在金融市场上和利率体系中起决定性作用的利率。当基准利率发生变动时，其他利率也相应发生变化。基准利率的变动会引起金融市场所有利率的变动。

西方国家以中央银行的再贴现率或国库券的收益率为基准利率，我国则以中国人民银行对商业银行的贷款利率为基准利率。

2. 差别利率

差别利率是指针对不同的贷款种类和借款对象实行不同的利率，一般可按期限、行业、项目、地区做不同设置。实行差别利率是运用利率杠杆调节经济的一个重要方面。

（六）按信用行为的期限长短分类

1. 短期利率

短期利率是指融资期限在一年以内的各种金融资产的利率，也指货币市场上的利率。一般地说，1年期以下的信用行为，通常叫短期信用，相应的利率就是短期利率。

2. 长期利率

长期利率是短期利率的对称，是指融资期限在一年以上的各种金融资产的利率，如各种中长期债券利率、各种中长期贷款利率等，是资本市场的利率。1年期以上的通常称为长期信用，相应的利率就是长期利率。

总的来说，较长期的利率一般高于较短期的利率。

三、利率的计算方法

利率有两种计算方法：单利法、复利法。

（一）单利法

所谓单利是对利息不再计算和支付利息，计算公式为

$$I = P \times r \times n \tag{3-6}$$

其中，I 为利息；P 为本金；r 为利率；n 为借贷年限。

单利法是指按照单利计算利息的方法，即在计算利息时只按照本金计算，不将利息一并计入利息。单利计息的本利和为

$$S = P(1 + r \times n) \tag{3-7}$$

（二）复利法

复利是单利的对称，是指将上期本金计算出来的利息加上本金一起计息。

复利法是指按照复利计算利息的方法，即在本金计算出利息的基础上再把利息也计算利息，周而复始。复利计息的本利和为

$$S = P \times (1 + r)^n \tag{3-8}$$

我国对这种复利计息方法通俗地称为息上加息。其利息的计算公式是

$$I = P[(1 + r)^n - 1] \quad 或 \quad I = P(1 + r)^n - P \tag{3-9}$$

【例 3-1】 单利和复利计息的比较。

小红把自己的压岁钱1000元存入银行，存期为3年，定期存款利率为7%，那么支取日小红能拿到多少钱？（比较分别按单利和复利计算的本息和是否相同）

【解】 按照单利计算，3年后本息和为1000(1＋7％×3)＝1021(元)；按照复利计算，则3年后本息和为 $1000(1+7\%)^3=1225$(元)。按复利计息可多得利息204元。

（三）现值和终值

为了和前面的单利复利公式一致，对现值用 P 表示，终值用 S 表示。

1. 单利的现值和终值

单利终值与单利现值的计算是互逆的，具体计算公式如表3-1所示。

表3-1 单利终值与单利现值的计算

名称	计算公式
单利终值	$S=P\times(1+i\times n)$
单利现值	$P=S\times\frac{1}{1+i\times n}$

【例3-2】 单利现值计算。

小红现在存入银行一笔钱，想在两年后得到本息和2000元，利率5％，单利计息，计算现在应存入的金额。

【解】 $P=S\times\frac{1}{1+i\times n}=2000\div(1+5\%\times 2)=1818.18$(元)

2. 复利的现值和终值

复利终值(final value，FV)表示某一时点上的本利和，一般是指到期的本利和，是投资期期末的价值。用复利的方法计算出来的本利和就是复利终值。复利终值系数与复利现值系数互为倒数。通过对终值的逆运算，知道终值和使用的利率大小，就能算出本金多少，即现值。具体计算公式如表3-2所示。

表3-2 复利现值和复利终值计算公式

名称	计算公式	系数公式	系数名称	系数符号
复利终值	$S=P\times(1+i\times n)^n$	$(1+i)n$	复利终值系数	$(S/P,I,n)$
复利现值	$P=S\times(1+i\times n)^{-n}$	$(1+i)^{-n}$	复利现值系数	$(P/S,I,n)$

【例3-3】 复利终值计算。

小红现在存入银行1000元，利率5％，复利计息，计算3年后该存款的本利和。

【解】 $S=P\times(1+i\times n)^n=1000\times(S/P,5\%,3)=1000\times 1.1576=1157.6$(元)

【例3-4】 复利现值计算。

小红现在存入银行一笔钱，想在两年后得到本息和2000元，利率6％，复利计息，计算现在应存入的金额。

【解】 $P=S\times(1+i\times n)^{-n}=2000\times(P/S,6\%,2)=2000\times 0.89=1780$(元)

现值和终值在生活中有广泛的应用，如分期付款、购买养老金等，这种定期定额的系列支付称为年金。这部分知识的学习对于日后财务管理和金融理财等相关课程的学习非常重要。另外，需要注意的是日常所说的终值，大多都为复利终值，在计算过程中，可以直接查阅复利现值系数表或复利终值系数表，减少计算工作量。

（四）收益资本化

收益资本化是指通过收益与利率的对比而算出企业未来预期价值的一种计算方法，通常直接在单一年度的收益基础上进行价值估算。用公式来表示，就是：

$$收益=本金\times利率$$

若收益用 B 表示，本金用 P 表示，利率用 r 表示，则

$$P=B\div r \tag{3-10}$$

收益资本化是商品经济中的规律，只要利息成为收益的一般形态，这个规律就起作用。在我国市场经济的发展过程中，这一规律在生活中广泛应用，如在土地的买卖和长期租用中，土地价格＝土地年收益÷年利率；在工资体系的调整中，股票价格＝股票收益÷市场利率。随着市场经济的进一步发展，收益资本化规律的作用还会不断扩大与深化。

第三节 利率的决定及影响因素

一、利率变动的决定因素

影响利率变动的因素是多样的，主要有利润率的平均水平、借贷资金的供求状况、物价水平等。

（一）利润率的平均水平

这是马克思利率决定理论的最基本因素。马克思认为，利息是货币资本所有者从职能资本所有者那里分割来的一部分利润，而利润是剩余价值的转化形式。

利润本身就成为利息的最高限，达到这个界限，职能资本所有者能获得的利润为零。利息也不可能为零，否则货币资本所有者就不会贷出资本。因此，利率的变化范围在零与平均利润率之间。特殊的情况是利率超出平均利润率或为负。

利息作为平均利润的一部分，因而利息率也是由平均利润率决定的。利率总水平要适当，既不能太高，太高了大多数企业承受不了；也不能太低，太低了不能发挥利率的杠杆作用。

（二）借贷资金的供求状况

资金的供求状况，也就是借贷资本的供求关系也影响着利率水平的高低。

利息率取决于平均利润率。但在平均利润率既定时，利息率的变动则取决于平均利润分割为利息与企业利润的比例，而这个比例是由借贷资本的供求双方通过竞争确定的。一般地讲，资金供过于求，利率下降；反之，则利率上升。

在平均利润率既定时，利息率的变动则取决于平均利润分割为利息与企业利润的比例。而这个比例是由借贷资本的供求双方通过竞争确定的。由于作为金融市场上的商品的价格—利率，与其他商品一样受供求规律的制约，当借贷资本供不应求时，借贷双方的竞争结果将促进利率上升；相反，当借贷资本供过于求时，竞争的结果必然导致利率下降。

（三）通货膨胀预期

在预期通货膨胀率上升的期间，利率水平有很强的上升趋势。在预期通货膨胀率下降时，利率水平也趋于下降。因为物价上涨引起的通货膨胀，对于资金的贷出者来说，不仅会造成利息的实际价值下降，而且可能造成借贷资金本金贬值。因为当名义利率低于同期的通货膨胀率或物价上涨率时，实际利率为负。因此，在存在较高通货膨胀率，尤其

是存在通货膨胀预期的条件下，资金方为获得足够的资金来源，就要提高合同利率（名义利率）。

在现代信用货币流通的条件下，利率的变动与物价的变动有着非常密切的联系。由于价格具有刚性，变动的趋势一般是上涨，因而怎样使自身持有的货币不贬值，或遭受贬值后如何取得补偿，是人们普遍关心的问题。

发生通货膨胀时，物价上涨，货币贬值，货币购买力下降，币值下跌，存款人所得的实际利率低于名义利率，经济利益遭受损失，从而影响其存款积极性。因此，为了维持吸收社会存款的规模，名义利率也需要随着物价的上涨而上调。

相反，发生通货紧缩时，市场低迷，信用收缩，物价的持续与普遍下跌将使实际利率升高，损害债务人——生产者或投资者的利益，从而给经济增长带来负面影响。

由此可见，名义利率与物价一般具有同向变动的趋势，物价变动的幅度制约着名义利率水平的高低。

二、影响利率变动的其他因素

除了上述决定利率水平的主要因素外，国际利率水平、政策性因素、利率管制、国际经济环境等，对利率的变动均有程度不同的影响。

（一）国际利率水平

在开放经济体系中，国际间的经济联系使国内市场利率受到国际市场利率的深刻影响。这种影响是通过资金在国际间的流动来实现的。当国际市场利率高于国内利率时，国内货币资本流向国外。反之，当国际市场利率低于国内利率时，则国外货币资本流进国内。不论国内利率水平是高于还是低于国际利率，在资本自由流动的条件下，都会引起国内货币市场上资金供求状况的变动，从而引起国内利率变动。

（二）政策性因素

现代市场经济国家的中央银行都把调节利率作为调节信用，从而调节经济的一个重要手段。通过规定差别利率与优惠利率实现对重点产业、部门或项目的扶持，进而实现产业结构的调整，保证国民经济的协调发展，完成国家预期的经济目标；通过规定和调整官方利率以影响整个市场利率的变动。因此，国家经济政策对利率有重要的影响。

1. 货币政策

中央银行利用手中所掌握的货币政策工具，通过变动再贴现率、信用规模和货币供给，或直接干预各种存贷款利率，都会对利率水平发生影响。一般来说，在实施扩张性货币政策时，预期利率是下降的；在实施紧缩性货币政策时，预期利率是上升的。

2. 财政政策

财政政策对利率的影响主要通过财政开支的增减和税收变动来实现。当政府支出增加时，能提高投资水平，会引起收入和利率的上升；在既定收入水平下，政府增加税收直接使人们的实际收入下降；减少储蓄和投资，导致国民收入下降；同时减少货币需求，货币供应量不变时，利率下降。税收增减往往与国民收入和利率水平呈反方向变化。

（三）利率管制

在一国经济非常时期或在经济欠发达国家中，利率管制也是直接影响利率水平的重要因素。管制利率是由政府有关部门直接制定利率或利率变动的界限，具有高度行政干预和法律约束力量，排斥各类经济因素对利率的直接影响。因此，使用范围非常有限，并且非常时期结束即行解除管制。

我国社会主义市场经济中，利率不是完全随着信贷资金的供求状况自由波动，它还取决于国家调节经济的需要，并受国家的控制和调节。

（四）国际经济环境

国际经济环境指国际间资金流动、商品竞争、外汇储备量及外资政策都会对利率产生影响。改革开放以后，我国与其他国家的经济联系日益密切。在这种情况下，利率也不可避免地受国际经济因素的影响，表现在以下几个方面。

1. 国际间资本的流动

通过改变我国的资金供给量影响我国的利率水平。由于世界经济的一体化，世界市场的利息率总会通过国际资本的流动对一国利息率的形成产生直接的影响。

不论国内利率水平高于或低于国际利率水平，在资本自由流动的条件下都会引起货币市场上资金供求状况的变化，因而必然引起国内利率的变动。

2. 国际间商品竞争

国际间商品竞争，引起商品市场供求关系的变化，间接引起了资本的流动，进而影响利率水平的高低。

3. 外资政策的影响

根据加入世界贸易组织的承诺和对外开放的需要，中国继续保持外商投资政策法律的稳定性、连续性、可预期性和可操作性，从而吸引更多的优质外资客户进驻我国，直接投资增多，资金流动宽裕，国家外汇储备增多，利率降低，投资环境改善。

除以上诸因素外，消费习惯和法律传统等因素对利率水平同样起着重要的作用。

利率决定的主要理论

关于利率到底受哪些因素决定和影响，很多经济学家从不同角度进行了研究，比较有代表性的观点有形成于17世纪，由庞巴维克和费雪创立，流行于19世纪末到20世纪初的古典学派的利率理论；西方经济学中最流行的凯恩斯的流动偏好理论。

另外一些西方经济学者如英国的罗伯逊和瑞典的俄林推崇的“可贷资金理论”等，在本教材中不重点介绍各种利率的决定因素，所以这部分内容不详细展开，但是理解这些典型的理论，对于大家理解利率在经济中的作用和学习西方经济学等课程意义重大，所以建议大家查阅相关资料，进行拓展阅读和自主学习。

第四节　利率的功能及作用

在现代经济中，利息率是国家调节经济的重要杠杆，是各国中央银行调节货币供应量，实现宏观经济目标的重要工具。在经济活动中，利率的一般功能包括中介功能、调节功能、分配功能、动力功能与控制功能。利率对宏观经济运行和微观经济运行都有着极其重要的调节作用。

一、宏观方面

从宏观角度来讲，利率的作用主要表现在以下几个方面。

（一）利率调节货币供求

1. 利率调节货币需求

利率本身是债务人需要支付的资金成本。利率高低与其借贷资金的成本正相关。只要利率提高，借款人支出就增大，其借款需求与投资需求就会下降。利率与货币需求的递减函数关系是明确的，但利率变化对货币需求量的影响程度皆取决于一国的利率环境——利率弹性的大小。

2. 利率调节货币供给

利息是使用资金的报酬。通过调整利率，可以吸引社会上的闲散资金投入生产，以满足经济发展的需求。在其他条件不变的情况下，利率提高，国民储蓄率上升，借贷资本增多，货币供给就增加；反之货币供给就会减少。

利率会通过间接影响货币乘数最终对货币供给产生影响。利率提高，一方面现金回笼增加，从而现金漏出率会减少；另一方面商业银行的超额准备的机会成本增大，因此超额准备率也会减小。这两种影响均会增大货币乘数，从而加大货币供给。

（二）利率影响中央银行货币政策

中央银行货币政策三大工具之一再贴现政策实际上是中央银行的利率政策。当经济处于萧条时，中央银行可以降低再贴现率，从而刺激需求；当经济处于通货膨胀时，中央银行提高再贴现率，增大投资成本，从而抑制过度的货币需求。

（三）利率影响平衡国际收支

当国际收支发生严重逆差时，在货币可以自由兑换的环境中，该国货币的利率相对较高，对该国货币的需求就比较旺盛，因此会提高该国货币的即期汇率，但在外汇市场上该国货币的远期汇率会下跌。这时可以提高本国的利率水平，从而减少资金外流，吸引资金内流，使国际收支趋于平衡。反之亦然。

（四）合理分配资源，抑制通货膨胀

利息作为使用资金的成本，可以通过成本效应使资源在经济部门间得到合理配置。通过利率的高低差别与升降，可以直接影响资金的流向。

一定的利率水平，总是促使资源向使用效率高的部门流动，从而有目的地进行产业结构的调整，改善资源配置，使国民经济结构更加合理。通过提高贷款利率，可以收缩信贷规模，减少货币供应量，使社会需求趋于稳定，从而有助于抑制通货膨胀。

二、微观方面

从微观的角度看，利率的作用主要表现在以下几个方面。

（一）提高企业资金使用率

企业如果要扩大生产或投资规模，首先需要有一笔新的资金用于购买投资品和支付生产要素的报酬，这笔资金无论是从信贷市场借入，还是自有资金积累，都构成投资的成本。

由于生产和投资收益是可以预期和较为稳定的，因此，利率越高，成本越大，生产和投资收益越小，企业家不仅不会扩大生产和投资，反而会缩小原有的生产和投资规模。

因此，利率与投资成本成正比，与投资量成反比。高利率因加大投资成本，致使投资量下降，缩小企业生产和投资规模，使企业生产和投资规模扩大，经济处于扩张状态。

可见，利息是企业使用资金的成本，是利润的抵减因素，为了自身利益，企业必须加强经营管理，提高资金使用效率，以减少利息的支出。

（二）利率可以调节投资

利率对投资在规模和结构两方面都具有调节作用。

企业进行投资，除了自有资本，还要大量使用借贷资本。因此，利率降低，企业贷款成本降低，投资成本相对减少，企业就会增加投资，从而使整个社会投资规模扩大；反之，利率上升，会使整个社会投资规模缩小。

由于利率是资本的“价格”，所以它的变动往往会影响资本的流向和数量，从而影响投资的结构。这样政府可以利用利率对资本流动所引起的导向作用，通过实行差别利率政策，影响资本的结构。

通过调整利率水平和利率结构，政府就可以在一定程度上调节投资问题和投资结构，协调各部分比例关系，合理调整产业结构，使社会经济结构更趋合理。

（三）利率对政府筹资行为的作用

举债是政府筹资的重要渠道，利率的高低决定了政府筹资成本的大小。

如果市场利率上升，投资渠道增多，政府只能相应提高政府债券的利率，从而导致政府举债成本增大，当利率高到一定程度使政府难以支付高昂的筹资成本时，也会诱使政府通过发行过量的货币举债，从而引发通货膨胀。

因此利率是引起生产、消费、投资、储蓄、进出口等变化的重要原因，是导致经济扩张或收缩的主要因素，对经济运行起着举足轻重的作用。

三、利率作用的环境与条件

利率发挥作用不是无条件的。在现实生活中，由于存在人为的或非经济的因素，利率作用的发挥受到种种约束和限制。它一方面要受到利率管制、授信限量、市场开放程度、利率弹性等环境因素的影响，另一方面还需要具备完善的利率机制，具体来讲，有以下因素和条件。

（一）限制利率发挥作用的因素

1. 利率管制

利率管制是由国家管理机构根据宏观经济发展的要求和对金融形势的判断，对直接融资和间接融资活动中的利率实行统一的管理，具有可控制性强、作用力大的特点，但也可能因制定的利率水平不恰当或调整不及时，而限制利率作用的发挥。

2. 授信限量

银行通常以“授信条件和限量”的措施，对信誉最高、关系最深的客户尽量维持授信量，但对其他求贷者则摒之门外，使许多消费需求和投资需求得不到满足，从而使利率对消费和投资不起作用。

这种授信限量还可能导致信贷资金的供求矛盾进一步激化，高利贷、地下钱庄屡禁不绝；不仅阻碍利率机制正常发挥作用，甚至会引起整个利率体系结构和层次的扭曲。

3. 市场开放程度

在一国经济中，如果资金流动受到各种限制，金融市场处于一种分割状态，不能成为有机的统一市场，利率体系各组成部分之间就失去了有机联系，整个利率体系就会失去弹性，发挥作用很受限制。

4. 利率弹性

利率弹性表示其他经济变量对利率变化的反应程度。利率弹性高，表示该变量对利率变动反应十分灵敏，利率的作用就能充分发挥出来。当投资的利率弹性和货币需求的利率弹性都很高时，只要轻微的利率波动，便足以引起投资量和货币需求的变化，并通过供求关系影响整个经济。若利率弹性很小，利率对经济变量乃至整个经济的影响就比较小了。

（二）完善的利率机制需要具备的条件

1. 市场化的利率决定机制

这是指利率主要是通过市场和价值规律由市场供求决定的机制。市场上资金供不应求，利率就会上升；资金供大于求，利率就会下降。

2. 灵活的利率联动机制

利率体系中，各种利率之间相互联系，相互影响，当其中的一种利率发生变动时，另一类利率也会随之上升或下降，进而引起整个利率体系的变动，这就是利率之间的联动机制。利率的联动机制，可以通过紧缩或扩张信用，从而对经济发挥调节作用。

如果具有灵活的利率联动机制，其再贴现利率的升降会引起央行利率的迅速变动，从而起到商业银行利率和央行准备金的迅速变动，进而起到了紧缩信用或扩张信用的作用。可见，利率对经济调节作用的发挥离不开灵活的利率联动机制。

3. 适当的利率水平

确定适当的利率水平，一方面能真实反映社会资金供求状况；另一方面使资金借贷双方都有利可图，从而促进利率作用的发挥。过高或过低都不利于利率作用的发挥。利率水平过高，投资成本加大，会抑制投资，阻碍经济的发展与增长；利率水平过低，又不利于发挥利率对经济的杠杆调节作用。

因此，各国金融管理部门或中央银行都十分重视利率水平的合理性并加以调控。尤其对发展中国家来说，在市场化利率决定机制形成的过程中，应逐步确定适当的利率水平，促进利率作用的有效发挥，推动经济持续、稳定发展。

4. 合理的利率结构

合理的利率结构即合理的利率期限结构、行业结构与地区结构等。

利率结构的变动引起一连串的资产调整，从而使经济环境产生相应的结构性变化，更加充分地发挥出利率对经济的调节作用。如果利率机制本身存在缺陷，那么利率的杠杆性作用也很难发挥出来。

合理的利率结构，体现经济发展的时期、区域、产业及风险差别，弥补利率水平变动作用的局限性。利率结构的变动会引起一系列的资产调整，引起储蓄与投资结构、投资趋向的改变，使经济环境也产生相应的结构性变化，有利于更加充分地发挥利率对经济的调节作用。

中央银行主要规定基准利率，商业银行体系以基准利率为基础，根据市场供求确定具体利率，对利率的升降变化有相当的灵敏度；微观经济主体的融资行为要建立在健全的利益机制基础上，且对不同银行的利率有选择性。只有从几个方面逐步进行改革，才能改善现有利率机制，充分发挥利率对我国经济的作用。

第五节　利率体系与利率机制

一、利率体系

利率体系是指在一个国际或地区经济运行机体中存在的各种利息率及其之间的相互关系的总和。按利率结构划分，我国现行利率是以中央银行利率为基础、金融机构利率为主体和市场利率并存的利率体系，如表 3-3 所示。

表 3-3　利率体系的构成

层　次	构　成	备　注
中央银行利率	法定存款准备金利率、一般存款利率、再贷款利率、再贴现利率	调节和主导作用（基准利率、主导利率、官方利率）
金融机构利率	存款利率、贷款利率、金融债券利率、同业拆借利率	传递中介
市场利率	短期资金市场利率、长期资金市场利率和一般私人借贷利率	利率体系的基础

（一）中央银行利率——基准利率

中央银行利率是基准利率、主导利率，也叫官定利率，是中央银行对金融机构制定的各种存贷款利率。包括法定存款准备金利率、一般存款利率、再贷款利率、再贴现利率等。中国人民银行公布的现行存贷款的基准利率如表 3-4 所示。

表 3-4　人民币现行利率表（2015 年 10 月 24 日）　　单位：年利率％

项　目	利率水平	调整日期
人民银行对金融机构存款利率		2008.11.27
法定准备金	1.62	
超额准备金	0.72	
人民银行对金融机构贷款利率		2010.12.26
二十天	3.25	
三个月	3.55	
六个月	3.75	
一年	3.85	
再贴现	2.25	
金融机构人民币存款基准利率		2015.10.24
活期存款	0.35	
三个月	1.10	
半年	1.30	
一年	1.50	

续表

项　　目	利率水平	调整日期
二年	2.10	
三年	2.75	
金融机构人民币贷款基准利率		2015.10.24
一年以内(含一年)	4.35	
一至五年(含五年)	4.75	
五年以上	4.90	

资料来源：中国人民银行官网。

（二）金融机构利率

金融机构利率是实现中央银行货币政策的重要环节。所谓金融机构利率是指在中央银行利率指导下金融机构对企业单位和个人的各种利率，包括存款利率、贷款利率、金融债券利率、同业拆借利率等。其中，存款利率包括企业单位对公存款利率、居民个人储蓄存款利率；贷款利率包括短期贷款利率、中长期贷款利率、贴现贷款利率和优惠贷款利率等。

（三）市场利率

市场利率是国家制定利率的重要依据。所谓市场利率是由资金市场上供求关系决定的利率，是市场资金借贷成本的真实反映。

市场利率主要包括短期资金市场利率、长期资金市场利率和一般私人借贷利率等。其中，短期资金市场利率包括同业拆借利率和票据市场利率。长期资金市场利率包括各类有价证券利率和收益率。一般私人借贷利率包括民间各种私人借贷利率。

市场利率因受到资金市场上的供求变化而经常变化。在市场机制发挥作用的情况下，由于自由竞争，信贷资金的供求会逐渐趋于平衡，经济学家将这种状态的市场利率称为均衡利率。一般来说，市场利率上升会引起债券类固定收益产品价格下降，股票价格下跌，房地产市场、外汇市场走低，但储蓄收益将增加。

利率低　为什么很多人还愿意把钱存入银行？

银行利率低，这已经是众所周知的事情了。尤其是在货币贬值十分严重的当下，银行储蓄的微薄利息完全跟不上人民币的贬值速度。尽管如此，为什么还是有很多人愿意把钱存到银行？把钱存入银行的几种情况归纳如下。

(1) 出于安全。出于这个动机把钱存入银行的，大部分是年纪较大或者是乡镇人士，他们依旧认为银行这种金融机构相比其他投资渠道更加保险、安全，所以更省心，哪怕利息很低，但是总比闲置毫无利息要划算。

(2) 出于灵活。出于这个动机把钱存入银行的，基本会选择活期存款，数额不是很大，是为了日常的应急或者周转，他们不在乎利息，只图一个便利。央行活期的基准利率为0.35%，但许多银行将活期利率下浮到0.30%，不管是本金还是利息，都不是很多，也谈不上在意。

(3) 出于无奈。出于这个动机把钱存入银行的，是具有一定投资理念的，但是鉴于自己不懂炒股、保险怕被坑、借给地下高利贷不放心、投资入股企业没门路、实物投资眼光不行等理由，很多人还保持一种观望的态度，希望可以找到合适的机会另行投资。

世界银行高级副行长、首席经济学家林毅夫曾经说过：“穷人把钱存入银行，实际上是补贴富人”，所以对于无奈存到银行并具备投资意愿和理念的人，有以下建议。

(1) 保守型储户可以把目标瞄准到国债、银行理财、货币基金上面，用这些代替一部分银行存款。储户一般比较保守，但是把银行存款当作仅有的理财渠道，显然是落伍的。所以建议选择一些安全级别比较高的理财产品。普遍而言，收益和风险是成正比的，国债、银行理财及货币基金的收益高于银行存款，但是风险也非常低，完全可以将其视作替代品。

比如，国债每年 3—11 月的 10 号进行发售，而 2016 年最后一期国债 3 年期利率是 3.8%，5 年期利率是 4.17%；12 月银行理财的平均收益率为 3.85%，近期货币基金的平均 7 日年化收益率为 2.9%，不管是哪一种，都比银行定存高，安全也有较大的保障。但是需要记住的是，在理财产品方面，要懂得辨识，现在信息不对称较严重，这个低利率时代，高收益不会从天而降，特别是打着互联网金融幌子推出的高得离谱的收益率，绝对不能随意相信，以免上当。

(2) 虽然地方债也具有政府背景，但是并不建议大家将其作为银行存款的投资替代品。第一，李克强总理曾经强调过，地方债只许减不许加，这是政策原因；第二，地方政府的债务危机比较严重；第三，房地产市场不够稳定，很多地方政府通过发行地方债维持财政，所以注定了地方债的危机是比较大的，对众多的普通投资者来讲，要是在这个方面产生纠纷，维权的难度系数很高。

(3) 股票和房地产也可以适当替代银行存款，实现多元投资及收益最大化。股票是股份公司发行的所有权凭证，是股份公司为筹集资金而发行给各个股东作为持股凭证并以取得股息和红利的一种有价证券，可以转让、买卖，是现在很多人比较看重的一个投资渠道，因为它具有很大的弹性空间和操作空间，但若是毫无经验者，不建议投资者盲目冲进去，毕竟很多人在盲目这方面吃了很大的亏。

资料来源：根据互联网资料整理。

二、利率机制

（一）利率机制的含义

利率机制是指竞争过程中利率变动与信贷资金供求变动之间的联系和作用形式，主要是在资金和资本市场上发生作用的机制。

（二）利率机制的作用

利率机制体现了利率机体内各构成要素之间的相互依存、相互关联和互相制约关系，推动利率运行的自动调节功能。其作用主要体现在以下几个方面。

1. 调节整个社会资金的供给与需求，并使两者趋于平衡

资金供给充足，利率下降，居民储蓄减少，投资增多，导致资金需求旺盛，资金成本提高，利率上升，从而抑制投资，促进储蓄。周而复始，使得社会资金供求在动态中寻求平衡。

2. 体现资金成本，促进企业合理运用资金、降低经营成本、提高运营效率

利率是借贷期内所形成的利息额与所贷资金总额的比率，利率越高，企业所贷资金的成本越高，这就促使企业想方设法合理运用资金，降低成本，提高效率。

3. 利率是国家进行宏观经济调控的重要工具

利率是国家进行宏观经济调控的重要工具，通过利率与价格共同调节宏观经济中总供给与总需求的平衡，在利率与利润率的比较和对立运动过程中，使社会资源得以合理配置，促进经济增长目标的实现。

三、利率机制的构成及相互关系

利率机制主要包括利率的形成机制和作用机制。利率的形成机制主要是指利率的形成及决定因素，利率的作用机制是指利率在一国经济运行过程中对资金价格的调节作用，也即利率如何调节储蓄、消费和投资的流向和流量，达到以资金流引导实物流，促进资源的合理配置，以带动经济增长。

利率的形成机制和作用机制是相互依存、相互影响的，因为影响利率形成机制的因素，正是利率作用机制中利率调控的因素，比如储蓄、投资等。

四、利率机制效应分析

随着我国市场经济体制改革的进一步深化和对外开放的进一步加深，为适应社会主义市场经济体制改革要求，保证中央银行货币政策的有效性，使利率机制有效发挥传导作用，利率市场化将是我国金融体制改革的方向。

我国利率市场化的最终目标就是形成以基准利率为中心，市场利率为主体，既具有国家宏观调控功能，又具有市场自我调节功能的利率管理系统。

（一）利率管制的效应分析

利率机制发挥作用，是根据经济环境和利率体制的不同而有所区别的。

20 世纪 30 年代的世界性经济大危机，直接导致了各国政府对本国金融业的严格管制，政府管制最重要的内容之一就是利率管制。利率管制体制在不同的环境有不同的作用。

在经济萧条时期，政府可以通过直接制定各种利率水平，保证资金供给，保持旺盛的投资需求，这对于迅速恢复和发展经济作用显著。但随着经济的进一步发展，市场均衡利率受管制的弊端却不断显现出来。在利率压制条件下，低利率使人们偏向于更多的即期消费和更少的未来消费，从而使储蓄低于社会最优水平，虽然也能导致投资的增加，但会使投资效率偏低，从而影响经济增长。

（二）利率市场化的效应分析

利率对经济的作用，主要体现在对储蓄和投资的影响上。

第一，利率变化对储蓄的作用。利率提高，储蓄总额可以增加，也可以减少；利率下降，储蓄总额可以减少，也可以增加。一般将储蓄随利率提高而增加的现象叫作利率对储蓄的替代效应，将储蓄随利率提高而降低的现象叫作储蓄的收入效应。一般来说，一个社会中总体的储蓄利率弹性究竟有多大，最终取决于替代效应和收入效应相互抵消的结果。

第二，利率变化对投资的作用。它是通过厂商对资本边际效益与市场利率的比较形成的。如果资本的边际效益大于市场利率，可以诱使厂商增加投资，反之则减少投资。

利息、利率、名义利率、实际利率、市场利率、官定利率、利率体系、利率理论

本章实训题

一、单项选择题

1. 利息是（　　）的价格。

A. 货币资本　　B. 借贷资本　　C. 外来资本　　D. 银行贷款

2. 我国年息 7 厘，月息 5 厘，日息 2 厘，分别是指（　　）。

A. 年利率为 7%，月利率为 5%，日利率为 2%

B. 年利率为 7‰，月利率为 5‰，日利率为 2‰

C. 年利率为 7%，月利率为 5‰，日利率为 2‱

D. 年利率为 7%，月利率为 5‰，日利率为 2‰

3. 在多重利率并存的条件下，起决定作用的利率是（　　）。

A. 差别利率　　B. 实际利率　　C. 基准利率　　D. 名义利率

4. 以下说法错误的是（　　）。

A. 金融机构利率是指在中央银行利率指导下金融机构对企业单位和个人的各种利率

B. 金融机构利率包括存款利率、贷款利率、金融债券利率、同业拆借利率等

C. 金融机构利率包括短期资金市场利率、长期资金市场利率和私人借贷利率等

D. 市场利率是由资金市场上供求关系决定的利率，是市场资金借贷成本的真实反映

5. （　　）是指在借贷活动中，信贷资金的增值额。

A. 利率　　B. 利息　　C. 本金　　D. 法定资本金

二、判断题

1. 高利率在任何条件下都对经济发展不利，不利于投资，也不利于储蓄。（　　）

2. 若以复利计算，考虑了资金的时间因素，则对贷出者不利。（　　）

3. 名义利率高于通货膨胀率时，实际利率为正利率。（　　）

4. 利率体系是指在一个国际或地区经济运行机体中存在的各种利息率及其之间的相互关系的总和。（　　）

5. 中央银行利率包括基准利率、法定存款准备金利率、一般存款利率、再贷款利率、再贴现利率等。（　　）

三、计算题

1. 某债券面值 100 元，每年按 5 元付息，10 年还本，则其名义收益率是多少？

2. 若某笔贷款的名义利率是 7%，同期的市场通货膨胀率是 3%，则该笔贷款的实际利率是多少？

四、实践课堂

查阅相关资料，总结整理我国利率市场化的历程，并通过分组讨论，分析我国利率市场化对经济的影响，并尝试提出完善利率市场化的建议。

第四章

金融市场

【内容框架】

金融市场
- 第一节 金融市场概述
- 第二节 货币市场
- 第三节 资本市场
- 第四节 外汇市场和黄金市场
- 第五节 金融衍生品交易市场

【学习目标】

1. 了解金融市场的含义、构成与分类；
2. 理解货币市场、资本市场及国际金融市场的特点；
3. 掌握金融工具的种类、特点及其价格的形成机制和影响因素。

【重点难点】

1. 证券产品的投资技巧和防范投资风险；
2. 金融工具价格的形成机制和影响因素。

【技能要求】

能熟悉各个金融市场的产品品种，并能进行初步的金融投资

引例

互联网金融新春迎来新机遇

随着移动支付渗透率提升，2017 年互联网金融将迎来新的发展机遇。国家互联网络信

息中心报告显示，我国手机网上支付用户规模增长迅速，达到4.69亿，有50.3%的网民在线下实体店购物时使用手机支付结算。蚂蚁金融服务集团今年1月发布的2016年支付宝全民账单显示，2016年移动支付笔数占整体比例为71%。

与此同时，如"面对面红包""增强现实红包"等金融创新产品不断出现。新技术的应用增强了本就"应景"的电子红包互动需求，在电子红包之外，互联网公司正在开辟互联网金融新的"战场"。2016年春节期间，百度金融等推出了主打亲情牌的春节新理财方式，自1月20日开始，50岁以上的用户可以通过手机APP购买百度金融推出的"父母理财"专享定期理财产品。

外部环境的不断向好，将给予互联网金融新的发展动能。2016年被称为"互联网金融监管年"，随着互联网金融专项整治工作的持续展开，网贷行业经历合规转型，发展渐趋理性，但目前大部分平台转型方式的合规性仍有待商榷，转型之路任重道远。

小额信用贷、消费金融、车贷和农村金融等将成为平台2017年主要的转型方向。

资料来源：新华网 2017-1-31.

金融市场是什么？金融工具为什么要创新？互联网金融的产生和发展经历了怎样的过程，信用发展到现代都有哪些形式？这正是本章要解决的问题。

第一节　金融市场概述

一、金融市场的含义

（一）金融市场的概念

在现代经济生活中，金融市场是进行金融资产交易的场所，不同的金融工具，构成了不同的融资市场，是一个由各个子市场构成的有机整体，金融市场便是各种融资市场的总称。金融市场中的交易对象是一切代表未来收益或资产合法要求权的凭证的金融工具，这个场所可以是有形的场所，也可以是无形的场所。

金融市场包含了在金融资产交易过程中所需的各种运行机制，如价格机制、发行机制、监督机制等。金融市场的含义又有广义和狭义之分。

1. 广义的金融市场

广义的金融市场泛指资金供求双方运用各种金融工具，通过各种形式进行的全部金融性交易活动，即货币资金融通和金融工具交易的场所与行为的总和。具体包括金融机构与客户之间、各金融机构之间、资金供求双方所有以货币资金为交易对象的金融活动。

2. 狭义的金融市场

狭义的金融市场主要指以有价证券为金融工具的交易活动、金融机构间的同业拆借、黄金外汇的交易活动等。通常所说的金融市场主要是指狭义的金融市场。

（二）金融市场组织方式

组织方式即金融市场的交易活动具体采用的方式，主要有拍卖和柜台两种方式。

1. 拍卖方式

拍卖方式是在金融市场上以拍卖的方式成交各类金融工具。与商品拍卖一样，金融工具交易中的拍卖也是买卖双方经过公开竞价来确定买卖成交价格。公开竞价有两种方式：

一种是由人工撮合,最终将金融工具卖给出价最高的购买者;另一种是通过计算机的自动撮合,按照价格优先和时间优先的原则实现金融工具的自动交易。

2. 柜台方式

柜台方式是指通过中介机构在交易所以外来完成各类金融工具的交易,也称为场外交易方式。柜台方式中,金融工具的买卖双方分别和中介机构进行交易,买卖价格不是通过交易双方的直接竞争来确定,而是由中介机构根据市场行情和供求关系自行确定。与拍卖方式相比,柜台方式呈现出非集中性、稳定性低、流动性差等特点,因此世界各国政府对柜台方式的监管比较严格。

二、金融市场的功能

(一) 筹集资金和投资功能

资金供给者在为闲置资金寻求出路,而资金需求者也希望以较低的成本、在很短的时间内筹集大量资金时,金融市场上有多种融资形式可供双方进行选择,各种金融工具的自由买卖和灵活多样的金融交易活动,使资金供应者能够灵活地调整其闲置资金的保存形式,达到既能获得盈利,又能保证其安全性和流动性的目的。

另一方面使资金需求者能从众多的筹资方式中选择适当的有利方式,及时、灵活、有效地筹集到所需资金。所以金融市场能有效地动员社会储蓄向生产性投资转化,是投资和筹资的理想场所。

(二) 资源配置

金融市场通过金融资产价格的波动和市场上优胜劣汰的竞争,能够引导资金流向最需要的地方,流向那些经营管理好、产品畅销、有发展前途的经济单位。因此金融市场会引导资源从低效率的部门转移到高效率的部门,从而实现一个社会资源的有效配置。

(三) 灵活地调度和转化资金

金融市场上多种形式的金融交易,形成不受行业、部门、地区或国家限制的融资活动,便于各经济单位灵活地调度资金,充分运用不同性质、不同期限、不同额度的资金。同时还能转化资金的性质和期限,如股票、债券的发行将流动的短期储蓄资金转化为相对固定的长期生产资金;证券的转让出售将投资者的长期投资转变为现金;远期票据的贴现使将来的收入转变成现实收入等。

(四) 为央行实施宏观调控创造条件

现代金融市场为中央银行对宏观经济活动进行间接调控创造了条件。金融市场既提供货币政策操作的场所,也提供实施货币政策的决策信息。中央银行通过金融市场可以进行公开市场业务操作来调节货币需求与供应量,从而对宏观经济活动产生影响。

三、金融市场的构成要素

(一) 交易主体

金融市场的交易主体是多元化的,是参与金融市场交易活动而形成买卖双方的各经济单位。参与金融市场活动的有居民、企业、政府、金融机构和中央银行,可归为 3 类:资金供给者、资金需求者和金融中介机构。

金融市场的参与者必须是能够独立做出决策，并承担利益和风险的经济主体。此外，中央银行在金融市场上主要扮演金融监管者的角色。

（二）交易对象

金融市场的交易对象是各类金融工具，即交易双方借以进行金融交易活动的工具，又称信用工具。无论是银行的存贷款，还是证券市场上的证券交易，都需要通过金融工具的交易来实现。各种金融工具代表的是各类金融资产，一个健康完善的金融市场应该向其参与者提供众多的可供选择的金融工具。

金融工具一般包括债权债务凭证（票据、债券等）和所有权凭证（股票）。因而金融工具的数量、品种和质量是决定金融市场效率和活力的关键因素。

（三）交易价格

金融市场上的交易价格是金融产品通过交易形成的价格，金融市场上各种交易都是在一定的价格下实现的。由于金融市场上的交易对象是货币资金，交易所实现的只是货币资金使用权的转移，因此交易价格反映的是在一定时期内转让货币资金使用权的报酬。

在借贷市场上，交易价格表现为利率；在证券市场上，有价证券本身有一个价格，但实际上起作用的仍然是有价证券的收益率，也就是利率。因此，利率是最重要的价格。

四、金融市场的分类

金融市场有多种分类方法，依据不同的划分标准，可以从不同的角度进行分类。

（一）按交易工具期限分类

1. 货币市场

货币市场又称短期资本市场，是指以一年以内的票据和有价证券为交易工具进行短期资金融通的市场，主要包括同业拆借市场、票据市场、国库券市场、回购协议市场、大额存单市场等。

2. 资本市场

资本市场又称为长期资本市场，是指以期限在1年以上的有价证券为交易工具进行长期资金交易的市场，包括以债券和股票为主的有价证券市场和银行中长期借贷市场。通常所说的资本市场，多指债券市场和股票市场。由于通过长期证券筹来的资金大多用于企业的创建、更新、固定资产购置等资本性投资，因此将长期资金市场称为资本市场。

以1年为限划分货币市场和资本市场是因为期限在1年以内的融资活动，通常只能形成企业的流动资金，用于维持现有生产能力，对资本的形成基本上没有贡献；只有期限长达1年以上，筹资者才能运用所筹资金进行诸如建造厂房、购置机器设备等形成固定资产、扩大生产能力的活动。

（二）按成交后是否立即交割分类

1. 现货市场

现货市场是以成交后“钱货两清”的方式进行交易的市场。在实际执行中，由于技术上的原因，现货市场的实际交割时间多在成交后1～3日内。

2. 期货市场

期货市场是以成交后按约定的后滞时间交割的方式进行交易的市场。在期货市场上，买卖成交后并不立即交割，而是按合约规定的日期交割。现代期货市场中，一般都规定标准化的合约形式，对交易对象的类型、交易数量的最小单位、交割时间和地点等都作出标准规定。在金融期货中，实际交割的并不多，绝大部分交易都是在交割日到达以前进行转让或对冲。

（三）按证券交易程序分类

1. 发行市场

发行市场也称为初级市场或一级市场，是首次发行证券或出售某种金融资产的市场。初级市场的主要功能是融资，是票据和证券等金融工具从发行者手中转到投资者手中的市场。证券的发行是证券买卖、流通的前提。证券发行者与证券投资者的数量多少，是决定一级市场规模的关键因素。

2. 流通市场

流通市场也称为次级市场、二级市场或交易市场，是已发行的金融工具流通转让的场所。流通市场的主要功能是为投资者提供投资场所，为资金需求者提供变现场所，最终使投资双方完成投融资过程。二级市场为一级市场发行的证券提供流动性，并向一级市场反馈信息。二级市场的规模和发展程度是衡量金融市场发达与否的重要标志。

（四）按交易对象不同分类

按交易对象可分为票据市场、证券市场（股票市场、债券市场）、衍生工具市场、外汇市场、黄金市场等。

（五）按金融市场的形态分类

1. 有形市场

有形市场是指交易者集中在有固定地点和交易设施的场所内进行有组织交易的市场，证券交易所就是典型的有形市场。

2. 无形市场

无形市场是指交易者分散在不同地点（机构）或采用电信手段进行交易的市场，如场外交易市场和全球外汇市场就属于无形市场。金融市场的绝大部分交易都是通过这种无形市场进行的。

（六）按地理范围分类

1. 国内金融市场

地方性、全国性金融市场属于国内金融市场，是指金融商品交易发生在本国居民之间，不涉及其他国家居民，交易的标的物也以本国货币标价，交易活动遵守本国法规的市场。国内金融市场交易的结果只改变本国居民的收入分配，不直接引起资金的跨国流动，不直接影响本国的国际收支。

2. 国际金融市场

区域性金融市场和国际金融市场属于国际金融市场，是指金融商品交易发生在本国居民与非本国居民之间所形成的市场。前者交易主体仅限于某一地区，如中东地区、亚太地区等；而后者则指全球范围之内的交易主体。

2016年金融市场运行情况

2016年，债券市场发行规模增长，交易量继续增加，债券收益率曲线整体上移，市场投资者结构进一步多元化；货币市场利率中枢有所上行，交易量同比增长；互换利率震荡上行；股指先下后上，整体下跌，成交量同比下降。

1）债券发行规模同比增长，但增速有所下降

2016年，债券市场发行各类债券规模达36.1万亿元，较上年增长54.2%，增速较上年降低42.4个百分点。2016年，国债发行2.9万亿元，地方政府债券发行6万亿元。

2）银行间市场成交量同比增长

2016年，银行间市场信用拆借、回购交易成交总量697.2万亿元，同比增长33.6%。其中，同业拆借累计成交95.9万亿元，同比增长49.4%；质押式回购累计成交568.3万亿元，同比增长31.4%；买断式回购累计成交33万亿元，同比增长30.3%。2016年，债券市场现券交易量132.2万亿元，同比增长46.6%。

3）货币市场利率中枢上行，债券收益率曲线整体上移

2016年前3季度，货币市场利率窄幅震荡，10月下旬开始货币市场利率加快上行。2016年12月，银行间货币市场质押式回购月加权平均利率为2.56%，较上年同期上升61个基点。

2016年，债券市场波动加大，国债收益率曲线整体上移，公司信用类债券收益率曲线大幅上行，短期、中高信用等级公司信用类债券与国开行金融债券的信用利差扩大，中长期公司信用类债券的信用利差有所收窄。

4）投资者群体进一步丰富，投资者结构更加多元化

截至2016年年末，银行间市场各类参与主体共计14 127家，较上年年末增加4491家。其中，境内法人类参与机构2329家，较上年增加235家；境内非法人类机构投资者11 391家，较上年增加4151家；境外机构投资者407家，较上年增加105家。

2016年年末，存款类金融机构持有债券余额34万亿元，持债占比60.4%，较上年年末下降1.7个百分点；非法人机构投资者持债规模14.5万亿元，占比为25.7%，较上年年末提高3.5个百分点。公司信用类债券持有者中存款类机构继续下降，存款类金融机构、非银行金融机构、非法人机构投资者和其他投资者的持有债券占比分别为28.8%、7.8%、63.4%。

5）利率衍生品交易量继续增加，互换利率震荡上行

2016年，银行间人民币利率衍生品市场累计成交9.9万亿元，同比增长13.1%。其中，普通利率互换成交名义本金额9.9万亿元，同比增长20%；标准利率互换成交8亿元，标准债券远期成交1亿元，远期利率协议成交1亿元。普通利率互换期限品种仍以短期品种为主。互换利率震荡上行，下半年升幅较大。

6）股指下跌，两市成交量下降

2016年，股票市场主要指数先下后上，整体下跌，成交量明显下降。上证综指年初开盘于3536点，一度跌至2638点，年末收于3103点，较上年年末下跌12.31%；深圳成指开盘于12 650点，一度下跌至8986点，年末收于10 177点，较上年年末下跌19.64%。两市全年成交额127.8万亿元，同比下降50.01%。

资料来源：摘自中国人民银行网站。

第二节　货币市场

一、货币市场的概念

货币市场又称短期金融市场，是指以期限 1 年以内的金融工具为媒介进行短期资金融通的市场。按交易对象划分，货币市场主要由同业拆借市场（又称短期拆借市场）、商业票据市场、短期证券市场、回购协议市场、货币市场基金等子市场组成。

二、货币市场的特点

（一）交易期限短而频繁

最短的交易期限只有半天，最长的不超过 1 年，大多在 3～6 个月。

（二）交易的目的是解决短期资金周转的需要

货币市场的资金来源于暂时的闲置资金，资金去向一般用于弥补流动资金的临时不足。参与者主要是机构投资者，客户数量较少，交易对手之间有一定的了解，每笔交易规模大。

（三）所交易的金融工具有较强的货币性

货币市场的交易活动所使用的金融工具因期限短、流动性高、风险性低、收益性低的特点，以无形市场为主。随时可以在市场上兑售成现金而接近于货币，故该市场被称为货币市场。

三、典型的货币市场子市场介绍

（一）同业拆借市场

同业拆借市场是指各类金融机构之间进行短期资金拆借活动所形成的市场。同业拆借的资金，主要是银行和金融机构在经营过程中暂时闲置的资金、支付准备金以及银行之间运用存于中央银行的准备金而进行的余缺调剂。同业拆借市场主要是满足金融机构之间在日常经营活动中经常发生头寸盈缺调剂的需要。因此，同业拆借市场的参与者是各类金融机构。

1. 同业拆借市场主要类型

1）根据交易主体，分为银行同业拆借市场和短期拆借市场

银行同业拆借市场是指银行同业之间短期资金的拆借市场。各银行在日常经营活动中经常发生头寸不足或盈余的情况，银行同业间为了互相支持对方业务的正常开展，并使多余资金产生短期收益，就会自然产生银行同业之间的资金拆借交易。这种交易活动一般没有固定的场所，主要通过电信手段成交。

短期拆借市场又叫“通知放款”，主要是商业银行与非银行金融机构（如证券商）之间的一种短期资金拆借形式。其特点是利率多变，拆借期限不固定，随时可以拆出，随时偿还。

2）根据期限，分为半日期拆借、一日期拆借和指定日期拆借

半日期拆借是指必须在成交当天进行资金结算和偿还，一般不需要担保物，主要出现在日本；一日期的拆借方式为当天资金清算前拆入，次日资金清算前结算，也称“隔日拆借”，一般无须担保物；指定日期拆借指明确规定日期清算的拆借，时间一般为两天以上，90 天

以内，偶尔有更长期限的拆借。

2. 同业拆借市场特点

(1) 期限短。最初主要是为了解决头寸临时性的余缺而进行的一日或几日的资金临时调剂，后发展为金融机构之间进行资金短期融通的市场。

(2) 拆借主体资格的限制。进入拆借市场进行资金融通的主体都是具有准入资格限制的金融机构，金融机构可以是银行，也可以是其他经过批准的、有资格的金融机构。

(3) 利率以日计息。拆借的利率以日计息，也叫拆息，拆息每天不同，由交易双方商定，通常高于商业银行同期存款利率、低于中央银行再贴现率。拆息的高低灵敏，是反映银行体系各信贷市场资金供求状况和货币政策意向的晴雨表。它的走高意味着银行渴求资金；反之，则表明银行信贷需求不旺。

(4) 拆借方式一般是通过中央银行的票据结算系统或电子转账系统进行的。

(5) 交易额巨大，以适应银行间调剂资金的需求，且大多不需要抵押或担保。

(6) 参与拆借的机构都在中央银行开设有存款账户，而且参与拆借的资金主要是金融机构存放在该账户上多余的资金。

（二）商业票据市场

商业票据是一些资金雄厚、信誉卓著的大型工商企业发行的，到期按票面金额向持票人付现的一种无抵押担保承诺凭证。商业票据市场主要是指商业票据的流通及转让市场，是由商业信用活动而产生的融资市场。

1. 商业票据市场分类

在商业信用活动中需要签发一些票据来作为债权债务凭证，这些票据通常称为商业票据。常见的商业票据有商业期票和商业汇票两类。票据市场主要分为票据承兑市场、票据贴现市场。

1) 票据承兑市场

承兑是指汇票到期前，汇票付款人或指定银行确认票据记明事项，在票面上做出承诺付款并签章的一种行为。

由于商业汇票是由债权人签发的，所以它必须经债务人承兑才有法律效力。经过承兑的汇票称为承兑汇票。承兑汇票有两种：①商业承兑汇票，即由债务人本人承兑的汇票；②银行承兑汇票，即由银行作为汇票的承兑人，在票面做出承兑手续的汇票。

银行承兑汇票与商业承兑汇票相比，有较高的信用，在异地商品交易时延期付款或国际贸易活动中，更容易被接受和采用，从而扩大其使用和流通范围。由于承兑者以自己的信用作保证，负责到期付款，因此，如果委托他人或银行办理承兑，须支付承兑手续费。在国外，汇票承兑一般由商业银行办理，也有专门办理承兑的金融机构，如英国的票据承兑所。

2) 票据贴现市场

贴现是商业票据持有人在票据到期前，为获取现款向金融机构贴付一定利息所做的票据转让。对持票人来说是出售票据，提前收回垫付于商业信用的资金；对银行来说则是买进票据，构成一种授信业务。贴现利息与票据到期时应得款项的金额之比叫贴现率。办理贴现的票据一般都要求是经过承兑的票据。票据到期前，金融机构若需用现款，可办理再贴现和转贴现。

(1) 再贴现。再贴现是指商业银行将其贴现收进的未到期票据向中央银行再办理贴现的融资行为，也称重贴现。中央银行可以通过调整再贴现利率或条件，调节市场利率和货币供应总量。

(2) 转贴现。转贴现是指商业银行将贴现收进的未到期票据向其他商业银行或贴现机构进行贴现的融资行为。票据贴现市场上的贴现、再贴现和转贴现，形式上是贴现机构买进未到期的票据，实质上是债权的转移；表面上是票据的转让与再转让，实际上是资金的融通。

2013 年我国票据市场交易活跃

2013 年，我国票据承兑业务增幅趋缓，企业累计签发商业汇票 20.26 万亿元，同比增长 13.3%；期末商业汇票未到期余额 9.03 万亿元，同比增长 8.29%。票据融资交易活跃，全年金融机构累计贴现 45.65 万亿元，同比增长 44.2%；年末贴现余额 1.95 万亿元，同比下降 4.07%。

资料来源：中国人民银行。

2. 商业票据市场特点

(1) 获得资金成本较低。商业票据市场为企业解决短期资金的融通提供场所。企业可以通过商业票据的发行、承兑或贴现，直接从金融市场融资，保持生产流通过程顺畅，大大降低融资成本。

(2) 资金筹集具有很高的灵活性。企业可据资金需求来决定商业票据的限额和次数。商业银行也可以通过对合格商业票据贴现、转贴现、再贴现，保持资产安全性和流动性。

(3) 为中央银行的货币政策操作提供条件。中央银行可以运用再贴现政策工具进行宏观调控。因此，大力发展票据市场并充分发挥其功能对一国金融发展具有重要意义。

(三) 短期证券市场

短期证券市场交易的主要对象包括国库券、短期公司债券和大额可转让定期存单等。这类证券的共同特点是具有较强的安全性和流动性，且收益比较稳定。

1. 国库券市场

国库券是政府部门以债务人身份发行的、到期还本付息的、偿还期限在一年以内的有价证券，是政府为弥补国库资金临时不足而发行的短期债务凭证。在国外，偿还期在一年以上的政府债券叫国债或公债，而将偿还期在一年以下的政府债券称为国库券。国库券市场的活动包括国库券的发行与转让流通。

短期国债的期限一般为 3 个月、6 个月、9 个月和 1 年等多种类型。国库券在市场发行时，需要通过专门的机构进行，这些机构通常被称为“一级自营商”。国库券一般采取拍卖方式折扣发行，发行价格为折扣价格，又称折价发行，即发行价格低于国库券面值，但按面值偿还，其差价即为投资者的利息收益，等于提前支付了利息。国库券的转让可以通过贴现或买卖方式进行。

国库券具有信誉好、期限短、利率优惠等优点，是短期资金市场中最受欢迎的金融工具之一。在国外,国库券市场非常活跃,不仅是投资者的理想场所,也是商业银行调节二级准备金的重要渠道,还是政府调整国库收支的重要基地,是中央银行进行公开市场业务操作以调节货币信用的重要场所。

2. 短期公司债券市场

短期公司债券是西方国家流行的类似于商业票据的一种债券。该债券对发行者资信的考核相当严格,只有经金融当局审批合格和具有较高资信的公司和企业才能发行。期限较短,一般是3～6个月,最长不超过9个月；利率不高于银行相同期限的贷款利率。

3. 大额可转让定期存单市场

1）大额可转让定期存单的产生

大额可转让定期存单,简称CD,是商业银行为吸收资金而向存款人发行的金额固定并按约定期限和利率计息,在到期日之前可流通转让的证券化存款凭证。大额可转让定期存单市场是以大额可转让定期存单为交易工具,通过其出售、认购、流通和转让,并形成流通转让价格,从而进行资金融通的市场。

CD是由美国花旗银行1961年创造的一项金融工具。其产生的背景是在美国20世纪60年代末,市场利率上涨,而Q条例规定商业银行对活期存款不能支付利息,定期存款又有利率上限的限制,低于市场利率,人们纷纷从银行活期存款账户上提取存款,投资于国库券、商业票据等短期债券,商业银行的活期存款急剧下降。

为了稳定银行的资金来源,纽约花旗银行于1961年进行金融创新,发行了可转让大额定期存单,并在金融市场上买卖转让,从而形成定期存款市场。目前已成为西方商业银行重要的资金来源。

2）大额可转让定期存单与普通定期存单的比较

大额可转让定期存单与普通定期存单的不同,如表4-1所示。

表4-1　大额可转让定期存单与普通定期存款的区别

大额可转让定期存单	普通定期存单
不记名,不挂失	记名,可挂失
金额固定,面额大,有最低限制	面额不固定
允许买卖、转让,但不能提前支取	可提前支取,但不能转让
期限较短,一般为3个月、6个月、9个月、1年	期限一般为1年以上

3）大额可转让定期存单市场的交易主体

CD交易市场上的参与者有存单发行人,主要是银行；二是投资者,包括非银行金融公司、大企业、政府机构、企业、银行和个人；三是交易商,属于中介机构,对存单买卖发挥中介作用,它们一方面积极参与CD的发行,同时努力创造和维持良好的二级交易市场,保证CD交易市场的顺畅。交易商在交易市场中的作用主要是随时对零售商和其他投资人提出买卖价格,不断地活跃市场。

（四）回购协议市场

回购协议市场又称证券回购市场,是指根据回购协议,卖出一种证券,并约定于未来某一时间以约定的价格再购回该种证券的交易市场。实际上是一种以证券为抵押的短期贷款,即证券卖方以一定数量的证券进行抵押借款,条件是一定时期内再购回证券,且购回价格高于卖出价格,两者的差额即为借款利息。

证券回购交易的对象主要是短期证券,包括国库券、政府债券和其他担保债券,也可使用其他货币市场工具,如大额可转让定期存单、商业票据等。但通常所说的回购市场,实际上是指国债的回购市场,因为无论是在西方国家,还是在我国,回购交易的标的物主要是国债,尤其是短期国库券。

国债回购交易的期限长短不一,有一个营业日的,即今日卖出证券,明日又买回,相当于日拆;有30天的,最长可达3个月、6个月,其利率略低于同业拆借利率,实质上是有抵押品的短期借贷。由于回购交易的期限短、成本低、风险小,因而是一种很受投资者和筹资者欢迎的短期融资工具。回购协议中的出售方大多为银行或证券商,购买方则主要是一些大企业,这些大企业以这种方式有效地利用其闲置资金。

(五)货币市场基金

以上货币子市场都是交易规模大而频繁,普通投资者无法充分利用暂时闲置资金进行投资,获取货币市场流动性高、风险性低的好处。货币市场基金则为普通投资者提供了这样一条投资于货币市场的渠道。

货币市场基金是指投资于货币市场上短期(一年以内,平均期限120天)有价证券的一种基金。该基金资产主要投资于短期货币市场工具,如国库券、商业票据、大额可转让定期存单、政府短期债券、企业短期融资券等短期有价证券。货币基金只有一种分红方式——红利转投资。货币市场基金每份单位始终保持在1元,超过1元后的收益会按时自动转化为基金份额,拥有多少基金份额即拥有多少资产。

按照证监会的规定,我国的货币市场基金可以投资于以下金融工具:①现金;②1年以内(含1年)的银行定期存款、大额存单;③剩余期限在397天以内(含397天)的债券;④期限在1年以内(含1年)的债券回购;⑤期限在1年以内(含1年)的中央银行票据;⑥中国证监会、中国人民银行认可的其他具有良好流动性的货币市场工具。

货币市场基金不得投资于以下金融工具:①股票;②可转换债券;③剩余期限超过397天的债券;④信用等级在A级以下的企业债券;⑤中国证监会、中国人民银行禁止投资的其他金融工具。

目前国内货币市场基金的投资品种中尚无大额存单、企业债券、商业票据,所以货币市场基金投资的金融工具以央行票据及各国有大商业银行发行的金融债券为主。

货币市场基金的ABC级

货币市场基金的ABC级是针对不同的客户,它是根据每日在收益中计提的销售服务管理费的不同来划分的。A一般是指购买100万元以下的客户;B是指购买100万~500万元的客户;C是指500万元以上的客户。但不同基金公司的划分标准或有所不同,有的采用A、B级基金份额设计的基金产品,即根据投资者在所有销售机构保留的基金份额之和收取不同的基金销售服务费用,如汇添富货币基金等。

第三节　资本市场

一、资本市场的概念

资本市场是指以期限1年以上的金融工具为媒介，进行长期性资金交易活动的市场，又称长期资金市场。金融工具主要为股票、债券等长期有价证券。长期有价证券大都具有投资性质，以筹集运用长期资金为特点。作为资本市场交易工具的有价证券与短期金融工具相比，收益较高而流动性差，价格变动幅度大，有一定的风险性和投机性。

世界各主要国家的资本市场中，证券市场最为重要，通常将资本市场视同或者侧重于证券市场，从全球金融市场发展的趋势来看，融资证券化已成为一种潮流，构成了当今融资活动的主要特征。资本市场主要包括股票市场和债券市场。

二、股票市场

（一）股票概述

1. 股票的定义

股票是一种有价证券，是股份公司为筹集资金而发行给股东作为持股凭证并借以取得股息和红利的凭证。

股份有限公司的资本划分为股份，公司的股份采取股票的形式，每一股金额相等，每股股票都代表股东对企业拥有一个基本单位的所有权。股票作为一种所有权凭证，有一定的格式，而且同种类的每一股份应当具有同等权利。股票一经发行，购买股票的投资者即成为公司的股东。

股票实质上代表了股东对股份公司的所有权，股东凭借股票可以获得公司的股息和红利，参加股东大会并行使自己的权力，同时也承担相应的责任与风险。股票可以转让、买卖或作价抵押，但不可赎回，是资本市场主要的长期信用工具。

2. 股票的分类

1）按股东享有权利和承担风险的大小，分为优先股和普通股

（1）优先股。优先股是相对“普通股”而言的。优先股是公司在筹集资金时，给予投资者在分配红利和剩余财产时比普通股具有优先权的股票。在分配公司利润时优先股可先于普通股且以约定的比率进行分配；当股份有限公司因解散、破产等原因进行清算时，优先股股东可先于普通股股东分取公司的剩余资产。但优先股股东一般不享有公司经营参与权，即优先股股票不包含表决权，优先股股东无权过问公司的经营管理。优先股股票可由公司赎回。优先股是一种收益率相对固定、风险较低的股票。

证监会发布《优先股试点管理办法》

2014年3月21日，中国证监会正式发布了《优先股试点管理办法》。该办法的出台标志着作为我国资本市场一直缺失的一个层级工具——优先股，开始在中国正式起航。办法共9章，70条，包括总则、优先股股东权利的行使、上市公司发行优先股、非上市公众公司非

公开发行优先股、交易转让及登记结算、信息披露、回购与并购重组、监管措施和法律责任、附则等。

根据办法，上市公司可以发行优先股，非上市公众公司可以非公开发行优先股。上市公司发行优先股，可以申请一次核准，分次发行。非公开发行优先股仅向办法规定的合格投资者发行，每次发行对象不得超过200人。

资料来源：摘自中国证监会官网。

（2）普通股。普通股是指在公司的经营管理、盈利及财产的分配上享有普通权力的股份。投资收益（股息和分红）不是在购买时约定，而是事后根据股票发行公司的经营业绩来确定；在公司解散、分配剩余财产时，普通股在优先股之后分配。普通股是一种收益率不确定、风险较大的股票，在证券市场行情好的时候，普通股比优先股更具投资价值。

2）按股票是否记名，分为记名股票和不记名股票

（1）记名股票。记名股票是指股票票面上和股份公司股东名册上要注明股东姓名情况的股票。记名股票如果发生转让，必须依据法律和公司章程规定的程序进行，而且要服从规定的转让条件。如果记名股票遗失，可依据法定程序向股份公司挂失，要求公司补发新的股票。

（2）不记名股票。不记名股票是指在股票票面和股份公司股东名册上均不记载股东姓名的股票，也称无记名股票。其转让不用过户，原持有者只要向受让人交付股票便发生转让的法律效力，受让人取得股东资格不需要办理过户手续。股东凭股息票进行股息结算和行使增资权利。因无记载股东姓名的法律依据，不记名股票一旦遗失，原股票持有者便丧失股东权利，且无法挂失。

3）按是否在股票票面标明金额，分为有面额股票和无面额股票

（1）有面额股票。有面额股票是指在股票票面上记载一定金额的股票。记载的金额也称为票面金额、票面价值或股票面值。有面额股票也可以明确表示每一股代表的股权比例。

（2）无面额股票。无面额股票是指在股票票面上不记载金额的股票，只注明它在公司总股本中所占比例的股票。无面额股票也称比例股票或份额股票。

4）按我国按投资主体的性质，分为国家股、法人股和社会公众股

（1）国家股是指有权代表国家投资的部门或机构以国有资产向公司投资形成的股份，包括以公司现有国有资产折算成的股份。

（2）法人股是指企业法人或具有法人资格的事业单位和社会团体以其依法可支配的资产投入公司形成的非上市流通的股份。

（3）社会公众股是指在社会募集方式情况下，股份公司发行的股份，除了由发起人认购一部分外，其余向社会公众公开发行，由个人和机构认购的可上市流通的股份。

5）按股票的上市地点和所面对投资者，分为A股、B股、H股、N股和S股

（1）A股即人民币普通股，是指由我国境内公司发行，供境内机构、组织或个人（不含台、港、澳投资者）以人民币认购和交易的普通股股票。

（2）B股即人民币特种股票，是指以人民币标明股票面值，以外币认购和买卖，在上海和深圳两个证券交易所上市交易的股票。它的投资人仅限于外国的自然人、法人和其他组织，香港、澳门、台湾地区的自然人、法人和其他组织，定居在国外的中国公民，中国证监会规定的其他投资人。

(3) H股即在内地注册，在香港上市的外资股。香港的英文是HongKong，取其字首，即H股。以此类推，在纽约上市的股票为N股，在新加坡上市的股票为S股。

（二）股票的发行市场

股票发行市场又称一级市场或初级市场，是新股票初次发行的市场，是股份有限公司筹集资金，将社会资金转化为生产资金的场所。股票发行市场的参与者为股票发行人、股票投资人和中介机构。股票发行人为股份有限公司，股票投资人有个人投资者、证券公司、信托投资公司、保险公司、共同基金、企事业单位等。中介机构包括股票承销商、会计事务所、律师事务所等。

1. 股票发行方式

1）按发行对象来分

按发行对象分为公募发行和私募发行。公募发行是指面向市场上大量非特定的投资客发行股票；私募是只面向少数特定投资者发行股票。

2）按有无中介机构参与来分

按有无中介机构参与分为直接发行和间接发行。前者是指发行者直接向投资客销售股票。后者是指通过股票发行中介机构，即承销商向社会发行股票。发行方式分为3种。

(1) 代销：代理发行机构不垫资金，只负责按发行人的条件推销，发行风险（如滞销或减价）由发行人自负，手续费低。

(2) 承销：与代销的差别在于承销人承担部分发行风险，推销一定时间后，所剩证券由承销人全部买进，故承销费用高于代销手续费。

(3) 包销：代理发行机构用自己的资金先买下全部待发证券，然后按市场条件转售出去。若有滞销证券，可减价出售或者自己持有。由于发行人可快速获得全部所筹资金，包销人承担全部风险，因此包销费远高于代销费和承销费。

2. 股票发行价格

按股票发行价格与股票票面价格是否相同可分为等值发行、溢价发行和折价发行。发行价格与票面价格相等为等值发行；发行价格高于票面价格为溢价发行；发行价格低于票面价格为折价发行。影响股票发行价格的因素主要有股份有限公司的净资产、股份有限公司的经营业绩、股份有限公司的发展潜力、股份有限公司所在的行业等。

（三）股票交易市场

股票交易市场又称二级市场或次级市场，是投资者按市场价格进行转让、买卖和流通已发行股票的场所。这一市场为股票创造流动性，即随时根据自身需要，将股票变为现金资产。二级市场以初级市场为存在基础，反过来又成为初级市场正常发展的必要条件。没有初级市场发行的有价证券，就不存在二级市场的转让流通活动，而没有二级市场的活动，多种金融工具会因丧失流动性而难以发行。

二级市场上各种证券的转让流通，主要是为投资者解决金融工具的长期性和资金流动性的矛盾，通过证券的转让流通提高其流动性。二级市场的另一个重要作用是优化控制权的配置从而保证权益合同的有效性。在交易过程中，投资者将自己获得的有关信息反映在交易价格中，投资者凭公认的价格就能了解公司的经营概况，当公司经营状况不佳时，股东通过卖出股票放弃其控制权，这两者都是“用手投票”行使控制权。

1. 按股票交易市场的组织形式分

按股票交易市场的组织形式分为场内交易和场外交易

1）场内交易

场内交易市场是由证券交易所组织的集中交易市场。证券交易所是指有固定的交易场所和交易时间，以符合有关法规的上市证券为交易对象，交易者为具备一定资格的会员证券公司及特定的经纪人和证券商，一般投资者只能通过证券经纪商进行证券买卖。证券交易所制定各种规则，对证券商和投资者的交易活动进行监管，以保证证券交易活动的正常、持续、高效进行。

在多数国家，场内交易市场是最重要的证券交易市场。证券交易所在二级市场上处于核心和典型的地位。就目前来看，世界上比较著名的证券市场，如纽约股票交易所、美国证券交易所、伦敦证券交易所、东京证券交易所等，都属于这种类型的证券市场。这种类型的证券市场构成了整个证券交易市场的核心。

2）场外交易

场外交易市场又称为柜台交易市场或店头交易市场，指在交易所外进行证券交易的市场，是没有固定的组织形式，无固定交易场所的“无形”证券市场。

场外交易市场的特点是无集中交易场所，通过通信网络进行；交易对象主要是以未在交易所登记上市的证券为主；证券交易可以通过交易商或经纪人，也可由客户直接进行；交易价格由买卖双方协商议定，而非竞价成交。场外交易市场由自营商来组织交易。自营商与证券交易所的专营商作用类似，他们自己投入资金买入证券后随时随地将自己的存货卖给客户，维持市场流动性和连续性，因而也称“做市商”。

我国目前二级市场上交易的组织方式主要有证券交易所和柜台交易两种。

2. 股票市场的参与者

1）证券公司

证券公司又称证券商，是依法设立可从事证券业务的具有法人资格的金融机构。证券公司作为证券市场上的证券经营机构，主要业务为承购与销售发行企业所发行的证券，还可以用自己的资金买进卖出证券，从中赚取收益，并独立承担风险。随着证券市场的发展，各国证券公司的业务品种日趋繁复，各证券公司的业务重点亦有差别。

投资银行是美国证券市场上从事证券经营活动的专门机构，虽称为“银行”，但实际上并非一般所谓的商业银行，不能办理商业银行的传统业务，也不同于信托公司或投资公司。它充当的是证券发行公司和证券投资者中介人的角色。

2）证券服务机构

证券服务机构是指依法设立的从事证券服务的法人机构，它是证券市场上的中介性组织。证券服务机构主要包括证券登记结算公司、证券投资咨询公司、律师事务所、证券信用评级机构、资产评估机构、会计师事务所、证券信息公司等。

3. 股票市场的交易方式

各国资本市场上证券交易方式主要有现货交易、期货交易、期权交易、信用交易等。

1）现货交易

现货交易是指成交约定在 2～3 天内实现钱货两清的交易方式，即卖者交出证券，收回现款；买者交付现款，收到证券，俗称完成“交割”。

2）期货交易

期货交易即证券买卖双方成交后，按照契约规定的价格、数量，经一定时期后才进行交割的交易方式。

3）期权交易

期权交易是指买卖双方按约定价格在约定时间就是否买进或卖出证券而达成的契约交易。期权的实质是交易双方买卖一种权利，这种权利能保证购买期权者到期按照约定价格和数量实现买进或卖出，也允许购买期权者到时放弃行使买卖证券的权利，任其作废。购买期权者是行使还是放弃这种权利，则取决于当时的市场状况。

4）信用交易

信用交易指投资者购买有价证券时只付一部分价款，其余的由经纪人垫付，经纪人从中收取利息。经纪人以这些证券为抵押，向银行以短期拆放的方式借款，其利率低于为投资者垫款所得的利息，经纪人得到利差收入。当投资者不能按期偿还其余价款时，经纪人有权出售这些证券。

我国目前规定，柜台交易和证券交易所内均采用现货交易方式。

4. 股票价格

1）股票价格的影响因素

股票理论价格主要取决于两个因素：预期股息收益和市场利率，且与预期股息收益的变化成正比，而与市场利率成反比。实际公司的经营状况、宏观经济运行状况、经济周期的变动、政治因素、心理因素等都能够影响到股票价格的波动。

2）股票价格指数

股票价格指数是用以表示多种股票平均价格水平及其变动并衡量股市行情的相对指标。即把某一时期的股价平均数化为以另一时期股价平均数为基准的百分数，并以指数形式表示。股价指数通常由一些专门从事股价变动分析的机构采样、计算和公布。

股价指数的确定需要选用能够反映不同行业或板块股价波动状况的样本股票，选择股票价格稳定的日期作为基期，最后，选择恰当的计算方法。股价指数的计算方法主要有简单股票价格算术平均指数、加权股票价格平均指数和除数修正法 3 种。

世界证券市场上最具影响力和权威性的股票价格指数主要有以下几种：美国道·琼斯公司编制的道·琼斯投票平均价格指数，是历史最为悠久，也是最具影响力的一种股票价格指数；美国标准普尔公司编制的标准普尔股票价格指数，比其他股价指数更全面地反映美国股票价格的变动；《金融时报》股票价格指数，这是英国最具权威性的股价指数，由《金融时报》编制和公布；日本经济新闻编制公布的日经股份指数，是考察和分所日本股票市场股价的长期趋势的最常用和最可靠的指标；香港恒生银行编制的香港恒生指数，是香港股票市场上最具代表性的一种股价指数。

三、债券市场

（一）债券的概念

债券是债务人向债权人出具的、在一定时期支付利息和到期归还本金的债务凭证，上面载明债券发行机构的名称、面额、期限、利率等事项。

（二）债券的种类

1. 按债券发行主体不同分类

按债券发行主体不同可分为国家债券、金融债券和公司债券。

2. 按计息与付息方式不同分类

(1) 单利债券。单利债券是指在计算利息时，不论期限长短，仅按本金计息，所生利息不再加入本金计算下期利息。

(2) 附息债券。附息债券又称息票债券，是平价发行、分期计息的债券，债券上附有息票，息票上标有利息额、支付利息的期限和债券号码等内容。

(3) 贴现债券。贴现债券是指在票面上不规定利率，发行时按某一折扣率，以低于票面金额的价格发行，到期时仍按面额偿还本金的债券。

(4) 零息债券。零息债券是指在存续期内不支付利息，投资者以低于面值的价格购买，购买价格是票面值的现值，投资者的收益是债券面值与购买价格的差额。

(5) 累进利率债券。累进利率债券是指利率随着时间的推移而递增，逐年累进方法计息的债券。单利债券或附息债券在偿付期内利率固定不变，累进利率债券后期利率比前期利率高，呈累进状态。

3. 按债券有无担保，分为无担保债券和有担保债券

无担保债券也称信用债券，是指仅凭债券发行单位的信用作保证而发行的，没有抵押品作担保的债券；有担保债券指发行单位以土地、房屋、机器、设备等不动产，公司拥有的其他有价证券为抵押品或第三者担保偿还本息而发行的债券。

4. 按债券票面利率固定与否，分为固定利率债券和浮动利率债券

固定利率债券是指债券利率在偿还期内固定不变的债券。浮动利率债券是指票面利率是随市场利率或通货膨胀率的变动而相应变动的债券。浮动利率债券的利率通常根据市场基准利率加上一定的利率差(通货膨胀率)来确定。

5. 按是否记名可以将债券分为记名债券和无记名债券

记名债券是指在券面上注明债权人姓名，同时在发行公司的账簿上做同样登记的债券。无记名债券是指券面未注明债权人姓名，也不在公司账簿上登记其姓名的债券。不记名债券在转让时无须背书和在发行公司的名册上更换债权人姓名，因此流动性强，但缺点是债券遗失或被毁损时，不能挂失和补发，安全性较差。现在市面上流通的一般都是无记名债券。

6. 按债券形态可以分为实物债券、凭证式债券和记账式债券

实物债券是一种具有标准格式实物券体的债券，在标准格式的债券票面上，一般印有债券面额、债券利率、债券期限、债券发行人全称、还本付息方式等各种债券票面要素。凭证式债券的形式是债权人认购债券的一种收款凭证，而不是债券发行人制定的标准格式的债券。记账式债券是没有实物形态的票券，只在计算机账户中做记录，所以效率高、成本低、交易安全。

（三）债券的发行市场

债券的发行与股票类似，不同之处主要有发行合同书、债券评级、债券的偿还。

1. 发行合同书

发行合同书也称信托契据，是说明公司债券持有人和发行债券公司双方权益的法律文

件，由受托管理人（通常是银行）代表债券持有人利益监督合同书中各条款的履行。

2. 债券评级

债券的信用评级是指专业的从事信用评级的机构依据一定的标准对债券的等级进行客观的评定。债券违约风险的大小与投资者的利益密切相关，也直接影响着发行者的筹资能力和成本。为了较客观地评估不同债券的违约风险，通常需要由中介机构进行评级，但评级是否具有权威性则取决于评级机构。目前世界最著名的两大评估机构是标准普尔公司和穆迪投资者服务公司，它们的信用等级标准如表 4-2 所示。

表 4-2 标准普尔公司信用和穆迪投资者服务公司信用等级标准表

等 级	投资级债券	投机级债券
标准普尔信用等级	AAA AA A BBB	BB B CCC CC C D
穆迪投资服务信用等级	Aaa Aa A Bbb	Ba B caa ca c

3. 债券的偿还

债券的偿还一般可分为定期偿还和任意偿还两种方式。定期偿还是经过一定宽限期后，每过半年或 1 年偿还一定金额的本金，到期时还清余额。一般适用于发行数量巨大，偿还期限长的债券。

任意偿还是债券发行一段时间（称为保护期）以后，发行人可以任意偿还债券的一部分或全部，具体操作可根据早赎或以新偿旧条款，也可在二级市场上买回予以注销。按照还本付息的方式不同，具体又可分为一次性还本付息、分期付息到期还本和永久债券 3 种。

（四）债券的交易市场

债券的交易市场与股票类似，也可分为证券交易所、场外交易所市场几个层级。证券交易所是债券二级市场的重要组成部分，然而上市债券与非上市债券相比，它在债券总量中所占的比重很小。大多数债券的交易是在场外市场进行的，场外交易市场是债券二级市场的主要形态。

在证券交易所申请上市的债券主要是公司债券，但国债一般不用申请即可上市，享有上市豁免权。债券二级市场的交易机制，与股票并无差别，只是由于债券的风险小于股票，其交易价格的波动幅度也较小。

四、投资基金

（一）投资基金的概念

投资基金在不同国家有不同的称谓，美国称“共同基金”或“互助基金”，也称“投资公司”，英国和中国香港称“单位信托基金”，日本、韩国和中国台湾称“证券投资信托基金”。投资基金是金融信托的一种，即通过发行基金单位或受益凭证，集中投资者的资金，由基金托管人（一般是信誉卓著的银行）托管，由专业性机构管理和专业人士分散投资于股票、债券或其他金融资产，以谋取资本收益。

基金投资人享受证券投资的收益，也承担因投资亏损而产生的风险，是一种利益共享、风险共担的集合证券投资方式。

证券投资基金具有规模经营、分散投资、专家管理和服务专业化的特点。投资基金为中小投资者分散风险提供了有效的途径，基金可以凭借其集中中小投资者的资金形成巨额资金，分散投资于多种证券，实现资产组合多样化，达到分散投资风险的目的。

而投资者以信托方式交给专业机构进行投资运作、管理，从而最大限度地避免投资决策失误，提高投资收益。证券投资基金最低投资额一般较低，适合于中小投资者，可享有大额投资在降低成本上的相对优势，从而获得规模效益的好处。

（二）投资基金的分类

1. 按组织形式分类

1）公司型基金

公司型基金是具有共同投资目标的投资者依据公司法成立的以营利为目的并将资产投资于特定对象（如各种有价证券、货币）的股份制投资公司。其特点是基金本身是股份制的投资公司，基金公司通过发行股票筹集资金，投资者通过购买基金公司股票而成为股东，享有基金收益的索取权。

2）契约型基金

契约型基金也称信托型投资基金，是依据一定的信托契约组织起来的基金，其中作为委托人的基金管理公司通过发行受益凭证筹集资金，并将其交由受托人（基金保管公司）保管，本身则负责基金的投资营运，而投资者是受益人，凭基金受益凭证索取投资收益。目前在我国的证券投资基金都是契约型基金。

2. 按基金单位是否可以增加或赎回分类

（1）开放型基金。开放型基金是指基金公司发行的总额不固定，可以无限地向投资者追加发行股份，并且随时准备赎回发行在外的基金股份。这种基金就是一般所称的投资基金或共同基金。

（2）封闭型基金。封闭型基金是基金股份总数固定，且规定在封闭期限内投资者不得向基金管理公司提出赎回，基金份额可以在依法设立的证券交易场所交易，其中以柜台交易为多。

3. 按投资对象分类

（1）股票基金是以上市股票为投资对象的证券投资基金，是投资基金的主要种类。股票基金的投资目标侧重于追求资本利得和长期资本增值。

（2）债券基金是一种以债券为投资对象的证券投资基金，其规模稍小于股票基金。

（3）货币市场基金指投资于货币市场上具有较高流动性的投资基金，主要投资于短期货币工具。

（4）衍生证券投资基金是一种以衍生证券为投资对象的基金，包括期货基金、权证基金等。期权基金是以期权为主要投资对象的投资基金，具有高风险、高收益的特点。

（5）指数基金是指以某种证券市场的价格指数为投资对象的投资基金，指数基金的特点就是费用低廉、分散和防范风险、延迟纳税、监控较少。

4. 按投资风险与收益分类

（1）成长型投资基金。成长型基金是以追求资本的长期增值为目标的投资基金。其投资对象主要是市场中有较大升值潜力的小公司股票和一些新兴行业的股票，特点是风险较大，可以获取的收益也较大，适合能承受高风险的投资者。

（2）收入型投资基金。收入型基金是以获取最大的当期收入为目标的投资基金，其投资对象主要是那些绩优股、债券、可转让大额定期存单等收入比较稳定的有价证券，特点是损失本金的风险小，但长期成长的潜力也相应较小，适合保守的投资者。

(3) 平衡型投资基金。平衡型基金是以净资产的稳定、可观的收入及适度的成长为目标的投资基金。其特点是具有双重投资目标，主要目的是从其投资组合的债券中得到适当的利息收益.与此同时又可以获得普通股的升值收益，平衡型基金的特点是风险比较低，缺点是成长的潜力不大。

（三）投资基金市场的参与者

1. 投资者

投资者也称为基金受益人，持有基金单位或收益凭证，享受投资信托利益，承担投资风险，也承担相应的权利和义务。

2. 基金公司

基金公司是为适应公司型基金公司的需要并根据公司法建立的金融股份公司，也称为投资公司，是基金的创设者。其内部组织结构与股份制公司类似，不同的是它所经营的业务主要是信托投资业务。基金公司通过发行基金券募集资金，购买基金券即成为公司股东，基金券代表公司股份。

3. 基金管理公司

基金管理公司是凭借专业知识，对基金信托财产进行各种投资活动，以谋求基金资产的不断增加，并负责基金日常管理的机构。

4. 基金托管公司

依据基金运行中“管理与保管分开”的原则对基金管理人监督和对基金资金进行保管的机构，又称为基金托管人。基金托管人与基金管理公司签订基金托管协议，在托管协议范围内履行自己的职责并收取相应的报酬。

5. 基金承销公司

基金经理人和基金托管人均承担基金券的发行、清算、交易、赎回和分红派息等日常业务。如今这项工作一般委托基金承销公司来处理。

我国基金行业规模在世界主要市场位列第十

16 年来基金行业总体稳定发展，截至 2014 年 5 月底，共有基金公司 91 家，取得公募基金资格的资产管理机构 3 家，基金特定业务子公司 69 家，管理资产规模 7.25 万亿元，共有基金 1680 只，其中公募基金规模达到 3.93 万亿元，超过 2007 年 3.3 万亿元的峰值。我国基金行业规模在世界主要市场位列第十。

资料来源：摘自新浪财经。

第四节　外汇市场和黄金市场

一、外汇市场

外汇市场是进行货币交换、外汇买卖，调剂外汇供求的场所。

（一）外汇市场的形式

目前除部分欧洲大陆国家如法国、德国、比利时等国家的外汇市场有固定的场所外，即外汇交易所，一般设在证券交易所的建筑物内或交易大厅的一角，在规定的时间内，各银行的代表集合于此地从事外汇交易。大多数国家的外汇市场并无具体的交易场所，买卖双方通过电话、电传、电报或其他通信传输手段来进行外汇交易。

（二）外汇市场的参与主体及其关系

外汇市场的参与者有经营外汇业务的指定银行、外汇经纪人、进出口商、外汇投机者和其他外汇供求者。其中，外汇指定银行作为外汇市场的主要参与者，不仅是外汇供求的中介，而且也是外汇市场的最大“客户”。

据估计，90％以上的外汇交易是在银行同业之间进行的。银行间的外汇交易，一般是先按其对客户买卖不同货币的数额进行冲抵，结果可能出现头寸过剩或头寸短缺，然后通过外汇市场抛出或补进，以调剂外汇头寸余缺和避免汇率波动的风险。

此外，各国的中央银行也参与市场活动和采取干预措施，以保持本国货币对外汇率的稳定。从而外汇市场各参与主体之间出现了多重关系：外汇指定银行与外汇经纪人或客户之间的关系；同一外汇市场的各指定银行之间的关系；不同外汇市场的指定银行之间的关系；中央银行与指定银行之间的关系；各国中央银行之间的关系。

（三）外汇市场的作用

1. 实现购买力的国际转移

随着各国政治、经济和文化的往来，便会产生国际间的货币支付行为，随此而产生债权债务关系，因此有必要将本国货币兑换成对方可接受的货币。为实现国际间的货币支付、清偿，必须借助于外汇市场上的外汇买卖才能实现，所以外汇市场为货币和资金在国际间的转换与移动创造了前提和条件，实现购买力从一国向另一国的转移。

2. 进行国际性的资金融通

外汇市场不仅从事各种外汇交易活动，而且还办理外币存款和借贷业务。因此，它可以集中各国政府、企业和个人的闲置资金，贷放给资金需求者，从而加速国际资本周转、调剂资金余缺。

3. 反映国际间外汇资金运动和汇率变化的趋势

外汇市场是国际外汇资金活动的中心。国际间一切货币支付和债权债务的清偿、资本的国际转移，都是直接或间接地通过外汇市场来进行的。因而通过外汇市场的业务活动，可以客观了解外汇资金的动态，及时掌握和预测汇率变化的趋势。

4. 避免或转移外汇风险

国际间的商品贸易本身就存在着一定的风险，在浮动汇率制度下，汇率动荡不定，使国际经济交易的风险大大增加，外汇市场的存在，为进出口商避免或转移汇率风险提供了便利。例如，进出口商如果在外汇市场上同时进行现货与远期的交易，对支付的货币套期保值，就可以避免因汇率变动而产生的风险。

（四）外汇市场的业务

1. 即期外汇交易

即期外汇交易也称现汇交易，是指外汇买卖成交后，即时或在两个营业日内办理收付的外汇业务。即期外汇交易按交易手段还可以细分为电汇、信汇和票汇等几种业务。

即期交易是外汇市场上最经常、最普遍的交易。开展即期交易业务并提高其在外汇市场上所占的比重，可以促进国际间的货币结算、资金融通和资本流动等活动在较短的时间内实现。同时，对市场参加者来说，即期汇率又是所有外汇交易的基础，即期交易以外的一切交易，其汇价都是以即期汇率为基础而相应计算的。

2. 远期外汇交易

远期外汇交易又称期汇交易，是指买卖双方先订立买卖合同，约定在某个日期按合同规定的数量、期限、汇率等进行的外汇买卖业务。预约的交割期限按月计算，一般为 1 个月到 6 个月，最长可以到 1 年或 1 年以上，但以 3 个月期的居多。

3. 套汇交易

套汇是利用不同的外汇市场、不同的外汇种类、不同的外汇交割期限在汇率或利率上的差异而进行的外汇买卖业务。套汇交易主要分为地点套汇、时间套汇和利息套汇。

4. 外汇期权交易

期权交易是指在外汇买卖中，期权卖方提供给期权买方的一种可在合约期内或者到期时，执行或不执行合同的选择权利。即在一定时间内，期权买方拥有按约定汇价买进或卖出一定数量外汇的权利，也可以放弃这种权利。但是期权买方要向卖方预先支付保险费或期权费，无论日后是否执行合同。

二、黄金市场

（一）黄金市场的概念

黄金市场是买卖黄金的场所。因为黄金的买卖既是国家调节国际储备资产的重要手段，也是居民调整个人财富储藏形式的一种方式，所以，各国都很重视对黄金的买卖。

（二）黄金市场的分类

按照黄金交易的地域范围划分，黄金市场分为国际性黄金市场、区域性黄金市场和国内黄金市场。伦敦、苏黎世、纽约、芝加哥和香港，是当今世界上最著名的黄金市场，称为世界五大黄金市场，它们的价格和交易量的变化，对世界整个黄金市场起着举足轻重的作用。

巴黎、法兰克福、卢森堡、新加坡、东京等区域性的黄金市场，交易量有限，且多集中于本地区，对世界黄金市场影响不大。国内黄金市场具有封闭性，其交易的客户仅限于本国的居民。

（三）黄金市场的交易方式

黄金市场的交易方式有现货交易和期货交易两种。前者是在同业间通过电信方式进行交易的市场，伦敦、苏黎世属于这一类的市场；后者以远期交易为主，没有独立的交易场所，纽约、芝加哥、香港等则属于这一类的市场。

我国 1949 年以前，黄金市场一直没有放开，黄金的生产和流通长期处于高度的计划性、垄断性和封闭性的状态中。2001 年 11 月 28 日起试营业的上海黄金交易市场，标志着我国黄金开始走向市场。今后的任务是进一步放开黄金市场，与国际黄金市场接轨。

中国大妈投资黄金亏损260亿元

2014年5月国际金价单月累计大跌3.8%，创下了当年以来的单月最大跌幅。虽然2017年黄金价格一跌再跌，但是，很少有“中国大妈”再次出手“扫货”，原因就是扛不住黄金价格持续下跌。

中国黄金协会数据显示，在2013年4月爆发的抢金潮，促使中国大妈们在当年第二季度消费了385.82吨黄金，2016年上半年金条消费更是大幅增长了86.5%。以北京千足金金价为例，一年时间若在千足金最高价时买入，到现在回购，则差价为每克下跌69元，因此当初购入黄金的中国大妈，如今累计亏损已经近260亿元人民币。

资料来源：摘自新浪财经网。

第五节　金融衍生产品交易市场

一、金融衍生产品的概述

（一）金融衍生产品概念

金融衍生产品也称金融衍生工具，是指以杠杆或信用交易为特征，由相关资产的未来价值衍生出来的一种金融合约(金融工具)。它既指一类特定的交易方式，也指由这种交易方式形成的一系列合约。其价值取决于或派生于相关基础资产的价格及其变化。金融衍生产品主要有远期、期货、期权和互换4种类型，其他任何复杂的合约都是以此为基础演化而来的。

金融衍生产品的历史可以追溯到17世纪初，近30年来，衍生品市场的快速崛起成为人类市场经济史中最引人注目的事件之一，是金融创新工具的重要组成部分。由于金融衍生工具正处于发展过程中，它的叫法有多种，如金融衍生产品、金融衍生工具、衍生金融工具、金融衍生品等。

（二）金融衍生产品的分类

1. 按基础工具种类，分为利率、股票、汇率和商品的金融衍生产品

金融衍生产品的分类以及相关资产，如表4-3所示。

表4-3　金融衍生产品与相关资产对应表

对象	相关资产	金融衍生产品
利率	短期存款	利率期货、利率远期、利率期权、利率合约等
	长期债券	债券期货、债券期权合约等
股票	股票	股票期货、股票期权合约等
	股票指数	股票指数期货、股票指数期权合约等
商品	各类实物商品	商品远期、商品期货、商品期权、商品合约等

2. 按交易产品的不同形态，分为基础金融衍生产品和结构化金融衍生产品

基础金融衍生产品可分为期货、期权、互换和远期合约。结构化金融衍生产品是运用金

融工程结构化方法，将若干种基础金融商品和金融衍生产品相结合设计出的新型金融产品。目前最常见的结构化金融衍生产品有股权联结型产品、利率联结型产品、汇率联结型产品、商品联结型产品等种类。

随着金融市场的发展和不断进行的金融创新，金融衍生工具日新月异地发展，上述的分类界限正在模糊，很难对其进行系统分类，只能大致划分。

二、基本的金融衍生产品

（一）远期合约

远期合约是指合约双方约定在未来某个确定的时间，按照某个特定的价格，出售或购买某一待定数量和质量资产的一种协议。远期合约是根据买卖双方的特殊需求由买卖双方自行签订的合约。合约中所有的条款，如证券的质量（等级标准、到期日、利率）、数量、交割的方式方法、价格、结算的方式等都由交易双方协商确定。

远期合约通常是在金融机构之间或金融机构与其公司客户之间或各个大公司之间签署的，它没有标准化的格式和制度化的交易程序，一般不在规范的交易所内交易，因此远期交易流动性较低。在远期合约的有效期内，合约的价值随相关资产市场价格的波动而变化，合约到期时以现金结清。

（二）期货合约

1. 期货合约的概念

期货合约是一种约定在未来，以事先约定的价格买卖某种商品或资产的标准化双边远期合约。期货合约是期货交易所制定的标准化合约，对合约到期日及其买卖资产的种类、数量、质量做出了统一规定，因此期货交易流动性较高。

2. 期货合约的种类

并非所有的商品都适合进行期货交易，期货商品须具备可储藏性、品质可划分性、交易量大宗性、价格波动频繁性等特点。目前世界上期货交易的品种可以分为两大类：商品期货和金融期货。商品期货主要是农产品、铜、铝、石油等工业原材料。

第一份金融期货合约是 1972 年美国芝加哥商品交易所推出的货币期货，金融期货一经产生便得到迅速发展，金融期货的交易量现已占到世界期货交易量的 80%，已成为西方金融创新成功的例证。

金融期货具有以下特征：金融期货交易的标的物是金融产品；金融期货交易是标准化合约的交易；金融期货交易采取公开竞价方式决定买卖价格；金融期货交易实行会员制度和交割期限的规格化。金融期货按交易对象主要分为利率期货、股票指数期货和外汇期货。

1）利率期货

利率期货是指以证券利率为标的物，交易双方按照事先约定的价格在期货交易所买进和卖出某种固定收益资产，而在未来一定时间内进行交割的一种业务。

2）股票指数期货

股票指数期货（以下简称股指期货）是指以股票价格指数为标的物的期货合约。这种交易方式交易的不是某种股票而是股票价格指数。股票指数期货不涉及股票本身的交割，其价格根据股票指数计算，合约以现金清算形式进行交割。

3）外汇期货

外汇期货是指以汇率为标的物的期货合约，是交易双方约定在未来某一时间，依据现在约定的比例，以一种货币交换另一种货币的标准化合约的交易，其中包括对外汇种类、到期月份、交易时间、合约金额大小、开价形式、最小价格波幅、最大价格波幅等问题的规定。

我国以前只有商品期货，没有金融期货。主要的商品期货交易所有 3 家：上海期货交易所、郑州商品交易所和大连商品交易所。上海期货交易所目前上市交易的有铜、铝、天然橡胶、燃料油共 4 个品种的标准合约。郑州和大连以农产品期货为主。

2006 年 9 月 8 日，中国金融期货交易所在上海成立，标志着我国金融期货正式推出。目前，中国金融期货交易所已推出股票指数期货、期权，并深入研究开发国债、外汇期货及期权等金融衍生产品。

3. 期货交易与结算

1）期货交易

投资者出售或购买期货合约称为“开仓”，买方称为多头，卖方称为空头。金融期货在期货交易所或证券交易所进行集中交易。期货交易所是专门进行期货合约买卖的场所，是期货市场的核心。期货交易所一般实行会员制度，只有交易所的会员才能直接进场进行交易，而非会员交易者只能委托属于交易所会员的期货经纪商参与交易。

期货交易的撮合成交方式分为做市商方式和竞价方式两种。做市商方式是指交易的买卖价格由做市商报出，交易者在接受做市商的报价后，即可与做市商进行买卖，完成交易，而交易者之间的委托不直接匹配撮合。

竞价方式是指交易者的委托通过经纪公司进入撮合系统后，按照一定的规则（如价格优先、时间优先）直接匹配撮合，完成交易。

期货交易是采用保证金交易制度，交易价格是在期货交易所以公开竞价的方式产生的，同时交易所为了防止市场风险过度集中和防范操纵市场的行为，采取了限仓制度和大户报告制度。

2）期货结算

期货结算可以有两种选择：到期进行实际资产交割；或者在到期之前，在市场上买卖与自己合约品种相同但数量和方向相反的期货，通过这种对冲交易来结清自己在交易中的权利、责任关系。在实际操作中，进行实际资产交割的很少，在金融期货中还不到 1%。

进行实际资产交割的方式也有两种：一种是到期时进行期货合约基础资产所有权的转移，若交割资产与合约规定的基础资产不一致，就要做出相应调整；另一种是进行现金交割，交割中一般以最后一个交易日收盘价为结算价，也有以下一个交易日开盘价为结算价的。

期货交易的结算是通过结算公司集中进行的，期货交易所都有附属的结算公司，但又以独立的公司形式组建。结算所通常也采取会员制，参加结算公司结算的只有结算公司会员，非会员经纪人可以通过会员进行结算。结算所实行无负债的每日结算制度，又称逐日盯市制度，就是以每种期货合约在交易日收盘前最后 1 分钟或几分钟的平均成交价作为当日结算价，与每笔交易成交时的价格作对照，计算每个结算所会员账户的浮动盈亏，进行随市清算。

期货合约成交后，买卖双方都无须了解自己的交易对手是谁，由结算公司来充当买方的卖方和卖方的买方，所有的交易都记载在结算所的账户上，从而在买卖双方之间架起了一座桥梁。当合约对冲或到期平仓时，结算所又负责一切盈亏清算。这样一种结算制度为期货交易提供了简便高效的对冲机制和结算手续，从而提高了期货交易的效率和安全性。

结算所的职责是确定并公布每日结算价及最后结算价，负责收取和管理保证金，负责对成交的期货合约进行逐日清算，对结算所会员的保证金账户进行调整平衡，监督管理到期合约的实物交收以及公开交易数据等有关信息。

（三）期权合约

1. 期权的概念

期权是一种选择权，期权的买方向卖方支付一定数额的期权费后，就拥有在一定时间内以一定的价格（执行价格）出售或购买一定数量的标的物（实物商品、证券或期货合约）的权利。所谓金融期权是指以金融商品或金融期货合约为标的物的期权交易形式。

对期权买方而言，合约赋予他的只有权利而无义务，条件是在购买时他必须支付一定数额的期权费给卖方，当买方放弃行使权利时，买方损失期权费，而卖方则赚取期权费。对于期权卖方来讲，合约赋予他的只有义务而无权利，他在收取买方付给的期权费后，在买方行使权利时，卖方必须按期权合约规定的内容履行义务。

2. 期权的特点

期权合约不是一种真实的证券，而是由合同双方签订的合约，期权合约买卖的是一种权利，而不是证券或商品本身。期权合约持有者有权买进或卖出某种证券或金融商品，购买合约者必须向出售这种期权合同的人支付一定的期权费，期权费不能收回。

3. 期权的分类

1）按期权买者的权利，分为看涨期权和看跌期权

（1）看涨期权又叫买入期权，是指期权的购买者享有在规定的有效期限内按照约定的价格买进某一特定数量的标的资产或期货合约的权利的合约，即买方获得买权，但不同时负有必须买进的义务。为取得这种买的权利，期权购买者需要在购买期权时支付给期权出售者一定的期权费。因为它是人们预期某种标的物的未来价格上涨时购买的期权，所以称为看涨期权。相反，卖方预测该标的物的市场价格不会上涨或可能下跌，所以他卖出看涨期权以获取期权费。

（2）看跌期权又叫卖出期权，是指期权的购买方享有在规定的有效期限内向卖方按约定价格卖出某一特定数量的标的资产或期货合约的权利的合约，即买方获得卖权，但不同时负有必须卖出的义务。卖权的买方之所以要购买这一权利，是因为他对标的资产或期货合约的价格看跌。

2）按期权的执行时间，分为欧式期权和美式期权

（1）欧式期权只允许购买者在到期日当天决定是否执行交割，大部分采取场外交易。

（2）美式期权则允许期权购买者在期权到期日之前的任何一天都可以进行交易，多为场内交易所采用。对于期权持有者来说，美式期权更为灵活，选择性更强。在其他条件相同的情况下，美式期权的期权费要高于欧式期权。

3）按照期权合约的标的资产，分为现货期权和期货期权

现货期权包括商品现货期权和金融现货期权。其中金融现货期权是指以各种金融现货工具本身作为期权合约标的资产的期权，又包括利率期权、货币期权、股价指数期权和股票

期权；期货期权包括商品期货期权和金融期货期权，其中金融期货期权又包括利率期货期权、货币期货期权和股价指数期货期权。

4）按交易场所，分为交易所交易期权和柜台交易期权

（1）交易所交易期权也叫场内交易期权，是指一种标准化的期权，一般在交易所的交易大厅内公开竞价，所交易的是标准化的期权合约，交易所期权采用类似股票交易所的做市商制度。每种期权在交易大厅中都有具体的位置，某一确定的期权由特定的做市商负责。投资者的经纪人可向做市商询问买价和卖价，做市商可以增加场内期权市场的流动性，他本身从买卖价差中获利。交易所期权交易由专门的期权清算所进行清算，该清算所充当买方的卖方，卖方的买方。

（2）柜台式期权也称场外交易期权，是卖方为满足某一购买者特定的需求而产生的。它并不在交易所大厅内进行交易，因此没有具体的交易地点。成交额、敲定价格、到期日等部分由买卖双方自行协商。柜台式期权合约不经过清算所清算，也没有担保，它的履约与否全看期权的出售者是否履行合约。

（四）互换合约

1. 互换合约的概念

互换合约又称掉期合约，是指交易双方约定在合约有效期内，以事先约定的名义本金额为依据，按约定的支付率（如利率、股票指数收益率等）相互交换支付的约定。即掉期合约是当事人之间签订的在未来某一期间内相互交换他们认为具有相等经济价值的现金流的合约。从本质上看互换是远期合约的一种延伸。目前互换业务基本上是以场外交易的方式进行。

2. 互换合约的分类

按互换对象不同，可以把互换分为利率互换、货币互换、商品互换和资本互换四大类。其中较为常见的互换合约是利率互换合约和货币互换合约。互换合约中规定的交换货币如果是同种货币，为利率互换；若为异种货币，则为货币互换。

1）利率互换

利率互换是指交易双方在债务币种同一的情况下，互相交换不同形式利率（包含浮动或固定利率）的一种基础金融工具。也就是指参与互换的合约双方（甲方和乙方）；在合约中约定一笔名义上的本金数额，然后甲方承诺在约定的未来一定时期内支付乙方一笔货币，其金额为事先在合约中约定的按固定利率计算利息，而乙方则按合约中约定支付给甲方一笔货币，其金额为事先在合约中约定的按市场浮动利率计算的利息。

利率互换由于币种相同，不需要交换本金，但利率期限和大小之间有差别，只需要在每期进行利差交割，而且期限通常在两年以上，以此来降低利率波动风险。其本质是指交易双方在债务币种相同的情况下，互相交换不同形式利率的一种合约。利率互换通过对净现金流量的改变达到改变资产或负债所承担风险性质的目的。例如，通过利率互换可以把一项固定利率的负债转化成一项浮动利率负债，也可以把一项浮动利率负债转化成一项固定利率负债。

2）货币互换

货币互换是以一种货币贷款的本金和固定利息交换另一种货币下的金额相当的贷款的本金和固定利息。货币互换由于币种不同，所以不仅须交换利息现金流，本金也必须互换，

这一点不同于利率互换。以此来降低汇率波动风险。

三、金融衍生市场的作用

迅速发展的金融衍生工具,使规避形形色色的金融风险有了灵活方便、极具针对性且交易成本日趋降低的手段。这对现代经济的发展起了有力的促进作用。

但衍生工具的发展也促成了巨大的世界性投机活动。衍生工具的交易实施保证金制度,在这种交易中的保证金相对于交易额的比例通常不超过10%,因而投机资本可以通过"高杠杆化"进行投机操作,投机成功可以获得极高收益,失败则会造成严重后果。索罗斯的量子基金就是世界性的投机资本,其运作的主要手段就是衍生工具。

1995年英国老牌巴林银行,由于它的一个分支机构的职员进行衍生工具投机失败而宣告破产。在国际金融投机中,投机资本利用衍生工具冲击一国金融市场并造成该国金融动荡和危机的例子有:由于受到国际投机资本的冲击,1992年英镑退出欧洲汇率体系,1997年7月泰国放弃了泰铢对美元的固定汇率,并引发了东南亚的金融大震荡等。

我国目前的金融衍生工具市场正处于起步阶段,品种少、规模小,但随着资本市场的发展和金融风险的提高,衍生工具市场必然有较快的发展。

【关键术语】

金融市场、资本市场、货币市场、金融衍生工具、期货、期权、投资基金、股票、国库券、同业拆借、回购协议、大额可转让定期存单

一、单项选择题

1. 金融市场最基本的构成要素是(　　)。
   A. 金融市场参与者和金融市场价格
   B. 金融市场交易工具和金融市场中介
   C. 金融市场参与者和金融市场交易工具
   D. 金融市场交易工具和金融市场价格
2. 被称为短期金融市场的是(　　)。
   A. 资本市场　　B. 货币市场
   C. 债券市场　　D. 基金市场
3. 按是否通过中介机构,债券发行分为(　　)发行。
   A. 公募和私募　　B. 直接和间接
   C. 有券和无券　　D. 招标和非招标
4. 当市场利率高于票面利率时,发行债券采取(　　)。
   A. 平价　　B. 折价　　C. 溢价　　D. 中间价
5. 收入型基金适合(　　)的投资者。
   A. 冒险型　　B. 保守型
   C. 风险中立型　　D. 任何类型

二、判断题

1. 中央银行在金融市场上也是金融产品买卖的主体。（　　）

2. 同业拆借市场的参与者是各类金融机构。（　　）

3. 再贴现是指商业银行将贴现收进的未到期票据向其他商业银行或贴现机构进行贴现的融资行为。（　　）

4. 证券回购交易的对象包括短期证券、股票。（　　）

5. 货币基金只有一种分红方式——红利转投资。（　　）

三、简述题

1. 证券初级市场和二级市场的作用分别是什么？两者之间的关系如何？

2. 简述货币市场的特征。

3. 什么是金融衍生工具？如何评价金融衍生工具的作用？

四、实践课堂

通过实地调研，总结个人股票开户的流程，并分析如何选择一家券商，开设个人股票投资账户。

第五章

金融机构体系

【内容框架】

- 金融机构体系
  - 第一节 金融机构体系的产生
  - 第二节 西方国家的金融机构体系
  - 第三节 我国的金融机构体系

【学习目标】

1. 了解金融机构的产生、发展、种类、职能；
2. 了解商业银行和中央银行的业务特点及发展过程；
3. 理解和掌握国际金融机构与我国银行类金融机构体系。

【学习重点】

1. 各类金融机构的特点及发展趋势；
2. 我国的金融机构体系。

【技能要求】

能分析中国和国际金融机构体系的一般构成内容及区别、发展趋势等。

引例

放宽六类金融机构外资准入限制对我国金融行业有竞争也有促进

近日，国务院发布《关于扩大对外开放积极利用外资若干措施的通知》，提出放宽服务业重点放宽银行类金融机构、证券公司、证券投资基金管理公司、期货公司、保险机构、保险中介机构外资准入限制。放宽金融机构外资准入限制，对我国金融行业将产生竞争与促进两方面的作用。

外资进入我国金融业，或通过设立独资分支机构，这将直接在市场上产生竞争关系，特别是在高端国际化市场，对原有机构业务产生挑战。但从外资银行进入我国市场的经验来看，这方面的冲击相对可控。而参股原有金融机构，将在股东、治理、经营和业务等层面促进机构创新升级，对业务起到很大的促进作用。整体而言，外资进入我国金融业，可能带来的学习外溢效应大于竞争效应。

作为我国资本市场的重要参与主体，证券公司也将迎接机遇与挑战。从一些合资券商的经验来看，外资准入放宽将提升证券公司各项业务经营质量，包括卖方研究业务、高端经纪业务、大客户投行业务、国际化资产管理业务等。证券行业牌照逐渐放开、融资手段方式增多，以及叠加放宽外资准入等因素，为行业并购和整合创造有利条件和提供了原动力。

对基金公司的影响，预计大客户可能会选择更国际化的品牌基金机构，本土基金公司在国内投资方面的核心竞争力迫切需要打造。另外，在资本国际化的趋势下，外资基金公司的国际资本市场经验丰富，具有独特的全球资产配置能力，这部分业务的冲击可能是最大的。

资料来源：证券日报 2017-1-19.

通过引例可以看出，我国金融机构体系建立以来，并不是固定不变的，随着金融的不断发展，金融机构体系中不断地在增添新的成员，那么，到底何谓金融机构体系，它们又如何产生？它们在经济中会发挥什么样的作用？这正是本章研究要解决的问题。

第一节 金融机构体系的产生

一、金融机构概述

（一）金融机构的产生

社会经济中的各部门，很难在任何时间都保持各自的收支恰巧相等，一般会形成两种情况：资金盈余或资金不足。于是，社会中广泛存在的资金盈余单位和赤字单位就有了客观上融通资金的可能，而直接融资要受融资双方资产数量的限制；要受融资双方资信特别是信息不对称的限制；要受融通资金的时间、地点、范围的限制等。

所以，资金盈余者先将资金的使用权让给金融中介机构，并获得一种代表其权益的金融资产，再由金融中介机构将资金贷给资金需求者，投向需要资金的社会各部门。资金从盈余单位向赤字单位的流动和转化即资金融通，简称融资。

金融机构能使融资双方的融资交易活动得以顺利进行。随着资金供应能力的增强，资金的价格也随之降低到资本所能获得的利润水平之下，从而促进社会再生产。

（二）金融机构的概念

金融机构是指所有以货币资金为经营对象，从事货币信用、资金融通、金融交易等各类金融活动的组织。由于融资方式有两种，即直接融资与间接融资，因此金融机构也有两类：包括直接融资领域中的金融机构和间接融资领域中的金融机构。

从金融机构产生的历史来看，金融机构也和普通企业一样，经营目标都是以最小的成本获取最大的利润，是一种以追逐利润为目标的金融企业，但金融企业所经营的商品不是普通商品，而是特殊商品——货币资金。在现代经济社会中，金融机构所从事的金融活动发挥着核心作用，各种货币运动、信用关系和金融市场活动都离不开它。

（三）金融机构的分类

1. 根据融资方式不同分为直接金融机构和间接金融机构

直接金融机构是在直接融资领域，为投资者和筹资者提供中介服务的金融机构，如投资银行、证券公司等，其主要业务是证券的发行、经纪、保管、登记、清算、资信评估等；间接金融机构是指它一方面以债务人的身份从资金盈余者的手中筹集资金，一方面又以债权人的身份向资金短缺者提供资金，介于债权人和债务人之间发挥融资媒介作用的机构，如商业银行等。

2. 根据从事金融活动目的不同分为金融调控监管机构和金融运行机构

金融调控监管机构是指承担金融宏观调控和金融监管的责任，不以营利为目的的金融机构，如中央银行、银行监督委员会、证券监督委员会、保险监督委员会等；金融运行机构是指以营利为目标，通过向公众提供金融产品和金融服务而开展经营的金融机构，如商业银行、投资银行、证券公司、保险公司等。

3. 按金融机构业务特征分为银行与非银行金融机构

银行是以存款、放款、汇兑、结算为核心业务的金融机构，如商业银行、储蓄银行、开发银行等；非银行金融机构泛指除银行以外的其他各种金融机构，如信托、保险、租赁和投资公司等机构。

4. 按是否承担政策性业务分为政策性金融机构和商业性金融机构

政策性金融机构是一国为加强政府对经济的干预能力，实现政府的产业政策，保证宏观经济协调发展而设立，不以营利为目的，但可以获得政府或税收方面支持的金融机构；商业性金融机构是以获得利润为经营目标的从事一般性金融业务的经营机构。

（四）金融机构的功能

1. 信用中介

信用中介是金融机构最基本、最能反映其经营活动特征的功能。金融机构充当专业的资金融通媒介，金融机构借助信用，动员和集中社会闲散货币资金，通过资产业务将这些资金投向有关经济部门转化为生产性资金，实现了资金融通，提高了资金使用效率。

2. 支付中介

支付中介是指金融机构在为客户开立存款账户吸收存款的基础上，通过办理存款在账户上的资金转移，代理客户支付，以及在存款的基础之上，为客户兑付现款，提供金融交易的支付结算服务等。支付中介功能大大减少了现金的使用，节约了社会流通费用，加速了结算过程和货币资本的周转，促进了社会再生产。

3. 将货币收入和储蓄转化为资本

随着银行的发展，个人收入和储蓄也被银行汇集起来贷给企业，将非资本的货币转化为货币资本，随着证券类金融机构的产生和发展，又使各类盈余闲置资金直接转化为生产经营性资本，促进了社会再生产。

4. 创造信用工具

金融机构创造出银行券、存单、保险单、支票等银行票据信用工具投入流通，代替了金属货币的流通，为经济运行提供了更多便利的流通手段和支付手段。

5. 金融服务

金融机构利用其自身优势，为客户提供金融领域的各种价格信息服务，如利率、汇率、咨询和决策服务，为客户提供投资建议，保管金融资产，管理客户的投资组合，对所投资的项目进行专业化的监控等，从而有利于投融资活动的正常进行，并节约信息处理技术。金融机构还为企业办理代发工资、代理支付各种费用等。

6. 风险转移与管理

金融中介机构通过各种业务、技术和管理，分散、转移、控制、减轻金融、经济和社会活动中的各种风险。金融机构转移与管理风险的功能主要体现在充当融资中介的过程中，为投资者分散风险并提供风险管理服务，此外通过保险和社会保障体系对经济与社会生活中的各种风险进行的补偿、防范或管理。

二、金融机构体系

现代金融机构体系通常是以中央银行为核心，由以经营信贷业务为主的银行和以提供各类融资服务的非银行金融机构，以及相关金融监管机构共同组织的系统。金融机构体系是各个金融机构之间分工协作，相互联系，组成具有整体功能的系统结构。各国的金融机构体系一般由中央银行、商业银行、专业银行和非银行金融机构组成。

第二节　西方国家的金融机构体系

为适应高度发达的市场经济制度的要求，西方国家都各有一个规模庞大、分工精细的金融体系。

一、西方国家的金融机构体系

尽管有众多各样的金融机构，但总体可分为两大类：银行机构和非银行金融机构，其中银行机构居支配地位。就全部银行机构的组成来看，主要可分为中央银行、存款货币银行和各式各样的专业银行三大类。

非银行金融机构的构成比较庞杂，包括保险公司、投资公司、信用合作组织、基金组织、租赁公司、证券机构等。西方国家一般根据金融中介机构的地位和资产将其金融体系分为三大类：存款机构、投资性中介机构和合约性储蓄机构，如表 5-1 所示。

表 5-1　西方国家的金融机构

金融中介机构		负债(资金来源)	资产(资金运用)
存款机构	商业银行	存款	工商业贷款，消费者贷款，抵押贷款，各级政府贷款
	储蓄贷款协会	存款	抵押贷款
	互助储蓄银行	存款	抵押贷款
	信用社	存款	消费者贷款
投资性中介机构	共同基金	股份	股票和债券
	货币市场共同基金	股份	货币市场工具
	金融公司	商业票据，股票，债券	消费者贷款，工商业贷款

续表

金融中介机构		负债(资金来源)	资产(资金运用)
合约性储蓄机构	人寿保险公司	保险费	公司债券,抵押贷款
	私人养老基金	养老金预付	公司债券,股票
	财产和意外灾害保险公司	保险费	地方政府债券,公司债券和股票,联邦政府债券

资料来源：弗雷德里克·S.米什金.《货币金融学》.[M].北京：中国人民大学出版社,2006.

从最初的分类标准来看,银行类的金融机构主要从事存款、放款、汇兑业务的经营,而大多数的非银行金融机构,并不经营存款等业务。近年来,随着市场竞争的加剧、技术进步以及新技术在金融业的广泛运用,商业银行类的业务和非银行类金融机构业务日益重合,原有金融机构的差异日趋缩小,金融机构分业经营模式被打破,相互间的界限越来越模糊,形成目前的专业化经营向多元化、综合性经营的趋势。

二、中央银行

中央银行是西方国家银行业发展到一定阶段,从商业银行中独立出来的产物,并随着国家对经济生活干预的日益加强而不断发展和强化,它在一个国家的金融管理机构中处于核心领导地位,具有对全国金融活动进行宏观调控的特殊功能。现在世界上几乎所有国家都设立有中央银行或执行中央银行职能的专门机构。

当今西方发达国家一般都采用以中央银行为核心的金融机构体系。中央银行在各国金融机构体系中处于中心地位,是统治全国货币金融的最高机构,对内代表国家对整个金融体系进行领导和管理,实施宏观金融调控,维护整个金融体系的安全运行,对外则代表一国货币主权。

中央银行是国家赋予其制定和执行货币政策,监督管理金融业和规范金融秩序,防范金融风险和维护金融稳定,为商业银行等普通金融机构和政府提供服务,调控金融和经济运行的宏观管理机构。对比商业银行以营利为目标,通过存贷利差赚取利润,中央银行其职能和目标不在于赚取利润,而是实施货币政策和金融监管,实现物价稳定、充分就业、经济增长和国际收支平衡等宏观经济目标。

美国联邦储备局

美国联邦储备局(Federal Reserve System,Fed)简称美联储,负责履行美国的中央银行的职责,它是一个非政府机构,其办公地点位于美国华盛顿特区(Washington D.C.)。美国联邦储备局为美国最高货币政策主管机关,负责保管商业银行准备金、对商业银行贷款及发行联邦储备券。Fed 共分 3 层组织,最高为理事会,旗下是 12 个联邦储备银行和各储备银行的会员银行。

美联储是私有制银行,全部股份为私人所有。该委员会由 7 名成员组成(其中主席和副主席各一位,委员 5 名),须由美国总统提名,经美国国会上院之参议院批准方可上任,任期为 14 年(主席和副主席任期为 4 年,可连任)。

资料来源：百度百科 http://baike.baidu.com.

三、存款金融机构

存款机构是指接受个人和机构的存款并发放贷款的金融中介机构。西方国家的存款机构一般包括商业银行、储蓄银行和信用合作社等。以美国为例，存款机构主要包括商业银行、储蓄贷款协会、互助储蓄银行、信用社。它们的共同特征是通过吸收存款来获得资金，而且吸收的存款都包括可开支票存款。

（一）商业银行

商业银行是以经营存款、贷款和金融服务为主要业务，以营利为经营目标的金融企业。商业银行的主要特征是吸收活期存款，所以通常被称为“存款货币银行”。在西方国家，商业银行以其历史悠久、资金雄厚、机构数量众多、业务渗透面广和掌握金融资源最多而成为金融机构体系中的骨干和中坚，具有其他金融机构所不能替代的主要地位。

同时商业银行具有派生存款的能力，通过派生存款增加货币供给量，所以，西方国家都非常重视对商业银行的调控和管理。

（二）储蓄银行

储蓄银行是指专门吸收居民储蓄存款，将资金主要投资于政府债券和公司股票、债券等金融工具，并为居民提供金融服务的银行。在西方不少国家，储蓄银行大多是专门的、独立的。这类银行的服务对象主要是居民消费者，资金来源主要是居民储蓄存款，资金运用主要是为居民提供消费信贷和其他贷款等，如对居民发放住房抵押贷款、对市政机构发放贷款等。

储蓄银行既有私营，也有公营的。近年来储蓄银行业务正在向商业银行靠拢。储蓄银行的名称在各国有所不同，在美国称为互助储蓄银行、信贷协会、储蓄贷款协会等，英国称为信托储蓄银行，日本称为储蓄银行，许多国家的邮政储蓄系统也属于储蓄银行的性质。

由于储蓄银行直接服务于广大居民，为了保护众多小额储蓄者的利益，许多国家对储蓄银行的业务活动制定专门法规加以约束，限定其所聚集的大量资金的投向。

（三）信用合作社

信用合作社是在西方国家普遍存在的一种互相合作性金融组织，是城乡居民集资合股而组成的合作金融组织。信用合作社的资金来源于合作成员缴纳的股金和吸收存款，服务对象是本社社员，贷款用于解决其成员的资金需要。

有农村农民的信用合作社，有城市手工业者等特定范围成员的信用合作社。信用合作社最初主要发放短期生产贷款和消费贷款。现在一些资金充裕的信用合作社已开始为解决生产设备更新、改进技术等提供中、长期贷款，并逐步采取了以不动产或有价证券为担保的抵押贷款方式。

四、投资性金融机构

（一）投资银行

投资银行是以从事证券投资业务为主的金融机构，是专门为工商企业提供证券投融资服务和办理长期信贷业务的银行。与其他经营某一方面证券业务的金融机构相比，投资银行最主要的特征是综合性，其业务范围几乎包括了全部资本市场业务。

投资银行与商业银行不同，其募集资金渠道主要是发行自己的股票和债券，也有国家的投资银行被允许接受定期存款。其主要业务有对工商企业的股票和债券进行直接投资；为工商企业代办发行和包销股票与债券；参与企业的创建和改组活动；并购和重组；提供投资和合并的财务咨询服务等。

实际上，在许多进行分业经营管理的国家，投资银行往往被作为非银行金融机构来管理。投资银行的名称，通用于美国和欧洲大陆等工业化国家，在英国称为商人银行，在日本称为证券公司，在法国则称为实业银行。此外，与这种银行性质相同的还有其他各种各样的形式和名称，如长期信贷银行、证券银行、开发银行、金融公司、投资公司、财务公司等。

（二）投资基金

投资基金是通过向投资者发行股份或受益凭证募集资金，再以适度分散的组合方式投资于各类金融产品，为投资者以分红方式分配收益，并从中谋取自身利润的金融组织机构。投资基金是指通过发行股份或受益凭证将众多投资者的资金集中起来，其资金运营和管理是由基金组织聘请专业的投资经理人或投资管理公司进行，根据既定的最佳投资收益目标和最小风险原则，将其分散投资于各类有价证券或其他金融产品。

投资基金作为一种间接的投资工具，其优点在于投资组合、分散风险、专家理财和规模经济。投资基金在不同的西方国家有不同的称谓。如在美国称为共同基金，在日本称为证券投资信托，在英国则称为单位信托基金。

（三）金融公司

金融公司(Financial Company)在西方国家是一类极其重要的金融机构。其资金的筹集主要靠在货币市场上发行商业票据；在资本市场上发行股票、债券；也有很少比例从银行借款。汇集的资金是用于贷放给购买耐用消费品、修缮房屋的消费者及小企业。规模较大的金融公司也兼营外汇、联合贷款、包销证券、不动产抵押、财务及投资咨询服务等。

金融公司一般分为3种类型：有依托于大型生产性企业或零售企业，以促进销售为目的的销售金融公司，此类金融公司由其母公司组建，目的是帮助推销自己的产品。比如，福特汽车公司组建的福特汽车信贷公司是向购买福特汽车的消费者提供消费信贷；有服务于消费者，以发放消费信贷为主的消费者金融公司；有主要服务于中小企业的商业金融公司。

五、合约性储蓄机构

合约性储蓄机构是以合约方式吸收持约人的资金，而后按契约规定承担向持约人履行赔付或资金返还义务的金融机构，主要包括各种保险公司和退休或养老基金。这类机构的主要特点是资金来源稳定，资金运用主要是投资，资金流动性较弱。

（一）保险公司

保险公司是世界各国最重要的非银行金融机构。保险公司主要依靠投保人缴纳保险费和发行人寿保险单的形式筹集资金，对那些因发生自然灾害或意外事故而造成经济损失的投保人予以经济赔偿的金融机构。

保险公司筹集的资本，除保留一部分以应付赔偿所需外，其余部分主要投向具有稳定收入的政府债券、企业债券和股票，以及发放不动产抵押、保单贷款等。由于保险公司的资金来源稳定，其所聚集的大量货币成为西方国家金融体系长期资本的重要来源。

（二）退休或养老基金

退休或养老基金是以合约形式组织预交资金，再以年金形式向参加养老计划者提供退休收入的金融机构。它们提供退休年金的资金主要来自劳资双方的积累，即雇主的缴纳以及员工工资中的扣除或员工的自愿缴纳；运用积累的资金的收益，如投资于公司证券、股票以及政府债券的收益等。这些资金既不还本付息，也无按股分红。养老基金根据出资人、出资额、资金的运作方式以及资金的给付方式不同有许多不同类型，如私人养老金和公共养老金等。

退休或养老基金是第二次世界大战后迅速发展起来的，同时西方国家政府要求建立养老金计划的立法以及纳税优惠，极大促进了这类基金的建立和发展。20 世纪 70 年代以前，这类基金主要是由保险公司管理的，其资金运作也比较简单，主要用于购买国债和存放银行生息。20 世纪 70 年代后期，由于西方国家的人口老龄化问题越来越突出，完全依靠企业和个人负担来筹集足够的退休养老金越来越困难，养老金运营开始转向资本市场，即越来越多的养老基金投向企业股票和债券，并依靠独立的投资经理人来管理和监督资金的运营。20 世纪90 年代初以来，养老基金运营开始走向国际化，即养老基金投向海外证券市场的比例不断上升，这是因为海外投资回报率比国内市场要高。

六、政策性金融机构

政策性金融机构是指为贯彻实施政府的政策意图，由政府或政府机构发起、出资设立、参股或保证，不以利润最大化为经营目的，在特定的业务领域内从事政策性金融活动的金融机构。这些政策性金融中介机构的基本任务是为特定的部门或产业提供资金，促进该部门或产业的发展。

（一）政策性金融机构的主要特点

1. 专门性

政策性金融机构体现了社会分工的发展，其服务对象通常是某一特定的地区、部门或专业领域，并具有一定的垄断性。

2. 政策性

政策性金融机构的设置往往体现了政府支持和鼓励某一地区、部门或领域发展的政策导向，尤其是开发银行和进出口银行等专业银行的贷款，具有明显的优惠性，如含有政府贴息和保险，借款期限和还款期限较长等。

3. 行政性

政策性金融机构的建立往往有官方背景，有的本身就是国家银行或代理国家银行。

（二）政策性金融机构的类型

1. 经济开发政策性金融机构

经济开发政策性金融机构是指专门为经济发展中的开发性投资提供中长期投资或贷款的金融机构。这类金融机构的设立多是为配合国家经济发展振兴计划或产业振兴战略，其贷款和投资方向主要是基础设施、基础产业、支柱产业的大中型基本建设项目和重点企业。开发银行又可分为国际性、区域性和本国 3 种。

1）国际性开发银行

国际复兴与开发银行是最著名的国际性开发银行，简称世界银行。其主要业务是提供长期贷款或贷款担保，协助成员国的复兴与开发，鼓励不发达国家的生产和资源开发，鼓励国际投资，促成成员国国际贸易的平衡发展，其贷款主要用于各种基础建设。

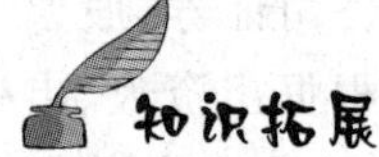

知识拓展

世界银行资助阿富汗培训新一代企业管理人员

据世界银行网站 2014 年 1 月 13 日报道，2008 年，在世界银行、阿富汗重建信托基金（ARTF）和阿富汗技能开发项目（ASDP）的支持下，阿富汗政府和私营部门创建国家经营管理研究院（NIMA），旨在通过建设高质量的专业技能教育与培训体系，提升可就业技能人员的数量。

目前，阿富汗新一代官员和企业管理者正在国家经营管理研究院接受培训，以为阿富汗所有省份培养管理人才，传授先进的管理技能、计算机技能、会计和其他商业技能。"阿富汗目前急需具备现代化技能的管理者，特别是那些偏远省份"，国家经营管理研究院院长巴兹·穆罕默德指出，"因此，研究所目前开设的课程均以私营部门、政府部门和市场的需求为导向。"

每一年几乎都有来自 500 个不同地区的约 1.46 万名学生申请进入国家经营管理研究院学习。经过严格的入学考试后，入选学员必须通过第一学期的通识教育学习，才能继续后两年的课程。2011 年时，第一批 1058 名学员毕业，并获得芬兰于韦斯屈莱大学的文凭。这些学员中约 52％已经在阿富汗公共或私营部门工作，其他人则在阿富汗国内外高校进行更高层次的学习。国家经营管理研究院现有学员 982 名，其中 220 名为年轻女性，他（她）们正在分别参与会计、管理和信息通信技术 3 个项目的学习。

资料来源：郭婧编译. 世界教育信息，2014 年第 3 期.

2）区域性开发银行

区域性开发银行的宗旨和业务同世界银行大致相同，只是其服务对象仅限于某一区域内的会员国。国际性和区域性开发银行的资金，主要来源于会员国缴纳的股金、借款、出让债权及净收益形成。

3）本国开发银行

本国开发银行主要是对国内企业和建设项目提供长期性贷款支持。

2. 农业政策金融机构

农业政策金融机构是指在政府的指导和协助下，专门为农业、畜牧业、林业和渔业的发展提供低息贷款的金融服务机构。其资金来源主要靠政府拨款、发行各种债券、吸收特定存款和借款，贷款方向几乎涵盖农业生产方面的一切资金需求，从土地购买、建造建筑物，到农业机器设备、化肥、种子、农药的购买等各个方面。有些国家对这类机构的某些贷款给予利息补贴、税收优惠等。

农业政策性金融机构在发达国家常见，如美国有联邦土地银行、联邦中期信贷银行、合作社银行；法国有土地信贷银行、农业信贷银行；德国有农业中央银行、土地信用银行、地租银行；日本有农林中央金库、农（渔）业协同组合、农林渔业金融金库等，它们一般都是官方或半官方的金融机构。

3. 进出口政策性金融机构

进出口政策性金融机构是一国为促进对外贸易发展,改善国际收支状况,由政府支持设置的向外贸部门提供优惠出口信贷的政策性金融机构。创建这类银行机构的目的是政府为促进商品输出而承担私人出口商和金融机构所不愿承担或无力承担的风险,并通过优惠出口信贷增强本国的出口竞争能力,同时进出口银行也是执行本国政府对外援助的一个金融机构。这类银行的宗旨是促进本国出口贸易,特别是大型机电设备的出口,加强国际间金融合作,广泛吸引国际资本,在经营原则、贷款利率方面带有明显的政治色彩,一般是官方或半官方金融机构。

最早出现的专门从事进出口投融资的金融机构是1919年成立的英国出口信贷担保局,美国的进出口银行成立于1934年。目前大部分国家都建立了进出口银行,但名称各异,如法国称之为对外贸易银行,瑞典称之为出口信贷公司。

4. 住房政策性金融机构

住房政策性金融机构是为了配合和贯彻政府住房发展政策和房地产市场调控政策,由政府出资设立,专门扶持住房消费,尤其是扶持低收入者进入住房消费市场的金融机构。其资金来源主要是由政府出资、发行债券、吸收住房储蓄存款等,在存款利息或税收上政府都给予优惠,资金用途主要是住房消费贷款等相关的信贷业务。

第三节 我国的金融机构体系

一、我国金融机构体系

在新中国成立以前的漫长岁月里,金融业发展缓慢。新中国成立后到1978年以前,与高度集中的计划经济体制相对应的是中国人民银行的大一统,实际上成为我国唯一的银行,垄断了几乎所有的金融业务。它既是金融机构行政管理机关,又是具体经营银行业务的金融机构。

经过30多年的改革开放,中国的金融机构体系已由过去长期实行的“大一统”银行体制逐步发展成为以中国人民银行为中央银行,国有商业银行为主体,政策性金融机构、股份制商业银行、其他非银行金融机构并存,分工协作的金融体系,并由中国人民银行、中国银行业监督管理委员会、中国证券监督管理委员会、中国保险监督管理委员会作为最高金融管理机构,对各类金融机构实行分业经营与分业监管。

中国金融机构体系的特点是规模大、分工精细、种类繁多。中国金融机构体系结构如图5-1所示。

二、银行类金融机构

银行类金融机构是社会资金融通的枢纽,是金融机构的主体。在我国,银行类金融机构体系主要是指中央银行、商业银行和政策性银行3类。

(一) 中央银行

我国的中央银行是中国人民银行,于1948年12月1日在石家庄合并原解放区的三大行——华北银行、北海银行、西北农民银行组建而成,成为新中国的中央银行,同时开始发行全国统一的法定本位币人民币。1949年2月将总行设在北京至今。

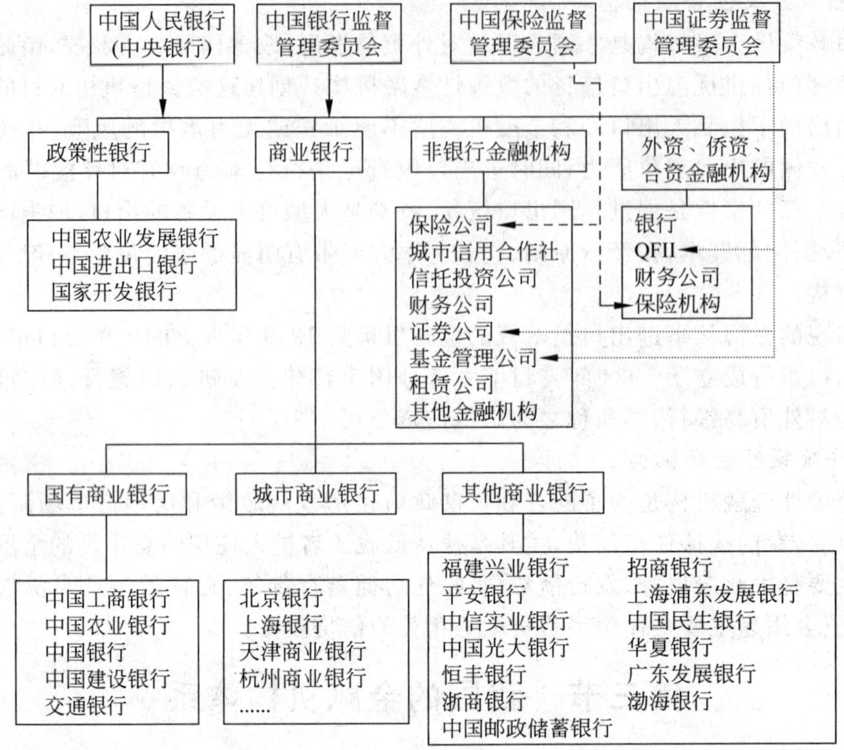

图 5-1　中国金融机构体系结构

1949—1978 年，我国金融实行“大一统”模式，中国人民银行身兼二任——金融监管者和经营者，面对普通的工商企业从事信贷业务。1978 年改革开放后，中国人民银行开始逐渐剥离了普通的存贷业务，专职行使央行职能。1995 年 3 月 18 日，第八届全国人民代表大会第三次会议通过了《中华人民共和国中国人民银行法》(以下简称《人行法》)，就中国人民银行的设立、职能等以立法形式做出了界定，该内容将在第七章讲解。

新成立的国务院金融稳定发展委员会重在协调

日前，经常中央、国务院批准，国务院金融稳定发展委员会正式成立。国务院金融稳定发展委员会成立对促进我国金融监管体制改革及推进金融业发展将起到重要作用。金融稳定发展委员会(以下简称“金稳会”)作为国务院统筹协调金融稳定和改革发展重大问题的议事协调机构，重在统筹和协调。

2017 年 11 月 8 日，国务院金融会正式成立并召开首次会议，会议明确金稳会的主要职责包括，统筹金融改革发展与监管，协调货币政策与金融监管相关事项，统筹协调金融监管重大事项，协调金融政策与相关财政政策、产业政策等，使三大政策之间的配合运用达到最优。

除了金融政策与财政政策、产业政策的统筹协调，金稳会还将协调一行三会的金融监管统一。未来应该处理好统一监管和组织效率的关系：一行三会各自的职责范围内的政策依旧自行制定，但需要在委员会备案，保证金稳会及时掌握相关动态。涉及跨行业跨市场的监管政策制定时，则需要“一行三会”相互配合，在金稳会统筹安排下共同起草，协调推进。

因此，金稳会应持续完善机制体制，更好地发挥作用。央行目前本身已承担着金融稳定协调和处置金融风险的职能，未来央行与金稳会的职责和职能有待进一步厘清和明确，以便更好地将监管政策落地执行。未来监管将向功能监管和信息共享发展，金稳会需要在功能监管方面进一步明确部门职责，在信息共享方面则需要建立长效的信息共享机制。

资料来源：互联网资料整理。

（二）商业银行

我国商业银行体系包括国有股份制商业银行、中小股份制商业银行以及地方性商业银行等。国有股份制商业银行有中国工商银行、中国农业银行、中国银行、中国建设银行，四大国有股份制商业银行处于中国金融体系主体地位。其他股份制商业银行有交通银行、中国光大银行、中信银行、华夏银行、中国民生银行、广东发展银行、深圳发展银行、招商银行、兴业银行、上海浦东发展银行等金融机构。

1. 国有股份制商业银行

现阶段我国股份制国有商业银行有4家。分别是中国工商银行、中国农业银行、中国银行、中国建设银行。4家国有独资商业银行无论在人员、机构网点上，还是在资产规模及市场占有份额上，均处于我国整个金融领域绝对举足轻重的地位，同时均进入世界500大银行的前100。4家国有商业银行都是全国性银行，总行均设在北京，采取一级法人的总分制，分支机构不是独立的法人，除中国银行只在业务量较大的地区设立不同等级的分行外，另3家商业银行均按行政区域在全国城乡普遍设立，从分行直到支行、分理处、储蓄所、营业所等分支机构与经营网点。

四大国有商业银行由原来的国家专业银行转化而来，我国自2003年年底开始对国有独资商业银行实施股份制改造，到2009年1月中国农业银行股份有限公司的成立，四大国有银行先后进行股份制改造，并引进海外战略投资者，成功实现上市融资。

目前4家改制银行均经营全面银行业务，它们在国家规定的业务范围内，依照国家的经济和金融政策、法定、规章和计划，独立行使职权，自主经营业务，独立经济核算，都是直属于国务院的经济实体。改制银行已初步建立了相对规范的公司治理架构，内部管理和风险控制能力不断增强。

4家改制银行的股东大会、董事会、监事会和高级管理层之间逐步形成了各司其职、有效制衡、协调运作的架构与机制。内控机制建设逐步得到加强，初步形成了相对独立的内控体系和相对完善的风险防范体制，其财务状况也明显好转，资本充足率、资产质量和盈利能力等指标显著改进，财务可持续能力明显增强。随着4家改制银行的成功上市，国家注资也获得了明显收益，实现了国有资本的保值增值。

2. 股份制商业银行

随着金融体制的不断深化，自20世纪80年代起，我国陆续恢复、组建了一批股份制的商业银行，包括交通银行、中信实业银行、光大银行、招商银行、兴业银行、华夏银行、民生银行、上海浦东发展银行、平安银行等。

其中，交通银行改组后于1986年4月正式对外营业，成为新中国成立以来的第一家股份制商业银行。随后陆续设立的全国性银行，如中信实业银行、中国光大银行、华夏银行、中国民生银行；或者区域性银行，如招商银行、广东发展银行、兴业银行、平安银行、浦东发展银行等。

这些商业银行在筹建之初，绝大多数都是由中央政府、地方政府、国有企业集团或合作组织等筹资创建的，近几年先后实行了股份制改造，其资金来源除了国家投资外，还包括境内外企业法人投资和社会公众投资。股份制商业银行在组建开始就是按照商业银行的运行机制开展经营，呈现出较强的经营和发展势头。

3. 城市商业银行

目前我国的大部分城市商业银行是由城市信用合作社演变而来的。城市信用合作社作为城市集体金融组织，它是为城市集体企业、个体工商户以及城市居民服务的金融企业，是实行独立核算、自主经营、自负盈亏、民主管理的经济实体。经营原则是为地方经济发展服务，为中小企业发展服务。

实践中，由于绝大部分的城市信用合作社从一开始，其合作性质就不明确，因而自 1998 年起逐步改组为地方性商业银行。目前，北京银行和宁波银行等城市商业银行已经上市，成为区域性的股份制商业银行。

4. 邮政储蓄银行

邮政储蓄是指与人民生活紧密联系的邮政机构，在办理各类邮件投递和汇兑等业务的同时，办理以个人为主要对象的储蓄存款业务。邮政储蓄银行又称邮政代办储蓄，它是经国家批准，由邮电部门利用其遍布全国各地的营业网点资源，设置专柜或专门的储蓄营业所、室，办理储蓄等业务的金融机构，为中国邮政集团所属，其前身为非银行类金融机构——邮政储蓄机构。其职责中的吸收存款功能是人民银行的信贷资金来源，存款全部交存人民银行使用，人民银行支付给邮局一定的手续费。

此外，随着邮政储蓄业务的发展，部分邮政储蓄网点还经办国债发行和兑付的代理业务以及保险的代理业务等。2007 年 3 月 20 日，中国邮政储蓄银行正式成立，全面办理商业银行业务，其主要业务是发放和管理农村小额信贷资金以及城市小额质押贷款。中国邮政储蓄银行依托邮政网络经营，为城市社区和广大农村地区居民提供基础金融服务，与其他商业银行形成互补关系，支持社会主义新农村建设。世界上，邮政机构办理储蓄已有几百年的历史，大多数发达国家都有邮政储蓄。

5. 农村银行机构

我国农村银行机构主要包括农村商业银行、农村合作银行和村镇银行 3 种形式。农村商业银行和农村合作银行是在农村信用合作社产权制度及经营制度改革的基础上成立的农村金融机构。农村信用合作社作为农村集体金融组织，其特点集中体现在由农民入股、由社员民主管理、主要为入股社员服务 3 个方面。其主要业务活动是经营农村个人储蓄，以及农户、个体经济户的存款、贷款和结算等。

在上述活动中，农村银行机构贯彻自主经营、独立核算、自负盈亏、自担风险原则的基本要求。随着农村金融体制改革的不断深化和农村经济发展的需要，我国逐步在农村信用合作社的基础上改制组建股份制商业银行，是我国农村金融体系改革的一大突破。

6. 外资银行

改革开放以后，中国允许外资银行有限制地进入，1979 年引进第一家外资银行以来，外资银行已成为我国金融体系中一支重要的力量和我国引进外资的重要渠道。

我国加入世界贸易组织后，外资银行经营人民币的业务，将在4年内分5批开放20个城市的地域限制，5年后外资银行全面获准经营人民币业务和金融零售业务。外资银行营业性分支机构的设置地域已从上海、北京、天津、深圳等大城市扩展到所有中心城市，绝大部分外资银行以参资入股或设立独立法人机构的形式在我国设立了大量的银行类金融机构，参与到我国银行业的竞争中，银行业的国际化时代已经到来。

民营银行将成为我国金融机构体系的重要一员

2013年7月5日，国务院下发《关于金融支持经济结构调整和转型升级的指导意见》，鼓励民间资本投资入股金融机构和参与金融机构重组改造。允许发展成熟、经营稳健的村镇银行在最低股比要求内，调整主发起行与其他股东持股比例。尝试由民间资本发起设立自担风险的民营银行、金融租赁公司和消费金融公司等金融机构。

11月14日，银监会发布了修订后的《中资商业银行行政许可事项实施办法》，其中，对境内非金融机构作为中资商业银行发起人，列出准入及不准入的一系列条款，在一定程度上搭起了民营银行设立办法的基本框架。

资料来源：改编自党的十八届三中全会《决定》看点解读(四). 求知，2014年第4期.

（三）政策性银行

根据《国务院关于金融体制改革的决定》，从1994年起，以贯彻国家产业政策、区域发展政策为目的，不以营利为目标，我国组建了3家政策性银行：国家开发银行、中国农业发展银行和中国进出口银行。在3家政策性银行中，除了中国农业发展银行有少量分支机构外，其他两家均无分支机构。

1. 国家开发银行

国家开发银行于1994年3月17日正式成立，总部设在北京，注册资本为500亿元人民币。其宗旨是通过融通长期性资金以促进本国经济建设和发展，它是直属国务院领导的政策性金融机构。其主要任务是按照国家法律、法规和方针、政策，筹集和引导境内外资金，向国家基础设施、基础产业和支柱产业的大众基本建设和技术改造等政策项目及其配套工程发放贷款，消除项目投资资金缺口，对固定资产投资总量和结构进行调节，逐步建立投资约束和风险责任机制，并依照市场经济原则，优化投资结构，提高投资效益，以加快国民经济的发展。

2. 中国进出口银行

中国进出口银行于1994年7月1日成立，总行设在北京，实行董事会领导下的行长负责制，董事会由国家有关部门的负责人组成。注册资本为338亿元，由财政部拨给。其营运资金一是向中国人民银行申请再贷款；二是在境内发行金融债券和在境外发行有价证券来筹措资金；三是按照金融机构之间融资的一般原则与方式，从国外金融机构筹资，包括贷款、转贷、资金拆借、金融保险等；四是通过其他方式，如外国政府或国际金融组织贷款、提供业务咨询与服务取得收入等。

中国进出口银行是国务院领导下的从事进出口政策性金融业务的政策性银行，实行自主、保本经营和企业化管理的经营方针，其主要任务是执行国家产业政策和外贸政策，为扩大我国企业机电产品和成套设备等资本性货物出口提供政策性金融支持。

3. 中国农业发展银行

中国农业发展银行成立于 1994 年 11 月 18 日。机构设置上实行总行、分行、支行制，实行行长负责制，总行设在北京，注册资金为 200 亿元，由国家财政全额拨付。中国农业发展银行是直属国务院领导的政策性金融机构。

其主要任务是按照国家相关法律、法规、方针、政策，以国家信用为基础，筹集农业政策性信贷资金，承担国家规定的农业政策性金融任务，代理财政性支农资金的拨付，集中管理农业政策性信贷资金，保障其良性循环，防止各种流失，提高资金使用效率，加强农业的基础地位，支持农业和农村经济发展。

三、各类非银行金融机构

（一）保险公司

保险公司是以经营保险业务为主的经济组织，它具有其他金融机构不可替代的重要作用。办理保险业务的大量保费收入主要用于各项金融投资，而运用保险资金进行金融投资的收益又可积累更为雄厚的保险基金，促进保险事业的发展。保险公司承担国家财政后备范围以外的损失补偿，聚集资金为社会再生产的各个环节提供经济保障，支持经济发展，增强对人类生命财产的安全保障。

1949 年 10 月 29 日，中国人民保险公司作为保险业的管理机关成立。1958 年以后，保险业陷入停顿状态。直到 1980 年，中国人民保险公司才恢复办理国内保险业务，大力开展涉外保险。1996 年 7 月，中国人民保险公司改建为中国人民保险(集团)公司。截至 2013 年，全国保险机构比上年新增 10 家，达到 174 家。

其中保险集团和控股公司 10 家，财产险公司 63 家，人身险公司 71 家，再保险公司 8 家，资产管理公司 18 家，出口信用保险公司 1 家，其他机构 3 家。外资保险公司随着中国加入世贸组织也得到了迅猛发展，已经成为我国金融体系中一支重要的力量。

我国近年保险行业发展情况如图 5-2 所示。

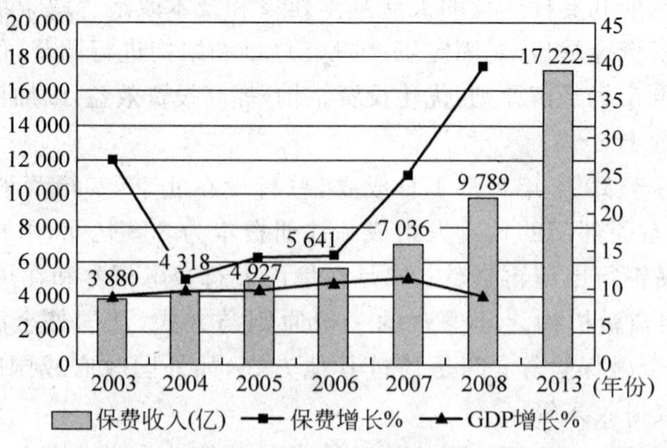

图 5-2　保险行业发展情况

资料来源：根据中国保监会统计数据整理。

现行规定，保险公司的资金运用，除用于理赔给付外，其余仅限于银行存款、买卖政府债券、金融债券和国务院规定的其他资金运用形式。保险公司的经营原则是大数原则和概率论所确定的原则。保险公司的保户越多，承保范围越大，风险就越分散，也就能够在扩大保险保障范围、提高保险社会效益的同时，聚集更多的保险基金，为经济补偿建立雄厚的基础，保证保险公司自身经营的稳定。

（二）证券机构

证券机构则是指从事证券业务的机构，包括证券公司、证券交易所、证券登记结算公司、证券投资咨询公司、基金管理公司及证券评估公司等。

证券公司又称证券商，是经中国人民银行批准成立的非银行金融机构。其主要业务范围一般有推销政府债券、企业债券和股票，代理买卖和自营买卖已上市流通的各类有价证券，参与企业收购、兼并等。截至 2013 年，我国共有证券公司 115 家，其中上市证券公司 20 家；期货公司 156 家；基金管理公司 89 家。证券交易所是依法设立的，不以营利为目的的，为证券的集中和有组织的交易提供场所、设施，我国是上海证券交易所和深圳证券交易所。证券交易所一般都附设证券登记结算公司，保证证券交易的所有权转移和资金流动，目前两市是实行 T+1 的交割方式完成清算交易。

（三）信托投资公司

信托投资公司是以受托人身份经营信托投资业务的金融机构。按照《中华人民共和国信托法》，信托是指委托人对受托人的信任，将其财产权委托给受托人，由受托人按委托人的意愿以自己的名义，为受益人的利益或者特定目的，进行管理或者处分的行为，即“受人之托，代人理财”。

目前，我国信托投资公司的业务主要有以下 4 类。

(1) 信托投资业务。这类业务的资金来源可分为自筹资金投资和委托资金投资。自筹资金投资是指信托投资公司运用自有资金和组织的信托存款，以及发行公司股票、债券筹集的资金，直接向企业或项目进行投资。委托资金投资则是信托投资公司接受委托单位的资金，对投资项目的资金使用负责监督管理，以及办理投资项目的收益处理等。

(2) 代理业务，即代理保管、代理收托、代理有价证券的发行和买卖、信用担保等。

(3) 租赁业务，主要经营融资性租赁。

(4) 咨询业务，包括资信咨询、项目可行性咨询、投资咨询和金融咨询等。

（四）财务公司

财务公司也称为企业集团财务公司，是以加强企业集团资金集中管理和提高企业集团资金使用效率为目的，为企业集团成员单位提供财务管理服务的非银行金融机构。其业务有存款、贷款、结算、票据贴现、融资性租赁、投资以及代理发行有价证券等。

从规范的角度看，财务公司的特点是为集团内部成员提供金融服务，其业务范围、主要资金来源与资金运用都应限定在集团内部，而不能像其他金融机构一样到社会上寻求生存空间。我国的财务公司是由企业集团内部集资组建的，其宗旨和任务是为本企业集团内部各企业筹资和融通资金，促进其技术改造和技术进步，如中国化工进出口财务公司、华能集团财务公司、中国有色金属工业总公司财务公司等。

（五）金融租赁公司

金融租赁公司是专门承办融资租赁业务的非银行金融机构。融资租赁是指出租人根据承租人对租赁物和供货人的选择和认可，将其从供货人处取得的租赁物按合同约定出租给承租人占有、使用，向承租人收取租金的交易活动。租赁公司分为经营性租赁公司和融资性租赁公司，融资性租赁公司即为金融租赁公司。金融租赁是所有权与使用权相分离的一种新的经济活动方式。具有融资、透支、促销和管理的功能。

2007 年 1 月中国银行业监督管理委员会发布了《金融租赁公司管理办法》，从根本上确立了金融租赁公司的法律地位。该办法规定了经中国人民银行批准，金融租赁公司可设立分支机构，可以吸收外资入股，但不得吸收自然人为公司股东，采取股份有限公司组织形式并经批准上市的除外。金融租赁公司的业务范围包括有价证券投资、金融机构股权投资、经中国人民银行批准发行金融债券等。金融租赁公司经营租赁业务或提供其他服务收取租金或手续费等。

【关键术语】

金融机构、金融机构体系、中央银行、政策性银行

一、单项选择题

1. 中央银行不以营利为目标，是(　　)的金融机构。
   A. 为存款者服务　　B. 充当社会信用中介
   C. 为工商企业服务　　D. 为实现国家经济政策服务
2. 政策性金融机构和商业性金融机构最主要的区别是(　　)。
   A. 是否以营利为目标
   B. 政府出资
   C. 自主选择贷款对象
   D. 是否以政府的政策意旨选择贷款对象
3. 财务公司主要为(　　)提供金融服务。
   A. 企业团体内部各单位　　B. 社会公众
   C. 企业单位　　D. 事业单位
4. 汽车金融公司是(　　)金融机构。
   A. 专门提供汽车消费信贷的非银行　　B. 招募资金，投资于汽车行业的
   C. 汽车团体设立的投资　　D. 民间发起的非国有
5. 中国邮政储蓄银行正式成立其主要业务为(　)。
   A. 企业贷款
   B. 发放和管理农村小额信贷资金以及城市小额质押贷款
   C. 个人贷款
   D. 政策性贷款

二、判断题

1. 保险公司主要依靠发行股票的形式筹集资金。（　）

2. 金融租赁是所有权与使用权相分离的一种新的经济活动方式。（　）

3. 招商银行是我国第一家民营银行。（　）

4. 金融资产管理公司是各国以营利为目标来清理银行不良资产的金融机构，清理要尽可能地降低清理成本，盘活资产，最大限度地减少清理损失，从中获取利润。（　）

5. 2003 年后，监管商业银行业务成为中国人民银行更加重要的职责之一。（　）

三、简述题

1. 我国金融机构体系由哪几部分构成？

2. 我国有哪几家政策性银行？如何理解政策性银行的作用？

3. 如何理解财务公司的作用？

四、实践课堂

查阅相关材料，了解互联网金融产品发展的现状，并讨论余额宝等互联网金融产品的出现对我国金融机构体系的利弊。

第六章

商业银行

【内容框架】

商业银行
- 第一节 商业银行的性质和职能
- 第二节 商业银行的组织形式
- 第三节 商业银行业务
- 第四节 商业银行的经营原则
- 第五节 商业银行的资产负债管理

【学习目标】

1. 熟悉商业银行的性质、职能和组织形式；
2. 掌握商业银行资产、负债和中间业务的内容，掌握商业银行经营三原则；
3. 熟悉商业银行资产负债管理的演变过程，掌握商业银行风险监管核心指标。

【技能要求】

运用所学知识，结合我国经济发展实践，分析和探索商业银行资产和负债业务的创新。

引例

2017年中国商业银行运行展望：盈利好转 不良企稳 转型加快

交通银行金融研究中心2016年12月28日发布2017年中国商业银行运行展望报告，预测明年商业银行将盈利好转，不良企稳，转型加快。报告对2017年商业银行经营做出五大预测。

1. 盈利增速小幅提升，净利息收入增长转正

2016年我国商业银行上市银行净利润增速预计为1.5%左右；资产配置进一步向债券

投资领域倾斜；息差受5次降息贷款集中重定价的影响，叠加营改增的因素，预计收窄30BP；非息收入预计增长17%左右。

主要得益于净利息收入增长加快和非息收入保持平稳增长，2017年我国商业银行盈利将有所改善，预计上市银行净利润增速小幅提升至2.5%，营业收入增速提升至6.8%，净利息收入由负增长转为增长4.6%。息差收窄、拨备计提依然是影响净利润增长的主要负面因素，分别贡献－6.5和－2.9个百分点；资产规模扩长、非息收入提高为净利润增速的主要正面因子，分别贡献6.6和5.3个百分点。

2. 资产质量下行趋缓，信用风险总体可控

2016年，商业银行不良贷款余额和比率较快增长的势头得到明显遏制，拨备充足程度较高，资产质量保持平稳。2017年，国内经济仍处在转型升级、动能转换的关键阶段，不稳定因素依然较多，商业银行资产质量处于可控水平，预计明年全年不良贷款率将会维持在1.8%～1.9%的水平。

3. 公司业务营收贡献提升，中间业务平稳增长

作为商业银行一直以来的业务基石，公司业务发展在2016年面临不小的挑战，公司板块营业收入规模下降，在总营业收入中的占比降低。2017年，商业银行公司业务发展的内外部环境总体上略好于预计，公司板块营业收入增长4%～5%，其在银行总营业收入中的占比预计在45%左右。

4. 零售业务营收增长放缓，贡献小幅增长

2016年，受个人住房贷款快速增长和中间业务平稳发展的带动，上市银行零售业务营业收入增长加快，零售板块营收占比有所提高。2017年，在净利息收入增长减缓、中间业务收入增速保持平稳的情况下，预计上市银行零售板块总营收增速小幅放缓至7%～8%，其在银行总营业收入中的占比将小幅上升到35%左右。

5. 金融市场业务平稳增长，主要业务增速分化

受利率市场化、市场竞争加剧、资本市场动荡、资产荒及监管趋严等因素影响，2016年以来上市银行金融市场业务营业收入增速放缓，占比下降。2017年相关外部因素将继续存在，但利息收入有望平稳增长，并将带动金融市场业务收入增长，预计2017年主要上市银行金融市场业务营业收入平均增长10%左右，收入占比将提升至15%左右。

资料来源：吴善阳. 2017年中国商业银行运行展望：盈利好转　不良企稳　转型加快. http://news.cnr.cn/,2016-12-28.

通过引例可以看出，在我国金融业中扮演重要角色的商业银行金融机构，一方面为我国经济的发展贡献了相当的力量；另一方面，随着金融改革的不断推进，经营中，商业银行业在不断面临一些挑战和压力，学习金融，有必要对商业银行的相关理论有充分的认识，这样才能更好地认识商业银行及其发展。这正是本章要研究的内容。

第一节　商业银行的性质和职能

一、商业银行的产生和发展

"商业银行"是英文 Commercial Bank 的意译，现代商业银行是随着资本主义生产方式的产生和发展而逐步形成的。最早的银行产生于当时的世界商业中心——意大利，1580年成立的威尼斯银行是历史上首次以"银行"命名的金融机构。随着资本主义的发展，早期高

利贷性质的银行业已不能适应资本主义发展的要求，过高的利息一方面阻碍了资本主义发展对信用的需求，另一方面也不利于旧式银行本身适应产业资本和商业资本发展的需要。

现代资本主义银行是通过两条途径产生的：一是早期高利贷性质的银行调低放款利率而逐渐转变为现代银行；二是根据资本主义原则组织起来的股份制银行。

世界上最早的商业银行——英格兰银行

1694 年，在英国王室支持下，由英国商人集资建立起来的英格兰银行，作为世界上第一家股份制商业银行，该银行的成立不仅动摇了高利贷旧式银行在信用领域的垄断地位，同时也标志着现代银行制度的正式确立。

资料来源：据互联网资料改编。

自英格兰银行成立以后，西方各国纷纷仿效，股份制银行逐渐成为商业银行的主要形式，推动了资本主义经济的发展。商业银行是市场经济的产物，它是为适应市场经济发展和社会化大生产需要而形成的一种金融组织。商业银行经过几百年的发展演变，已经成为世界各国经济活动中最主要的资金集散机构，其对经济活动的影响力居于各国各类银行与非银行金融机构之首。

二、商业银行的性质

从商业银行的起源和发展看，商业银行是具有信用创造功能、以经营存放款为主要业务、以获得利润为主要经营目标的综合性金融机构。

商业银行的性质具体表现如下。

（一）商业银行是企业，它具有现代企业的基本特征

商业银行与一般工商企业一样，具有从事业务经营所需要的自有资本，依法经营，照章纳税，自负盈亏，以追求利润最大化为经营目标。获取最大限度的利润是商业银行产生和发展的基本前提，也是商业银行经营的内在动力。

（二）商业银行与一般的工商企业不同，它是一种特殊的企业

1. 商业银行的经营对象和内容具有特殊性

一般工商企业经营的是物质产品和劳务，从事商品生产和流通；而商业银行是以金融资产和负债为经营对象，经营的是特殊的商品—货币和货币资本，经营内容包括货币收付、借贷以及各种与货币运动有关的或者与之联系的金融服务。

2. 商业银行对整个社会经济的影响和受社会经济的影响明显

商业银行对整个社会经济的影响要远远大于任何一个企业，同时商业银行受整个社会经济的影响也较任何一个企业更为明显。

3. 商业银行责任特殊

一般工商企业只以营利为目标，只对股东和使用自己产品的客户负责；商业银行除了对股东和客户负责之外，还必须对整个社会负责。

（三）商业银行是一种特殊的金融企业

1. 商业银行是唯一可以经营活期存款的机构

商业银行通过经营活期存款，可以创造出派生存款，并利用贷款和投资转存活期存款实

现信用的加倍扩张或收缩。而专业银行只集中经营指定范围内的业务和提供专门服务。高负债经营，债权人众多，与社会公众利益密切相关，受到银行监管法规的严格约束和政府有关部门的严格监管。

2. 商业银行的信用业务具有很强的广泛性和综合性

商业银行的业务更综合，功能更全面，经营一切金融“零售”业务（门市服务）和“批发业务”（大额信贷业务），为客户提供所有的金融服务，其业务触角已延伸至社会经济生活各个角落，成为“金融百货公司”和“万能银行”。

三、商业银行的职能

（一）信用中介

信用中介是指商业银行通过负债业务将社会上闲置的货币资金动员和集中起来，又通过资产业务将所集中的资金运用到国民经济各部门中去，以实现货币资本的融通。商业银行作为信用中介，克服了直接借贷的种种局限性，满足了融资双方的不同需要。信用中介是商业银行最基本的也是最能反映其经营活动特征的功能，包括以下几点。

1. 使闲散资金转化为资本

商业银行通过开办各类存款业务，把闲散的资金集中起来，投放到生产和流通部门，成为生产资本或商品资本，扩大了社会资本的规模，促进了生产和流通的发展。

2. 使闲置资本得到充分利用

商业银行通过各种存款形式，还能把从再生产过程中游离出来的暂时闲置的货币资本转化为生产资本、商品资本等职能资本，在社会资本总量不变的情况下，提高资本使用效率，扩大了生产和流通规模，也提高了社会资本总的增值能力。

3. 续短为长，满足社会对长期资本的需要

由于商业银行存款种类多样化，可以使众多短期资金来源在期限上相衔接，变成数额巨大的长期稳定余额，用于满足社会对长期借贷资本的需求。

需要指出的是，商业银行通过信用中介的职能实现资本盈余和短缺之间的融通，并不改变货币资本的所有权，改变的只是货币资本的使用权。

我国近年来城乡居民储蓄存款余额和增长速度如图 6-1 所示。

（二）支付中介

支付中介是指商业银行利用活期存款账户，为企业和客户办理各种同货币收支有关的业务，包括货币兑换、货币结算、货币收付、货币及金融资产保管等。商业银行发挥支付中介功能主要有两个作用：一方面有利于商业银行降低银行的筹资成本，扩大银行的资金来源；另一方面又为客户提供良好的支付服务，可以节约流通费用，加速结算过程和货币资金周转。

（三）信用创造

信用创造是指商业银行利用其吸收活期存款的有利条件下，通过发放贷款、从事投资业务而衍生出更多的存款，从而扩大货币供应量。信用创造是商业银行的特殊功能，它是在信

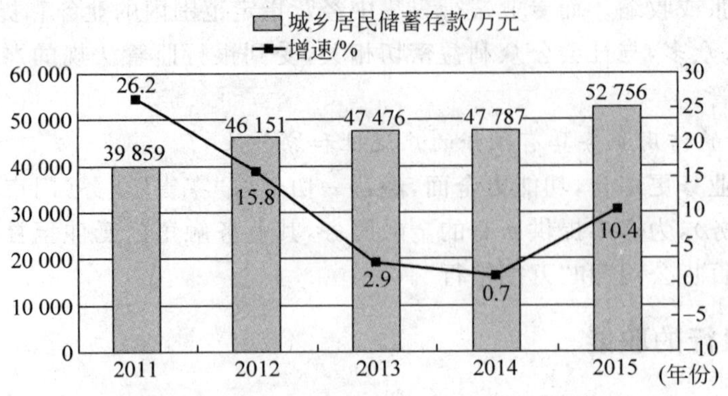

图 6-1 城乡居民储蓄存款余额和增速情况

资料来源：中国人民银行。

用中介和支付中介功能的基础上产生的。商业银行信用创造主要取决于两大因素：一是原始存款数量的大小；二是法定存款准备金率的高低。

商业银行发挥信用创造功能的作用主要在于通过创造存款货币等流通工具和支付手段，既可以节省现金使用，减少社会流通费用，又能够满足社会经济发展对流通手段和支付手段的需要。需要指出的是，整个信用创造过程是中央银行和商业银行共同创造完成的。中央银行运用创造货币的权力调控货币供应量，而具体经济过程中的货币派生是在商业银行体系内形成的。

（四）金融服务职能

金融服务是指商业银行利用在国民经济中联系面广、信息灵通等的特殊地位和优势，利用其在发挥信用中介和支付中介功能的过程中所获得的大量信息，借助电子计算机等先进手段和工具，为客户提供财务咨询、融资代理、信托租赁、代收代付等各种金融服务。金融服务职能是商业银行发展到现代银行阶段的产物。

（五）调节经济职能

调节经济是指商业银行通过其信用中介活动，调剂社会各部门的资金短缺，同时在央行货币政策和其他国家宏观政策的指引下，实现经济结构、消费比例投资、产业结构等方面的调整。此外，商业银行通过其在国际市场上的融资活动还可以调节本国的国际收支状况。

商业银行因其广泛的职能，使得它对整个社会经济活动的影响十分显著，在整个金融体系乃至国民经济中位居特殊而重要的地位。

四、商业银行的发展方向和发展趋势

（一）商业银行的综合经营

伴随着经济全球化的发展和人类社会科技的进步，商业银行的一个重要发展趋势是走向综合经营。一方面，经济全球化导致全球金融市场竞争激烈。为适应经济全球化，银行业加强调整、兼并、合并和金融创新已使分业经营和分业管理名存实亡。

传统的经营模式被打破，银行与非银行金融机构之间的业务界线逐渐模糊，金融机构业务交叉并走向多元化、综合化。银行已经开始从传统的放款业务向证券投资领域进军，有些银行还将业务范围拓展到信托、抵押、保险等一些非传统银行业务领域。

另一方面，信息技术在以工具的形式形成金融业生产方式的同时，也通过对整体社会经济生活的改造来影响金融服务所面临的需求。

（二）商业银行业务的证券化

由于商业银行综合经营趋势的日益明显，以及与资本市场的联系更加广泛，商业银行的主要业务将更多地通过证券方式来运作，不仅负债业务的证券化（如发行股票、债券等）愈发重要，资产的证券化趋势也日益明显，尤其是后者。

资产证券化通常是指将缺乏流动性的资产，转换为在金融市场上可以出售的证券行为。资产证券化就是指将存在的具有稳定未来现金流的非证券化资产集中起来，进行重新组合，据此发行证券的过程和技术。由于资产证券化可以有效地把信用风险转换为市场风险，使风险得以分散，降低了风险累积的可能性。因此，它在化解金融风险方面具有重要作用。

（三）商业银行经营的网络化

随着信息技术的发展，电子商务与现代银行业结合的产物——网络银行，已成为现代银行业发展的方向。网络银行又称网上银行或在线银行，是指银行利用因特网技术提供银行服务的活动，是因特网技术与现代银行业相结合的产物。

网络银行不同于传统的以物理形态存在的银行服务，是存在于电子空间中的金融活动，其存在形态是虚拟化的、运行方式是网络化的。网络银行具有大金融、虚拟性和开放性的特点，同时又具有提高银行业的经营效率和降低经营成本的优点。

第二节　商业银行的组织形式

一、商业银行的外部组织形式

商业银行的外部组织形式是指商业银行在社会经济生活中的存在形式，从全球商业银行看，主要有以下 4 种类型。

（一）单一银行制

单一银行制也称单元银行制、独家银行制，是指银行业务分别由各自独立的商业银行经营，不设或有关章程不允许设立分支机构的一种商业银行组织形态。这种银行制度在美国非常普遍，是美国最古老的银行形式之一。

美国是各州独立性较强的联邦制国家，经济发展不平衡，为了适应经济均衡发展的需要，反对金融权力集中，各州都立法禁止或限制银行开设分支机构，特别是跨州设立分支机构。近年来，在美国开设分支行的限制有所放松。

1. 单一银行制的优点

（1）可以限制银行间的吞并和金融垄断，可以提倡和鼓励竞争。

（2）管理层次少，中央银行的调控传导快，有利于中央银行管理和控制。

（3）各银行独立性和自主性很大，经营较灵活。

（4）单一银行制特别有利于资金在本地的运用，防止本地资金的大规模转移，有利于本地经济的发展。有利于协调银行与地方政府间的关系，使银行经营更适合本地区的发展需要。

2. 单一银行制的缺点

(1) 由于限制了竞争，不利于银行的发展和经营效率的提高。银行经营成本高，不易取得规模经济效益。

(2) 由于单一银行制在经营的区域范围上受到较大的限制，人为地限制了资本的流动，筹资不易，风险集中。

(3) 由于没有设立于各地的分行，单一银行制下对客户的汇款等要求较难提供周到全面的服务。

(4) 商业银行不设分支机构，与现代经济的横向发展和商品交换范围的不断扩大存在着矛盾，同时，在电子计算机等高新技术的大量应用条件下其业务发展和金融创新也受到限制。

（二）分支行制

分支行制也称总分行制，是指按照同一章程，在同一个董事会管理下，在大都市中设立总行，然后在本市、国内、国外普遍设立分支行的制度。这种银行制度源于英国的股份银行。世界上大多数国家都实行分支行制，我国也实行总分行制的银行制度。

分支行制由于银行不断采取兼并活动，银行越来越集中而总数量减少，但因资金更加雄厚，业务范围更加广泛，其分支机构不但遍及国内外大部分城市及金融中心，还在经济发达地区广泛设立机构，形成了庞大的银行分支机构网络。

1. 分支行制的优点

(1) 分支机构多、分布广、业务分散，因而易于吸收存款，调剂资金，充分有效地利用资本。同时由于放款分散，风险分散，可以降低放款的平均风险，提高银行的安全性。

(2) 银行规模较大，易于采用现代化设备，提供多种便利的金融服务，取得规模效益。

(3) 实行分支行制度。银行越来越集中且总数量减少，分支行制度便于金融当局的宏观管理。

(4) 由于在分支行制下，银行分支机构多，且分散于各地，可便利于客户的汇款要求，也可以使汇兑成本保持在最低水平。

2. 分支行制的缺点

(1) 极易形成垄断。容易造成大银行对小银行的吞并，阻碍竞争。

(2) 加大银行内部的控制难度。银行规模过大，内部层次、机构较多，管理困难。

（三）集团银行制

集团银行制又称为银行持股公司制或银行控股公司制，是指由少数大企业或大财团设立控股公司，再由该公司控制或收购两家以上的银行。在法律上，集团下属的银行是独立的，并有自己的董事会对股东负责，但这些独立银行的业务和经营决策统属于股权公司控制。这一制度在美国最为流行，是对开设分支行种种限制的一种对策。

1. 集团银行制的优点

(1) 集团银行制是金融创新的结果，可使银行有效地摆脱州政府关于设立分支机构和经营范围的各种法律限制。

(2) 可以扩大经营范围，实现地区分散化、业务多样化，有利于加强风险和收益的管理。

(3) 银行持股公司服务设施集中，可以节约费用开支。

2. 集团银行制的缺点

(1) 容易引起金融权力过度集中，易于形成垄断。

(2) 在一定程度上影响了银行的经营活力，不利于竞争。

(四) 连锁银行制

连锁银行制又称为联合银行制，是指由某一个人或某一个集团购买若干家独立银行的多数股票，从而控制这些银行的组织形式。这些银行在法律上是独立的，也没有股权公司的形式存在，但实际上它们通过连锁董事会等形式，将其所有权集中于同一家大银行或同一集团之手，其业务和经营政策均由一个人或一个决策集团控制。

连锁银行制与银行持股公司制的差别在于没有股权公司的形式存在，即不必成立持股公司。但它与持股公司制的实质是相同的，连锁银行制的作用和集团银行制一样，都是为了弥补单一银行制的不足，规避法律对设置分支机构的限制。这种体制盛行于美国的中西部地区，但没有集团银行制普遍。

(1) 连锁银行制的优点：连锁银行制往往以大银行为中心，确定银行业务模式，形成集团内部联合，有利于统一指挥，以获取高额利润。

(2) 连锁银行制的缺点：由于受个人或某个集团的控制，不易获取银行所需的大量资本，不利于银行的发展。

二、商业银行的内部组织结构

商业银行的内部组织结构是指银行内部各部门及各部门之间相互联系、相互作用的组织管理系统。商业银行的内部组织结构具体如下。

(一) 决策机构

决策机构主要包括股东大会和董事会，其中，股东大会是最高权力机关，董事会是常设的经营决策机关，最高权力人是董事长。它们的具体职能如下。

1. 股东大会

在西方商业银行的发展中，商业银行多采用股份制的组织方式。股东大会是股份制商业银行的最高权力机构。股东大会每年定期或不定期召开一次或几次，股东们有权审议银行的一切业务报告，有权对银行的经营方针、经营决策和一些重大的政策进行表决。

2. 董事会

董事会是由股东大会选举产生的董事组成，代表股东执行股东大会的建议和决定，对股东大会负责。董事会的职责包括制定银行目标、确定银行政策模式、选举管理人员、建立委员会、提供监督和咨询以及为银行开拓业务。

(二) 执行机构

执行机构包括行长(或总经理)和职能部门，它们的具体职能如下。

1. 行长(或总经理)

行长(或总经理)是商业银行的最高行政负责人，由董事会委任或聘任，代表银行从事日常业务活动，并对具体业务负责。其职责是执行董事会的决定，主持银行日常业务活动；经董事会授权对外签订合同或处理业务；提名高级管理职员报请董事会批准；定期向董事会报告业务情况；向董事会提交年度报告；招聘或解雇银行职员等。

2. 职能部门

职能部门是商业银行在经营管理体系中执行日常业务的机构。一般来说，职能部门可分为直接式业务部和参谋式职能部两大类。

（三）监督机构

监督机构主要有监事会及内部监督机构。商业银行的监督机构主要有监事会和稽核部门，它们的具体职能如下。

1. 监事会

股东大会在选举董事的同时，还要选举监事，组成监事会。监事会代表股东大会对商业银行的业务经营和内部管理进行监督。

2. 总稽核

总稽核是董事会或管理层领导下的一个部门，是董事会的直接代表，通常定期向董事会汇报工作，指出发现的各种问题并提出可行性意见和建议。总稽核是维护银行资产的完整和资金的有效营运，对银行的管理与经营服务质量进行独立的评估。

知识拓展

招商银行内部组织结构如图 6-2 所示。

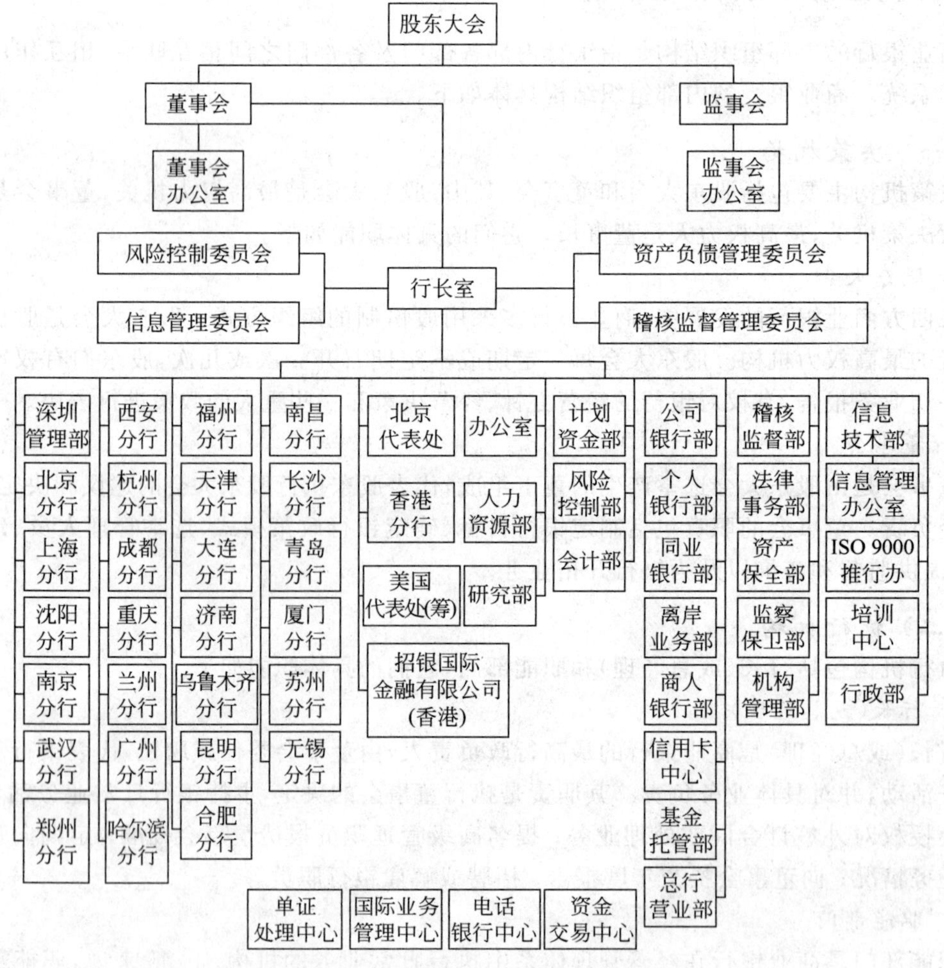

图 6-2 招商银行内部组织结构

第三节 商业银行业务

尽管各国商业银行的组织形式、名称、经营内容和重点各异，但就其经营的主要业务来说，一般均分为负债业务、资产业务以及中间业务和表外业务。

一、商业银行的负债业务

负债业务是形成商业银行的资金来源业务，是商业银行资产业务的前提和条件。从广义角度看，商业银行的负债业务主要有自有资本和吸收外来资金两大部分。

（一）商业银行自有资本

商业银行的自有资本是其开展各项业务活动的初始资金，即其业务活动的本钱，主要包括成立时发行股票所筹集的股本、公积金以及未分配利润。自有资本一般只占其全部负债的很小一部分。银行自有资本的大小，体现银行的实力和信誉，也是一个银行吸收外来资金的基础，因此自有资本的多少还体现为银行资本实力对债权人的保障程度。

（二）各类存款

按照传统的存款划分方法，主要有 3 种，即活期存款、定期存款和储蓄存款。

1. 活期存款

活期存款是指无确定的期限可由存款户随时存取的存款，银行无权要求客户取款时做事先通知。持有活期存款账户的存款者可以用各种方式提取存款，如开出支票、本票、汇票、电话转账、使用自动柜员机或其他各种方式和手段。由于各种经济交易包括信用卡商业零售等都是通过活期存款账户进行的，所以在国外又把活期存款称为交易账户。

2. 定期存款

定期存款是指客户与银行预先约定存款期限的存款。存款期限通常为 3 个月、6 个月和 1 年不等，期限最长的可达 5 年或 10 年。利率根据期限的长短不同而存在差异，但都要高于活期存款。定期存款的存单可以作为抵押品取得银行贷款。

3. 储蓄存款

储蓄存款是指个人为了储藏财富和获取相应利息收入而开立的存款，具体分为活期存款和定期存款。

除上述传统存款业务外，为突破法制约束，吸收更多存款，国外商业银行在存款工具上有许多创新，如可转让支付命令账户、自动转账账户、货币市场存款账户等。

（三）商业银行的借款

根据时间不同，商业银行借款可分为短期借款和长期借款。

1. 短期借款

短期借款是指期限在一年以内的债务，包括同业借款、向中央银行借款和其他渠道的短期借款。

(1) 同业借款是指金融机构之间的短期资金融通，主要用于支持日常资金周转，它是商业银行为解决短期余缺，调剂法定准备金头寸而融通资金的重要渠道。由于同业拆借一般是通过中央银行的存款账户进行，实际上是超额准备金的调剂，因此又称为中央银行基金，在美国则称为联邦基金。

(2) 向中央银行借款是中央银行向商业银行提供的信用，主要有两种形式：一是再贴现，二是再贷款。再贴现是经营票据贴现业务的商业银行将其买入的未到期的票据向中央银行再次申请贴现，也叫间接借款。再贷款是中央银行向商业银行提供的信用放款，也叫直接借款。再贷款和再贴现不仅是商业银行筹措短期资金的重要渠道，同时也是中央银行重要的货币政策工具。

(3) 其他渠道短期借款有转贴现、回购协议、大额定期存单和欧洲货币市场借款等。

2. 长期借款

长期借款是指偿还期限在一年以上的。商业银行的长期借款主要采取发行金融债券的形式。金融债券可分为资本性债券、一般性金融债券和国际金融债券。

二、商业银行的资产业务

商业银行资产业务是其资金运用业务，也是其取得收益的重要渠道，具体内容如下。

(一) 现金资产

商业银行的现金资产由库存现金、法定准备金、在中央银行存款、存放同业资金和在途资金等项目组成。现金资产是商业银行资产中最具有流动性的部分，是银行随时可用来支付客户现金需要的资产，属于一级储备资产，基本上不给银行带来收益。

银行管理本质上就是解决利润最大化与资产流动性之间的矛盾，现金资产是直接满足流动性需求的资产，其虽然不给银行直接带来收益，但是对商业银行的正常运转至关重要。正是因为现金资产并不给银行带来利润，因此，商业银行总是在流动性能够得到保证的情况下，尽量压低现金资产在总资产中的比例。

(二) 贷款

贷款是商业银行作为贷款人按照一定的贷款原则和政策，以还本付息为条件，将一定数量的货币资金提供给借款人使用的一种借贷行为。贷款是商业银行最大的资产业务，大致要占其全部资产业务的 60%左右。

我国银行业金融机构人民币信贷近年变化情况如图 6-3 所示。

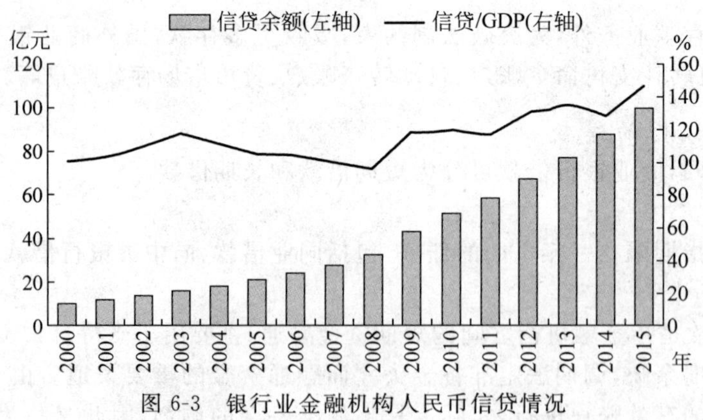

图 6-3　银行业金融机构人民币信贷情况

资料来源：中国人民银行金融稳定分析小组. 中国金融稳定报告 2016[M]. 北京：中国金融出版社，2016.

贷款业务按照不同的分类标准，有以下几种分类。

1. 按贷款风险承担人分类

(1) 自营贷款指商业银行以合法方式筹集的资金自主发放的贷款，其风险由商业银行承担，并由商业银行收回本金和利息。

(2) 委托贷款指由政府部门、企事业单位及个人等委托人提供资金，由商业银行(即受托人)根据委托人确定的贷款对象、用途、金额、期限、利率等代为发放、监督使用并协助收回的贷款。商业银行(受托人)只收取手续费，不承担贷款风险。

(3) 特定贷款指经国务院批准并对贷款可能造成的损失采取相应补救措施后责成国有独资商业银行发放的贷款。

2. 按贷款期限分类

(1) 短期贷款指贷款期限在 1 年以内(含 1 年)的贷款。

(2) 中期贷款指贷款期限在 1 年以上(不含 1 年)5 年以下(含 5 年)的贷款。

(3) 长期贷款指贷款期限在 5 年(不含 5 年)以上的贷款。

3. 按贷款担保分类

(1) 信用贷款指以借款人的信誉发放的贷款。

(2) 担保贷款指保证贷款、抵押贷款、质押贷款。

保证贷款指按《中华人民共和国担保法》规定的保证方式以第三人承诺在借款人不能偿还贷款时，按约定承担一般保证责任或者连带责任而发放的贷款。

抵押贷款，指按《中华人民共和国担保法》规定的抵押方式以借款人或第三人的财产作为抵押物发放的贷款。

质押贷款指按《中华人民共和国担保法》规定的质押方式以借款人或第三人的动产或权利作为质物发放的贷款。

(3) 票据贴现指商业银行以购买借款人未到期商业票据的方式发放的贷款。

4. 按贷款质量分类

(1) 正常贷款是指借款人能够履行合同，没有足够理由怀疑其贷款本息不能按时足额偿还。

(2) 关注贷款是指尽管借款人目前有能力偿还贷款本息，但存在一些可能对偿还产生不利影响的因素。

(3) 次级贷款是指借款人的还款能力出现明显问题，完全依靠其正常营业收入无法足额偿还贷款本息，即使执行担保，也可能会造成一定损失。

(4) 可疑贷款是指借款人无法足额偿还贷款本息，即使执行担保，也肯定会造成较大损失。

(5) 损失贷款是指在采取所有可能的措施或一切必要的法律程序之后，本息仍然无法收回，或只能收回极少部分。

这一分类方法主要应用于分析贷款质量，其中，次级、可疑与损失贷款合称不良贷款。

我国银行业资产质量略有下降

银行业资产质量下行压力继续加大。2015 年，受经济增长放缓、外部需求萎缩、企业经营困难等多重因素影响，商业银行不良贷款持续反弹。截至年末，银行业金融机构不良贷款余额

1.96 万亿元，不良贷款率 1.94%。其中，商业银行不良贷款余额 1.27 万亿元，比上年年末增加 4319 亿元，已连续 17 个季度反弹；不良贷款率 1.67%，比上年年末增加 0.43 个百分点。

银行业金融机构关注类贷款余额 4.45 万亿元，比上年年末增加 1.18 万亿元；关注类贷款率 4.69%，比上年年末提高 0.71 个百分点。银行业金融机构逾期贷款 2.81 万亿元，比上年年末增加 1.01 万亿元，增长 56.52%；逾期贷款在贷款余额中占比 2.8%，比上年年末上升0.77个百分点；逾期 90 天以上贷款余额与不良贷款余额比值 94.63%，比上年年末上升14.55个百分点。商业银行拨备覆盖率 181.18%，比上年年末下降 50.86 个百分点；贷款拨备率3.03%，比上年年末提高 0.13 个百分点。

资料来源：中国人民银行金融稳定分析小组. 中国金融稳定报告 2016[M]. 北京：中国金融出版社，2016.

（三）商业银行的证券投资业务

商业银行的证券投资业务是商业银行将资金用于购买有价证券的活动。主要是通过证券市场买卖股票、债券进行投资的一种方式。商业银行的证券投资业务有分散风险、保持流动性、合理避税和提高收益等意义。

商业银行投资业务的主要对象是各种证券，包括国库券、中长期国债、政府机构债券、市政债券或地方政府债券以及公司债券。在这些证券中，由于国库券风险小、流动性强而成为商业银行重要的投资工具。

通过表 6-1 可以清楚地分析出，贷款业务是商业银行最重要的资产业务，此外，现金资产和投资资产也占有重要地位。

17 家商业银行涵盖我国大型商业银行和股份制商业银行。其中，大型商业银行包括中国工商银行、中国农业银行、中国银行、中国建设银行和交通银行；股份制商业银行包括招商银行、上海浦东发展银行、中信银行、兴业银行、中国民生银行、中国光大银行、华夏银行、广发银行、平安银行、恒丰银行、浙商银行和渤海银行。截至 2013 年年末，17 家商业银行资产总额约占银行业金融机构总资产的 61%，具有较强的代表性。

资料来源：中国人民银行金融稳定分析小组. 中国金融稳定报告 2014[M]. 北京：中国金融出版社，2014.

表 6-1　2013—2014 我国 17 家主要商业银行资产构成

项　目	金额/亿元		比率/%	
	2012 年	2013 年	2012 年	2013 年
存放中央银行款项	132 489.03	138 435.21	15.85	14.96
存放同业款项	35 709.11	27 891.48	4.27	3.01
贷款	377 590.44	427 530.35	45.18	46.20
贴现	9 567.38	8 070.41	4.24	0.87
贸易融资	35 450.75	39 683.97	1.14	4.29
拆放同业	20 130.81	22 945.59	2.41	2.48
投资	162 110.34	188 629.74	19.40	20.38
买入返售资产	49 560.37	55 033.71	5.93	5.95
其他	13 063.69	17 145.32	1.56	1.85
总资产	835 671.93	925 365.78	100.00	100.00

三、商业银行的中间业务和表外业务

（一）中间业务

中间业务是商业银行不动用自有资金、不直接承担或形成债权债务，替客户办理支付及其他委托事宜以收取手续费的业务。中间业务收入对我国银行业利润的贡献日益增加。商业银行的中间业务主要有以下几种。

1. 结算业务

结算业务是指受客户委托将款项从付款人账户划转到收款人账户完成货币收付的行为。结算业务方式，同城的主要是支票结算，异地的主要是汇兑、托收、信用证结算。

2. 代理业务

代理业务是指银行（代理人）接受客户（被代理人）委托，代为办理指定的经济事项，并收取手续费的业务，其业务种类主要有以下几种。

（1）代理证券发行业务，包括代理发行股票、债券。

（2）代客买卖业务，如代客户买卖有价证券、黄金、外汇。

（3）代保管业务，即代委托人保管各种贵重物品、有价证券等。

（4）代理收付款项是指受客户委托，代为收回指定款项以及受托在客户存入保证金额度内代为支付款项。

（5）其他代理业务，如代理监督合同执行、代理执行遗嘱、代理会计事务、代理保险、代理清理债务等。

3. 信托业务

银行主要经营金融信托，即银行作为受托人受客户委托，代为管理、经营、处理有关钱财方面的事项，一般具有3个关系人：委托人、受托人、受益人。信托财产形式多样，如金钱、有价证券、动产、不动产等。信托关系的成立要以财产权的转让为条件。

4. 租赁业务

租赁是出租人为收取租金，将财产出租给承租人使用的经济行为。承租人按期交纳租金，享有使用权，所有权仍旧归出租人。租赁业务按其性质可分为金融租赁和经营租赁两类，银行主要经办金融租赁，一般由下属的或者独立的租赁公司、信托公司经营。

5. 银行卡业务

银行卡是由银行发行、供客户办理存取款和转账支付的新型服务工具的总称，其功能包括转账结算、储蓄、汇兑以及消费贷款等。银行卡按照清偿方式的不同可以分为贷记卡、准贷记卡和借记卡；按照结算币种的不同可以分为人民币卡、外币卡；按照发放对象的不同可以分为消费者个人卡、公司卡；按照从属关系可以分为主卡、附属卡等。

此外，商业银行还开办咨询业务、保管业务、基金托管业务等中间业务。

商业银行业务转型步伐加快　大力发展中间业务

22家A股上市银行2016年三季报显示，在各类收入中非息收入明显增长。

数据显示，2016年三季度，上市银行净息差较二季度末环比下行0.03个百分点至

2.15%。与此同时，非息业务成为推动盈利增长的重要引擎。2016年前三季度，国有五大银行实现非息业务收入5970亿元，同比大幅增长22.2%；占全部营业收入比例提升5.7个百分点至31.5%。投资等市场性业务表现突出，净收入同比大幅增长88%。

此外，从股份行和城商行情况看，浦发银行、招商银行、宁波银行、兴业银行等银行的非息业务收入也表现亮眼。

按照国际银行的发展经验，大力提升非息收入占比，是对冲息差收窄的"利器"。尽管目前我国大部分商业银行的非息收入占比偏低，商业银行大力发展中间业务、提升非息业务收入势在必行，但具体的目标比例还是要根据各银行实际情况而定。

资料来源：根据互联网资料改编。

（二）表外业务

表外业务是银行不运用自己的资金而代替客户办理收付和其他委托事项并收取手续费的业务。表外业务是商业银行从事的不列入资产负债表内，但同资产业务和负债业务关系密切，并在一定条件下会转为资产业务和负债业务的经营活动。表外业务与其他中间业务的主要区别在与承担风险不同。

商业银行的表外业务可以分为传统的表外业务和新兴的表外业务。

1. 传统的表外业务

（1）担保和类似的或有负债

担保和类似的或有负债包括担保、备用信用证、跟单信用证、承兑票据等。这类表外业务有一个共同特征，就是由某银行向交易活动中的第三者的现行债务提供担保，并且承担现行的风险。

（2）承诺

承诺可以分为两类：一是不可撤销的承诺，即在任何情况下，即使潜在借款者的信用质量下降或完全恶化的条件下，银行也必须履行事先允诺的义务；二是可撤销的承诺，即在某种情况下，特别是在借款者的信用质量下降或完全恶化的条件下，银行可以收回原先允诺的义务而不会受到任何金融方面的制裁或惩罚。

2. 新兴的表外业务

主要是金融衍生工具的业务，包括远期外汇合约、货币互换、货币期货、货币期权、利率互换、利率期权、股票指数、期货和期权等。

第四节　商业银行的经营原则

商业银行是金融市场上影响最大、数量最多、涉及面最广的金融机构，商业银行的经营一般应遵守下列原则。

一、流动性、安全性、营利性原则

（一）流动性原则

流动性原则要求商业银行保证随时可以以适当的价格取得可用资金的能力，以便随时应付客户提存从银行支付的需要，流动性包括资产的流动性和负债的流动性两重含义。一般情况下所说的流动性是指资产的流动性。资产的流动性的高低非常重要。事实上，过高的资产流动性会使银行失去盈利机会甚至出现亏损；过低的流动性可能导致银行出现信用危机、客户流失、资金来源丧失，甚至会因为挤兑导致银行倒闭。

因此，作为商业银行关键是要保持适度的流动性。这种“适度”是商业银行业务经营的生命线，是商业银行成败的关键。当流动性不足时，要及时补充和提高；在流动性过高时，要尽快安排资金运用，提高资金的盈利能力。

影响商业银行流动性的主要因素有客户的平均存款规模、资金的自给水平、清算资金的变化规律、贷款经营方针、银行资产质量以及资金管理体制等。

（二）安全性原则

安全性原则是指商业银行在经营中要避免经营风险，保证商业银行的稳健经营和发展，这一原则要求银行在经营活动中，必须保持足够的清偿力，经得起重大风险和损失，能随时应付客户提存。安全性原则是银行生存和发展的基础。

（三）营利性原则

营利性原则是指商业银行作为一个经营企业，追求最大限度的盈利。营利性原则是商业银行经营活动的最核心指标，也是商业银行最终效益的体现。

影响商业银行营利性的主要因素有存贷款规模、资产结构、自有资金比例和资金自给率水平以及资金管理体制和经营效率等。商业银行实现盈利的途径主要如下。

(1) 尽量减少现金资产，扩大盈利资产的比重。

(2) 以尽可能低的成本，获得更多的资金。

(3) 减少贷款和投资损失。

(4) 加强内部经济核算，提高银行职工的劳动收入，节约管理费用开支。

(5) 严格操作规程，完善监管机制，减少事故和差错，防止内部人员因违法和犯罪活动造成银行的重大损失。

商业银行的经营三原则就是保证资金的安全性、保持资产的流动性、争取最大的盈利，商业银行经营三原则既相互统一，又有一定的矛盾。因为实现安全性原则要求商业银行扩大现金资产，减少高风险、高盈利资产；而实现营利性原则要求商业银行尽可能减少现金资产。因此安全性与流动性呈正相关，但它们与营利性往往有矛盾。

解决商业银行经营三原则之间矛盾的正确做法是在对资金来源和资产规模及各种资产的风险、收益、流动性全面权衡的基础上，在保证安全性、流动性的前提下，实现盈利的最大化。

二、依法独立自主经营的原则

依法独立自主经营是商业银行作为企业法人的具体体现，也是市场经济机制运行的必然要求。商业银行依法开展业务，不受任何单位和个人的干涉。作为独立的市场主体，有权依法处理其一切经营管理事务，自主参与民事活动，并以其全部法人财产独立承担民事责任。

同时，商业银行开展一切经营活动，必须遵守法律、行政法规和中国人民银行银监会发布的行政规章，不得损害国家利益、社会公共利益。

三、保护存款人利益原则

存款是商业银行的主要资金来源，存款人是商业银行的基本客户，“存款自愿，取款自由,存款有息,为储户保密”是商业银行的经营方针。商业银行作为债务人,是否充分尊重存款人的利益,严格履行自己的债务,直接关系到银行自身的经营。如果存款人的合法权益得不到有效的尊重和保护,他们就会选择其他银行或退出市场。

四、自愿、平等、诚实信用原则

商业银行与客户之间是平等主体之间的民事法律关系,因此,商业银行与客户之间的业务往来,应以平等自愿为基础,公平交易,不得强迫,不得附加不合理的条件,双方均应善意、全面地履行各自的义务。

第五节 商业银行的资产负债管理

一、商业银行资产负债管理理论的发展历程

资产负债管理是银行以全部资产负债为管理对象,使其在流动性、安全性和效益性三者协调并实现资产负债总量平衡、结构合理,以获得最大利润。西方商业银行经营管理理论的发展经过了资产管理理论、负债管理理论与资产负债综合管理理论 3 个阶段。

(一)资产管理理论

20 世纪 60 年代以前,银行资金来源比较单一,商业银行的负债中有大量的支票存款和储蓄存款,这两种存款都是低成本的,主动权在客户手上,此时商业银行管理者的主要工作是决定如何使用这些负债,管理重点自然是资产的管理,资产管理的重点是流动性管理。资产管理依其提出的顺序又有以下 3 种理论。

1. 商业贷款理论

商业贷款理论又称真实票据理论,这种理论认为银行放款应该是短期商业性的,并有真实商业票据为凭据。因为这种贷款具有自动清偿性质,既符合流动性要求,又能带来适当的收益。在此理论影响下,银行只发放短期易变现的贷款。

2. 可转换理论

可转换理论认为银行能否保持流动性,关键在于资产的变动能力。把可用资金的一部分投放于能在二级市场出售的证券上,是可以满足银行流动性需要的。这种理论是以金融工具和金融市场的发展为背景,它的实际应用把银行的资产业务拓展到了证券上。

3. 预期收入理论

预期收入理论强调的是借款人的预期收入,放款的偿还是以借款人未来收入为基础的,所以,银行根据借款人的预期收入或现金流量,确定放款计划,安排放款的到期日,银行就能保持规律性的现金流入,维持高度的流动性。预期收入理论强调了贷款偿还与未来收入的关系,推动了商业银行业务经营向中长期设备贷款、分期付款的不动产贷款和消费贷款以及设备租赁等方面的扩展。

以上 3 种资产管理理论不是相互排斥的,而是相互补充的关系,各种理论都为银行的资产管理提供了新的思路,推动了资产业务的不断发展。

(二)负债管理理论

20 世纪 60 年代,西方商业银行资产负债管理的重心由资产管理为主转向以负债管理

为主。负债管理理论是在金融创新中产生的一种银行管理理论，认为银行可以通过主动负债以增强其流动性。

负债管理理论的核心思想是保证银行流动性的重点，主张以借入资金的办法来保持银行流动性。负债管理理论认为，银行无须经常保持大量准备资产，可以将资金更多地投放到高收益的资产上，一旦需要周转资金，可外借，即通过"购买"资金来实施。

该理论的运用改变了银行过去按照已有的负债来调整资产以适应之的做法，银行开始根据资产的需要来调整负债以适应和支持资产。由于当时的银行是根据筹集的资金的成本，然后再加上一定的利差将资金贷放出去，因此利差管理在当时是很盛行的。

但是这一理论存在着明显的缺陷。

(1) 提高了银行的融资成本，因为借款成本通常要比存款利率高。

(2) 增加了经营风险，当银行不能从市场借到相应的资金时，就可能陷入困难，而市场是变幻莫测的。

(3) 不利于银行稳健经营，短期资金来源比重增大，借短放长的问题日趋严重，银行不注意补充自有资本，风险增加了。

（三）资产负债综合管理理论

资产负债综合管理理论根据经济的变化，兼顾了银行的资产与负债结构，强调资产与负债两者之间的规模与期限搭配协调，在利率波动的情况下实现利润最大化。在 20 世纪 70 年代中期，由于通货膨胀、浮动利率以及经济的不景气，使得商业银行管理的重点转向了资产负债表中的资产和负债两个方面，这种方法也就成了资产负债管理。因此资产负债管理本质是对过去 30 年商业银行管理的各种方法的总结和综合运用。

单纯的资产管理过于偏重安全和流动，往往以牺牲盈利为代价，不利于鼓励银行家进取经营；单纯的负债管理过于强调依赖外部借款，增大了银行经营风险，它们都带有一定的偏向。一种把资产和负债两个方面结合起来的管理才是更有效率的管理。所以，各国在资产负债综合管理理论付诸实践的基础上建立起一系列模型，主要包括线性规划模型、财务规划模型、利率敏感性缺口管理与存续期间缺口管理模型等。

二、我国商业银行的资产负债管理的指标

（一）我国商业银行资产负债管理的建立和发展

随着我国经济、金融体制改革的不断深化，银行资金的供求矛盾比较突出。各家银行开始普遍重视树立"以资金来源制约资金运用"观念、信贷风险观念和集约化经营的观念，普遍要求建立自我约束和自我调节的信贷机制，同时各家银行也越来越认识到只有实行资产负债管理，才能增强银行的自我约束和自我调节的能力，才能使资金运营保持良好状态。因此，从信贷资金管理体制的逻辑发展和信贷资金运动的规律的要求来看，资产负债管理进入我国银行经营管理的领域是必然的。

1994 年 2 月 25 日，中国人民银行下发了《关于对商业银行实行资产负债比例管理的通知》，规定了商业银行实行资产负债比例管理的资本充足率、存贷款比例、中长期贷款比例、资产流动性比例、备付金比例、单个贷款比例、拆借资金比例、对股东贷款比例、贷款质量指标等 13 项暂行监管指标，并对银行资本和资产风险权数做出了暂行规定。通知要求，资产

负债比例管理的考核，要实行区别对待、逐步过渡的办法。

1996 年 12 月 25 日，为了切实加强银行业的监管，督促商业银行稳健经营，根据我国银行的实际情况和现行的财务会计制度，并参照国际惯例，中国人民银行对 1994 年制定的商业银行资产负债比例管理指标及有关规定进行了修订。新的指标分为监控性指标和监测性指标两大类，并把外币业务、银行的表外业务纳入考核体系，以期真实、完整地反映商业银行所面临的经营风险。

对四大国有商业银行仍实行资产负债比例管理基础上的贷款限额管理，对其他商业银行则实行全面的资产负债比例管理。此项管理办法的下发执行，确立了资产负债比例管理方法在我国商业银行资产负债管理中的主要地位。

1997 年 12 月，中国人民银行颁布了《关于改进国有商业银行贷款规模管理的通知》，决定自 1998 年 1 月 1 日起，取消对国有商业银行的贷款的限额控制，推行“计划指导、自求平衡、比例管理、间接调控”的新的银行资金管理体制。自此我国商业银行开始实行全面的资产负债比例管理。

2005 年 12 月 31 日中国银行业监督管理委员会颁布了《商业银行风险监管核心指标》（以下简称《核心指标》），从 2006 年 1 月 1 日起试行，在总结试行情况并重新修订后于 2007 年正式施行。制定商业银行风险监管核心指标是加强对商业银行风险的识别、评价和预警，防范金融风险的有效手段。《核心指标》主要适用于在中国境内设立的中资商业银行、外资独资银行和中外合资银行参照执行。

（二）实行商业银行资产负债管理的基本条件

我国要真正建立现代银行制度，使商业银行实现与国外先进商业银行接轨的、规范的资产负债管理，就必须不断地创造资产负债管理所必须具备的规范的实施条件。

1. 两级银行体制

这是有专门行使调控和监管职能的中央银行和专门办理资金融通业务的商业银行。

2. 灵活有效的资金运作市场

商业银行根据资金投入项目的谈判情况，确定所需资金规模、利率水平，以及期限等条件，然后根据这些条件寻找中央银行借款、同业借款或从国内外资金市场融通资金。

3. 灵活有效的资金调度体系

建立商业银行与中央银行、商业银行之间及商业银行内部间的资金调度，实现其资金总量控制和产业结构调整的需要。

4. 严格规范的财务分析制度

银行财务分析必须符合各有关监管、稽核部门进行监督管理的需要，并用制度规范。

（三）我国商业银行资产负债比例管理指标

1. 资产负债比例管理的监控、监测指标

监控性指标有 10 大类 19 项指标，具体包括资本充足率指标；贷款质量指标；单个贷款比例指标；备付金比例指标；拆借资金指标；境外资金运用比例指标；国际商业借款比例指标；存贷款比例指标；中长期贷款比例指标；资产流动性比例指标。

监测性指标有 6 项，具体包括风险加权资产比例指标；股东贷款比例指标；外汇资产比例指标；利息回收指标；资本利润率指标；资产利润率指标。

2. 商业银行风险监管核心指标

与商业银行资产负债比例管理的监控、监测指标相比,《核心指标》有如下特点。

(1) 在指标及标杆选择上有重大完善。新增了核心负债依存度、流动性缺口率、外汇敞口头寸比例、利率风险敏感度、操作风险损失率以及所有迁徙类指标等13个指标,修改了授信集中度、授信关联度、不良资产率、不良贷款率、资本充足率、核心资本充足率6个指标,并根据银行业改革成果和进度调整了部分指标值。

(2) 体现了风险监管的内在逻辑。首先衡量风险水平,其次分析风险迁徙,最后评估银行的风险抵御能力。

(3) 覆盖了商业银行的主要风险领域和风险点。既覆盖了信贷资产风险,也覆盖了非信贷资产风险;既反映了流动性风险和信用风险,也反映了市场和操作风险;既反映了各类风险的总体水平,也反映了风险结构与波动性。

(4) 引入"风险迁徙"概念,反映了风险的动态变化。从技术层面看,这种技术以5级分类为基础,同时又弥补了5级分类只能衡量风险静态水平的不足;从应用价值看,这类指标不仅可用于风险水平的评价,也用于对风险变化的预警。

此外,《核心指标》还体现了对风险的抵御能力及两道防线,并兼顾操作性和前瞻性。《核心指标》分为3个层次,即风险水平、风险迁徙和风险抵补。

① 风险水平类指标包括流动性风险指标、信用风险指标、市场风险指标和操作风险指标,以时点数据为基础,属于静态指标。

② 风险迁徙类指标衡量商业银行风险变化的程度,表示为资产质量从前期到本期变化的比率,属于动态指标。风险迁徙类指标包括正常贷款迁徙率和不良贷款迁徙率。

③ 风险抵补类指标衡量商业银行抵补风险损失的能力,包括盈利能力、准备金充足程度和资本充足程度3个方面。《风险监管核心指标一览表》,如表6-2所示。

表6-2　风险监管核心指标一览表

指标类别		指标名称	公式
风险水平	流动性风险	1. 流动性比例	流动性资产÷负债
		2. 超额备付金率	(超额准备+库存现金)÷各项存款
		3. 核心负债比率	核心负债÷负债总额
		4. 流动性缺口率	(流动性缺口+未使用不可撤销承诺)÷到期流动性资产
	信用风险	5. 不良贷款率	不良贷款÷贷款总额
		6. 不良资产率	不良资产÷资产总额
		7. 单一客户授信集中度	单一客户授信额÷资本净额
		8. 关联授信比例	全部关联授信÷资本净额
	市场风险	9. 累计外汇敞口头寸比例	累计外汇敞口头寸÷资本净额
		10. 市值敏感性比率	修正持续期缺口×1%÷年
	操作风险	11. 操作风险损失率	操作损失÷(净利息收入+非利息净收入)
风险迁徙	正常贷款	12. 正常类贷款迁徙率	正常类贷款变为不良贷款÷正常贷款
	关注贷款	13. 关注类贷款迁徙率	关注类贷款变为不良贷款÷关注贷款
	次级贷款	14. 次级类贷款迁徙率	次级类贷款变为可疑和损失类贷款÷次级贷款
	可疑贷款	15. 可疑类贷款迁徙率	可疑类贷款变为损失贷款÷可疑类贷款

续表

指标类别		指标名称	公　式
风险抵补	盈利能力	16. 资产收益率	净利润÷平均资产总额
		17. 资本收益率	净利润÷平均净资产
	准备金充足程度	18. 信贷资产准备充足率	信贷资产实提准备÷应提准备
		19. 非信贷资产准备充足率	非信贷资产实提准备÷预计损失
	资本充足程度	20. 核心资本充足率	核心资本÷风险加权资产
		21. 资本充足率	（核心资本＋附属资本）÷风险加权资产

【关键术语】

商业银行、信用中介、信用创造、营利性、安全性、流动性、单一银行制、分支行制、资产负债管理、风险监管

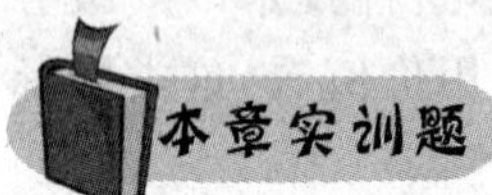

一、单项选择题

1. 下列各项中，不属于商业银行表外业务中承诺性业务的是（　　）。
   A. 回购协议　　B. 债券承销　　C. 信贷承诺　　D. 承兑业务
2. 在国际银行业，被视为银行经营管理三大原则之首的是（　　）。
   A. 营利性原则　　B. 流动性原则　　C. 安全性原则　　D. 效益性原则
3. 股份制商业银行内部组织结构中（　　）是常设经营决策机关。
   A. 股东大会　　B. 董事会　　C. 监事会　　D. 执行机构
4. 商业银行区别于其他金融机构的关键特征是（　　）。
   A. 以营利为目标　　B. 提供中介服务
   C. 能吸收存款，发放贷款　　D. 重视金融创新
5. 根据我国《商业银行法》规定，我国现行的商业银行采用的是（　　）模式。
   A. 混业经营　　B. 全能型　　C. 单元型　　D. 职能分工

二、判断题

1. 商业银行经营目标的排序是营利性、安全性、流动性。（　　）
2. 我国商业银行的外部组织形式主要是控股公司制。（　　）
3. 吸收存款是商业银行的主要负债业务。（　　）
4. 商业银行的证券投资业务主要投资于国债和国库券。（　　）
5. 商业银行外部组织形式的发展方向是总分行制。（　　）

三、简述题

1. 如何理解商业银行的职能？
2. 如何理解商业银行的经营原则？
3. 商业银行的主要资产和负债业务有哪些？
4. 简述单一银行制和分支行制的概念和优缺点。

四、实践课堂

在理解和掌握商业银行的经营原则的基础上，通过实地调研某家银行，对如何协调商业银行经营三原则提出自己的看法。

第七章

中央银行

【内容框架】

中央银行
- 第一节 中央银行的产生和发展
- 第二节 中央银行的性质和职能
- 第三节 中央银行制度
- 第四节 中央银行业务
- 第五节 金融监管

【学习目标】

1. 了解中央银行的产生、发展，了解中国人民银行的发展历史和职责；
2. 掌握中央银行的性质、职能、类型、业务及相互之间的联系；
3. 了解金融监管的原则、方法及监管内容。

【学习重点】

1. 中央银行的性质、职能、类型和业务；
2. 金融监管的原则、方法和金融监管的内容。

【技能要求】

能够通过学习，熟悉中央银行的相关业务，并能重点解读我国央行的相关业务。

引例

央行：2017 年调节好流动性闸门

2017 年中国人民银行工作会议 1 月 5 日至 6 日在北京召开。关于 2017 年的货币政策，会议提出要保持货币政策稳健中性。具体来看，要综合运用多种货币政策工具，调节好流动性闸门，保持流动性基本稳定。

对于2016年的货币政策，此次工作会议的表述是根据经济形势和金融市场流动性变化，灵活运用公开市场常规操作、短期流动性调节工具(SLO)、中期借贷便利(MLF)、常备借贷便利(SLF)，普降存款准备金率0.5个百分点，保持适度流动性。

工作会议提出，2017年要继续做好供给侧结构性改革金融服务工作；进一步加大对钢铁煤炭去产能、重点行业转型调整和京津冀协同发展等国家重大战略的金融支持力度；继续做好金融精准扶贫工作；加大对“双创”、科技、战略性新兴产业等重点领域以及保障性安居工程、健康养老、小微企业、就业、少数民族等领域的金融支持力度；因城施策，继续落实好差别化住房信贷政策。

关于人民币汇率，工作会议提出要进一步完善人民币汇率市场化形成机制；积极引导和稳定市场预期，保持人民币汇率在合理均衡水平上的基本稳定。

资料来源：上海证券报，高翔，2017-01-07.

从案例中可以看出，一个国家或地区的中央银行在经济金融中具有重要作用，那么，到底什么是中央银行，其经历了什么样的产生发展过程，今天的中央银行，其职能都有哪些？这正是本章要研究的内容。

第一节　中央银行的产生和发展

中央银行产生于17世纪后半期，形成于19世纪初叶，最早设立的中央银行是1656年的瑞典银行，直到1913年美国建立联邦储备体系为止，中央银行制度才基本建立起来，历时257年。

一、中央银行形成的客观基础及其产生

（一）中央银行形成的客观基础

中央银行是商品货币经济高度发展的产物，它是在商业银行发展的基础上与国家政权相结合的特殊金融机构。中央银行产生的客观基础主要表现在以下几方面。

1. 统一发行银行券的需要

在银行业发展初期，差不多每个银行都有发行银行券的权力，许多商业银行除了办理存放和汇兑等业务以外，都从事银行券的发行。银行券分散发行的弊病很大。

(1) 部分银行特别是小商业银行，由于信用能力薄弱，经营不善或同业挤兑，无法保证自己所发银行券的兑现，从而无法保证银行券的信誉及其流通的稳定，由此还经常引起社会的混乱。

(2) 一些银行限于实力、信用和分支机构等问题，其信用活动的领域受到限制，所发行的银行券只能在国内有限的地区流通，从而给生产和流通带来困难。

鉴于上述原因，客观上需要一个权威性的、资本雄厚的大银行，发行一种信誉好且能在全国范围内流通的货币。

2. 票据交换和清算的需要

银行业的不断发展，导致银行之间债权债务关系日益复杂，结算效率降低，信用纠纷增

多，由各家银行自行轧差进行当日清算已发生困难。这种状况不仅表现为异地结算矛盾突出，而且同城结算也成问题。

因此，客观上建立全国统一的、有权威的、公正的清算中心是保证信用制度顺利发展的必然趋势，而这个清算中心只能由中央银行承担。

3. 最后贷款人的需要

随着资本主义经济的迅速发展，对银行贷款的需求量越来越大，借款的期限越来越长，但银行的资金来源受到数量和信誉的影响，远远不能满足资金运作的需求。另外，由于出现突发性的大量提现，一些银行会陷入因支付能力不足而倒闭的困境。这就在客观上要求有一个信用卓著、实力强大并具有提供有效支付手段能力的机构，适当集中各家商业银行的一部分现金准备，来充当商业银行的最后支持者。

4. 金融业统一管理的需要

同其他行业一样，银行业经营竞争也很激烈。而它们在竞争中的破产、倒闭给经济造成的动荡要大得多。因此，客观上需要有一个全国统一而又有权威的金融机构对金融业进行管理、监督、协调，制定统一、公平的"游戏规则"，实施政府对银行业和金融市场的管理，以维护市场秩序和金融效率。

（二）中央银行的产生

中央银行是伴随着资本主义银行业的发展而产生的，独占银行券的发行权是其产生的第一个标志。就中央银行这一组织机构而言，各国中央银行建立和发展的道路是不尽相同的，有的是从商业银行演化而来的，如英格兰银行；有的则是从它诞生的那一天起就是中央银行，如美国联邦储备银行。

最早具有中央银行名称的是瑞典国家银行，它成立于 1656 年，最初是由私人创办的。1668 年由政府出面改造为瑞典国家银行，有人因此认为瑞典国家银行是世界上最早的中央银行。但是，这时的瑞典国家银行并不具备中央银行的关键职能，直到 1897 年才独占货币发行权。

成立于 1694 年的英格兰银行，是最早真正执行中央银行职能的金融机构，被称为中央银行的鼻祖，它在中央银行发展史上是一个重要的里程碑。英格兰银行成立之初也是一家私人银行，办理一般商业银行的业务，在当时并不是唯一的发行银行。因此，早期的英格兰银行也不是一家完全的中央银行。

由于特殊的股权结构，英格兰银行享有一般银行所不能享有的特权：一方面，它向政府放款，补充政府连年殖民战争的军费开支；另一方面，它获准可以用政府债券作为抵押，发行等额的银行券，并代理国库和管理政府债券。这些特权从中央银行组织模式上和货币发行上为英格兰银行行使中央银行职能奠定了基础。1928 年英格兰银行成为英国唯一的发行银行，并取得清算银行的地位，逐步演变成英国的中央银行。

随着英格兰银行地位的提高，许多商业银行便把自己的一部分准备金存入英格兰银行，并用该部分准备金来结清与其他银行之间的各种债权债务关系。这样英格兰银行便逐渐取得了清算银行的地位，并在 1854 年成为英国银行业的票据交换中心。1847 年、1857 年和 1866 年英国爆发了 3 次大的金融危机。

在危机中，英格兰银行以大银行的实力支撑了存款的支付和债务的清偿，英格兰银行向中央银行的演变也因此基本成型。在英格兰银行的示范作用下，从 18 世纪后半叶到 19 世纪初，德国、比利时、荷兰、奥地利、挪威、丹麦等国先后成立了中央银行。

美国中央银行走的是又一条路，它自1776年从英国殖民统治下独立出来以后最早建立的北美银行开始，到1913年成立美国联邦储备体系，经过了一个长时期的过程。早期的美国，只要有资本，任何人都可以开办银行，并自由发行银行券。1860年是美国银行自由发展时期，银行众多、群龙无首，信用极度膨胀与恶化，货币贬值，不少银行纷纷倒闭，不仅造成社会混乱，还严重影响到美国经济生活的方方面面。这时美国政府和国会开始意识到成立一个调节和管理全国金融的中央银行的必要性。

于是1913年国会通过《联邦储备银行法》，正式建立中央银行制度，即联邦储备体系。其主要措施就是由联邦储备系统统一发行联邦储备券，并把会员银行的存款准备金集中于联邦储备银行，规定联邦储备银行可以根据金融形势的需要发放"最后贷款"，从而使美国的中央银行制度比较完整地建立起来，并对世界各国产生广泛的影响。

二、中央银行的发展

第一次世界大战爆发后各国普遍发生了恶性通货膨胀，金融业也出现剧烈的动荡。各国都深切感到要稳定币值、重建币制，必须加强中央银行的地位和对货币信用的管理。于是1920年在比利时首都布鲁塞尔召开了国际金融会议，会上要求尚未建立中央银行的各国都应从速建立，这极大地推进了各国建立中央银行的进程。各国纷纷建立本国的中央银行，中央银行的地位和作用也进一步得到加强。

第二次世界大战以后世界形势发生了重大变化。民族解放运动风起云涌，出现了一些新独立的国家。一些发展中国家中央银行制度的兴起和西方中央银行国有化以及国家对中央银行控制的强化成为该时期中央银行的时代特征。

中央银行制度在世界各国日渐普及的同时，中央银行的各项职能也不断明确和完善。中央银行的货币政策成为政府干预经济的主要工具。同时中央银行的国有化趋势十分明显，其作为政府机构的色彩更加浓厚。

当代的中央银行制度还在进一步发展和完善过程中，从国内来看，如何进一步完善货币政策、保持经济持续发展以及加强金融监管、防范金融风险已成为中央银行努力的方向；从国际来看，欧洲中央银行的建立和欧元的启用，表明中央银行的地位和作用已超出国家范围而扩展到国际间。

查一查我国中央银行的演变历史

查阅资料，了解我国从清政府时期到辛亥革命时期和北洋政府时期，到孙中山时期，到国民党时期，到革命根据地时期，到新中国时期，中央银行经历了怎样的发展。

第二节　中央银行的性质和职能

一、中央银行的性质

中央银行是国家赋予其制定和执行货币政策，对国民经济进行宏观调控和管理监督的特殊的金融机构。中央银行经营的特殊性表现在以下几个方面。

（一）不以营利为目的

一般地，中央银行在其业务经营过程中会取得利润，但营利不是目的。中央银行以金融调控为己任，稳定货币、促进经济发展是其宗旨。

（二）不经营普通银行业务

中央银行不对社会上的企业、单位和个人办理存贷、结算业务，只与政府和商业银行等金融机构发生资金往来关系。

（三）中央银行具有相对独立性

在制定和执行国家金融方针政策时，中央银行具有相对独立性，不受其他部门或机构的行政干预和牵制。

（四）中央银行享有特权

中央银行有发行货币、经理国库、集中保管存款准备金等特权；其资金来源主要来自发行的货币，同时也接受商业银行等金融机构及政府部门的存款。

二、中央银行的职能

（一）按照承担任务不同划分

1．中央银行是发行的银行

发行的银行是指国家赋予中央银行集中与垄断货币发行的特权，体现为货币发行的统一性。从中央银行产生和发展的历史来看，作为发行的银行，垄断货币发行权是中央银行最先产生的职能，也是区别于商业银行的主要标志。

中央银行垄断货币发行权的意义如下。

（1）统一票面，方便商品交易。

（2）防止发钞银行倒闭，引起金融动荡和经济混乱。

（3）有利于货币流通的正常和稳定。

（4）有利于加强中央银行的金融宏观调控能力和国家货币政策的贯彻、执行。

2．中央银行是政府的银行

政府的银行是指中央银行经理国家金库业务，向政府提供信用，贯彻执行国家金融政策，监督金融机构，代表国家参加国际金融活动，并管理国家的黄金和外汇储备。

中央银行作为政府的银行职能的表现如下。

（1）代理国库。

（2）代理政府债券的发行。

（3）为政府融通资金，提供特定信贷支持。

（4）为国家持有和经营管理国际储备。

（5）代表国家政府参加国际金融组织和各项国际金融活动，处理有关国际金融事务。

（6）制定和实施货币政策。

（7）对金融业实施金融监督管理，维护金融稳定。

（8）为政府提供经济金融情报和决策建议，向社会公众发布经济金融信息。

3. 中央银行是银行的银行

中央银行是银行的银行。中央银行的业务对象一般仅限于银行、其他金融机构和政府机构，它不经营一般商业银行业务，不与企业或居民直接发生关系，因此，中央银行被称为银行的银行。中央银行作为银行的银行的职能具体表现在以下几个方面。

1）充当“最后贷款人”

充当“最后贷款人”是指对商业银行和其他金融机构融通资金。在商业银行发生资金困难而无法从其他银行或金融市场筹措时，向中央银行融资是最后的办法，中央银行对其提供资金支持则是承担最后贷款人的角色，否则便会发生困难银行的破产倒闭。融通资金的方式主要有再贴现和再贷款。

2）集中保管存款准备金

中央银行根据法律所赋予的特权，要求商业银行及有关金融机构须依法向中央银行缴存存款准备金。实行集中准备制度有3方面的作用：一是可以增强商业银行的法偿能力，这是集中准备的最初目的；二是有利于调整货币供应量；三是可以增强中央银行的资金实力。从而可以扩大对商业银行的再贴现和再贷款。美国最早规定商业银行必须将它吸收的存款按一定比例存入中央银行。

3）全国票据清算中心

商业银行按规定向中央银行缴存存款准备金并由此在中央银行开立存款账户，这样商业银行间因其客户的债权债务关系而产生的债权债务关系，即可通过中央银行采用非现金结算办法予以清算，中央银行于是成为一国银行业的清算中心。

中央银行作为全国票据清算中心的作用：一是中央银行使银行之间的清算简便易行；节约流通费用，加速资金周转；二是中央银行能及时准确地检查商业银行的流动性；三是便于中央银行及时掌握社会资金的运动状况，实行信用控制和调节。

中国人民银行的职责

在我国中国人民银行就是中央银行，它是国务院组成部门。2003年12月修改后的《人行法》将中国人民银行的职责调整为制定和执行货币政策、维护金融稳定和提供金融服务3个方面。

中国人民银行具体职责有13项：

(1) 发布、履行与其职责有关的命令和规章；

(2) 依法制定和执行货币政策；

(3) 发行人民币，管理人民币流通；

(4) 监督管理银行间同业拆借市场和银行间债券市场；

(5) 实施外汇管理，监督管理银行间外汇市场；

(6) 监督管理黄金市场；

(7) 持有、管理、经营国家外汇储备、黄金储备；

(8) 经理国库；

(9) 维护支付、清算系统的正常运行；

(10) 指导、部署金融业反洗钱工作,负责反洗钱的资金监测;

(11) 负责金融业的统计、调查、分析和预测;

(12) 作为国家的中央银行,从事有关的国际金融活动;

(13) 国务院规定的其他职责。

资料来源:中国人民银行。

(二) 按照性质不同划分

1. 中央银行有服务职能

中央银行作为一个银行,首先就是以一个银行的身份提供金融服务。它的服务对象是政府、商业银行和非银行金融机构以及整个社会公众。

(1) 为政府服务的主要内容是代理国家财政金库、执行国家预算出纳业务、代理政府发行和销售政府债券并办理还本付息事宜。

(2) 为商业银行和非银行金融机构服务的主要内容是为商业银行、金融机构保管准备金,为商业银行、金融机构相互之间的债务关系办理转账结算和提供清算服务。

(3) 为社会公众服务的主要内容是依法发行国家货币并维护货币的信誉和货币币值的稳定;通过货币政策、信用政策,影响商业银行、金融机构的行为和活动,使之配合,适应国民经济的需要。

2. 中央银行有监管职能

中央银行的监管职能主要是指中央银行的金融行政管理。中央银行行使监管职能的对象主要有两个方面。

(1) 对商业银行和其他金融机构的监管。

(2) 对金融市场的设置、业务活动和运行机制进行监督和管理。在监管的目的、内容、方法、标准、力度等方面,各国都有各自的一些特点,总的趋势是中央银行监管职能趋于强化、全面。

3. 中央银行有调控职能

中央银行通过货币发行,通过制定货币政策来履行调控经济的职能,中央银行发行货币,有权对发行货币的规模、结构进行适度的控制,这样为中央银行履行调控职能奠定了基础。中央银行可以根据社会发展需要,结合国家的发展政策和宏观经济的走势制定有针对性的货币调控方案。

中央银行在履行调控职能的时候,通常使用货币政策工具:存款保证金、再贴现、公开市场业务以及其他一些货币政策工具。

思考中央银行与政府、财政和其他金融机构的关系

中央银行与政府的关系是指中央银行相对于政府的独立性。这种独立性只能是相对独立性,不是绝对独立性,是指中央银行在国家权力机构或政府的干预和指导下,根据国家的总体社会经济发展目标,独立制定和执行货币金融政策,并且与其他政府机构相互配合。

中央银行和财政有业务和资金上的关系,中央银行是政府的银行,财政是政府的国库,两者都是政府领导下的管理,分配货币资金的政府机构。

中央银行对其他金融机构的资金具有制约性，对其他金融机构具有监督管理职责，为其他金融机构提供金融服务。

第三节　中央银行制度

一、中央银行制度的基本类型

目前世界各国基本上都实行中央银行制度，但并不存在一个统一的模式。归纳起来，大致有以下 4 种类型。

（一）单一中央银行制度

单一中央银行制度是指由国家建立单独的中央银行机构，并由其全面行使中央银行职能的中央银行制度，它又可以分成一元式中央银行制度和二元式中央银行制度。

1. 一元式中央银行制度

一元式中央银行制度是指一国只设立一家统一的中央银行行使央行职能，中央银行机构自身上下是统一的，机构设置一般采取总分行制，逐级垂直隶属，总部多设在首都，根据客观经济需要和本国有关规定在全国范围内设立若干分支机构。

该形式下的中央银行是完整标准意义上的中央银行，目前世界上绝大多数国家都实行这种体制，如中国、英国、法国、日本等。

中国人民银行分支机构管理体制

中国人民银行自 1948 年建行至 1998 年年末，一直按行政区域划分设置分支机构，存在受地方政府干预、分支机构重叠、人员过多、力量分散、成本高、效率低等多种弊端。

为了更好地履行自身职责，1998 年我国改革了中国人民银行管理体制，撤销了省级分行，并按照各省经济联系密切程度，在全国设天津、沈阳、上海、南京、济南、武汉、广州、成都、西安 9 个大区分行（包括 20 个金融监管办事处），在北京和重庆设立两个直属于总行的营业管理部，在其他省会城市以及地级市设隶属于商业银行管辖的中心支行及县支行。中国人民银行 9 家分行管辖区域，如表 7-1 所示。

表 7-1　中国人民银行 9 家分行管辖区域表

分行行名	分行管辖区、自治区、直辖市
天津	天津、河北、山西、内蒙古
沈阳	辽宁、吉林、黑龙江
上海	上海、浙江、福建
南京	江苏、安徽
济南	山东、河南
武汉	江西、湖北、湖南
广州	广东、广西、海南
成都	四川、贵州、云南、西藏
西安	陕西、甘肃、青海、宁夏、新疆

中国人民银行的分支机构的主要职责是按照总行的授权，负责本辖区的金融监管，不负责为地方经济发展筹集资金。国家外汇管理局是中国人民银行代管的国务院直属局，它代表国家行使外汇管理职能，其分支机构与同级中国人民银行合署办公。另外，中国人民银行在东京、纽约、伦敦、法兰克福和悉尼等城市设有代表处，主要研究国际金融问题，并与世界主要中央银行进行联系和协调。

资料来源：据互联网资料改编。

2. 二元式中央银行制度

二元式中央银行制度是指中央银行体系由中央和地方两级相对独立的中央银行机构共同组成。两级中央银行在货币政策方面是统一的，地方级中央银行要接受最高金融决策机构——中央级中央银行的监督和指导。但是在货币政策的具体实施、金融监管和中央银行有关业务的具体操作方面，地方级中央银行在其辖区内有一定的独立性，与中央级中央银行也不是总分行的关系，而是按法律规定分别行使其职能。这种制度一般与联邦制的国家体制相适应，如美国。

美国的二元式中央银行制度

美国的中央银行称为联邦储备体系。在中央一级设立联邦储备理事会，并有专门为其服务的若干职能部门；在地方一级设立联邦储备银行。美国联邦储备理事会设在华盛顿，负责管理联邦储备体系和全国的金融决策，对外代表美国中央银行。

美国联邦储备体系将全国 50 个州和哥伦比亚特区划分为 12 个联邦储备区，每一个区设立一家联邦储备银行，联邦储备银行在各自的辖区内履行中央银行职责。

资料来源：据互联网资料改编。

（二）复合中央银行制度

复合中央银行制度是指在一个国家内，没有单独设立中央银行，而是把中央银行的业务和职能与商业银行的业务和职能集于一家银行来执行。这种中央银行制度往往与中央银行初级发展阶段和国家实行计划经济体制相对应，苏联和以前多数东欧国家即实行这种制度。我国在 1983 年前也实行这种制度。

（三）准中央银行制度

准中央银行制度是指国家不设通常完整意义上的中央银行，而设立类似中央银行的金融管理机构执行部分中央银行的职能，并授权若干商业银行也执行部分中央银行职能的中央银行制度。这类准中央银行制度通常与国家或地区较小而同时又有一家或几家银行在本国一直处于垄断地位相关。采取这种中央银行组织形式的国家有新加坡、马尔代夫、斐济、沙特阿拉伯、阿拉伯联合酋长国以及我国的香港地区等。

（四）跨国中央银行制度

跨国中央银行制度是指由若干国家联合组建一家中央银行，由这家中央银行在其成员国范围内行使全部或部分中央银行职能的中央银行制度，该制度一般与区域性多国经济的相对一致性和货币联盟体制相对应，如西非货币联盟、中非货币联盟、东加勒比货币联盟和欧盟。

二、中央银行的资本组成类型

（一）全部国有化的中央银行

目前世界各国的中央银行大多数属于这种类型。资本全部为国家所有的中央银行有两种情况：一是国家通过购买中央银行资本中原来属于私人的股份而对中央银行拥有了全部股权；如加拿大银行于1938年、法兰西银行于1945年、英格兰银行于1946年、德国联邦银行于1958年、西班牙银行于1962年分别被本国政府将其全部股本收归国有。二是中央银行成立时，国家就拨付了全部资本金。

（二）公私股份混合所有的中央银行

公私股份混合所有的中央银行即半国家性质的中央银行，国家持股一般占资本金总额的50%以上。在国家不拥有全部股份的中央银行中，法律一般都对非国家股份持有者的权利作了限定，如只允许有分取红利的权利而无经营决策权，其股权转让也必须经中央银行同意后方可进行等。

（三）全部股份私人所有的中央银行

国家不持有股份，资本金全部由私人股东投入，经政府授权执行中央银行职能。如意大利银行、美国的12家联邦储备银行。

（四）没有资本金的中央银行

没有资本金的中央银行是指设立时没有资本金（无创设资本），而不是说其资产负债表中没有所有者权益。如韩国的中央银行。

（五）多国共有的中央银行

多国共有的中央银行是指跨国中央银行制度中，共同组建中央银行的各成员国按照一定比例认缴中央银行资本，各国以认缴比例拥有对中央银行的所有权。

中央银行的资本组成虽然有上述5种类型，但无论是哪种类型的中央银行，都受国家的直接控制和监督，它是国家的货币管理当局，负责制定和执行货币政策。资本所有权的归属已不对中央银行的性质、职能、地位、作用等发生实质性影响。

第四节　中央银行业务

一、中央银行的负债业务

中央银行负债业务是指其资金来源业务，中央银行的负债业务是资产业务的基础，主要包括货币发行、代理国库、集中存款准备金和其他负债等业务。

（一）货币发行

货币发行业务也称现金发行或流通中货币，是指中央银行依据一定的货币发行制度，遵循一定的货币发行原则，经由不同途径（再贴现、贷款、购买证券、金银和外汇买卖等方式）从事货币发行业务。中央银行发行的货币是基础货币的主要构成部分，是中央银行的最大负债项目之一，也是其调控经济金融运行的重要资金来源。

（二）代理国库

国库及公共机构存款是中央银行代理国库接受的存款余额。作为国家的银行，政府通常会赋予中央银行代理国库的职责，政府和公共机构存款由中央银行办理。

（三）集中存款准备金

中央银行集中商业银行与其他金融机构的存款准备金，旨在满足流动性与清偿能力要求。为了满足商业银行流动性及清偿能力的要求，同时为了调节信贷规模及货币供应量，中央银行要集中商业银行吸收存款的一部分作为存款准备金。

存款准备金可分为两部分，一部分是法定存款准备金，另一部分是超额准备金。前者是由法定存款准备金率及商业银行存款总额来决定的，这部分准备金必须存在中央银行存款准备金账户。后者是商业银行存在中央银行准备金账户上的、超过法定存款准备金的那部分存款，这部分数额是由商业银行自愿存在中央银行账户的。

（四）其他负债

凡是未列入上面3类存款项目的中央银行存款都归入这个项目，主要包括外国中央银行和金融机构在中央银行的存款等。

二、中央银行的资产业务

中央银行资产业务是指其资金运用的业务，具体内容如下。

（一）贴现和贷款

中央银行作为最后贷款者对商业银行提供资金融通，目的是保证银行体系的安全性、灵活性和银行业务的顺利开展。主要的方式包括再贴现和再贷款。中央银行着眼于国民经济宏观调控，依照再贴现条件审查商业银行的再贴现申请，买进符合条件的票据，并按再贴现率对商业银行投放货币资金。中央银行为缓解商业银行短期资产不足的困难、补充其流动性而对商业银行发放贷款。

（二）证券买卖

中央银行为调控货币供应量，适时地开展公开市场业务，采用直接买卖、回购协议等方式买卖政府中长期债券、国库券等有价证券。中央银行持有的证券一般都是信用等级比较高的政府证券，其买卖有价证券是为了调节货币流通和资金供求，进而影响整个国民经济，而不是为了盈利。

中央银行在公开市场（金融市场）上从事有价证券买卖，在需要收紧银根、减少市场货币供应量时，中央银行便在市场上抛出它所持有的有价证券，回笼货币；反之亦然。

（三）黄金和外汇储备

中央银行为稳定币值、稳定汇价、调节国际收支，保管黄金、外汇等储备资产。

（四）其他资产

除上述3项主要资产业务外，中央银行还有其他一些资产业务，如在国际金融机构中的资产、固定资产、应收未收款项、特种贷款等。

中央银行的业务活动及其主要职能可以从其资产负债表得到概括反映。由于各个国家的金融制度、信用方式等方面存在着差异，各国中央银行的资产负债表中的项目及包括的内容不一致，但总体结构基本一致，如表 7-2 所示。

中央银行资产负债表所记载的资产、负债的任何变动，均能反映国民经济的变动情况。就货币供给量的调控而言，中央银行可以通过适时适度变动资产负债规模、结构，而使货币供给量做相应的变动，以实现其所定调控目标。

表 7-2　中央银行资产负债表

资产项目	负债和资本项目
国外资产	通货发行
外汇和黄金储备	商业银行等金融机构存款
贴现及放款	国库及公共机构存款
证券买卖	其他负债
其他资产（固定资产等）	资本项目
资产项目合计	负债和资本项目合计

三、中央银行的中间业务

中央银行的中间业务主要是指资产清算业务，即中央银行为商业银行和其他金融机构办理资金的划拨清算和资金转移。中央银行是全国的清算中心，这类业务可以划分为以下几种。

（一）集中办理票据交换

票据交换工作一般在票据交换所进行，参与票据交换所交换票据的银行均是“清算银行”或“交换银行”，它们都必须依据票据交换所有关章程的规定承担一定的义务（缴纳一定的交换保证金、在中央银行开立往来存款账户用以结清交换差额、分摊交换所有关费用）才能拥有入场交换票据的权利。

（二）结清交换差额

中央银行开立有往来存款账户（独立于法定存款准备金账户）的各清算银行，其票据交换所的最后差额即由该账户上资金的增减来结清。

（三）办理异地资金转移

中央银行的资金清算工作既通过其分支机构组织同城票据交换与资金清算，也办理全国范围内的异地资金转移。

第五节　金融监管

一、金融监管的含义

金融监管是金融监督和金融管理的总称。金融监督是指金融主管当局对金融机构实施的全面性、经常性的检查和督促，并以此促进金融机构依法稳健地经营和发展。金融管理是指金融主管当局依法对金融机构及其经营活动实施的领导、组织、协调和控制等一系列的活动。

金融监管有狭义和广义之分。狭义的金融监管是指中央银行或其他金融监管当局依据国家法律规定对整个金融业(包括金融机构和金融业务)实施的监督管理。广义的金融监管在上述含义之外,还包括了金融机构的内部控制和稽核、同业自律性组织的监管、社会中介组织的监管等内容。

二、实施金融监管的意义

金融业是一个高风险的行业,金融机构在经营活动中常见的风险有信用风险、流动性风险、利率风险、汇率风险、市场风险、操作风险、政策风险和道德风险等。这些风险往往会引起个别金融机构的经营困难,情况严重的就会对该金融机构的生存构成威胁;而且金融机构的风险具有传染性。因此,作为社会公众利益的代表,政府有责任采取有效方式,对金融业进行严格的监管。中央银行实施金融监管的意义有以下几方面。

(一)保护金融秩序的安全

金融业的安全稳定对整个国民经济有重要影响,而且一家银行或金融机构出现问题会引起连锁反应,导致一系列银行和金融机构经营困难,所以中央银行金融监管的首要目标就是要维护国内金融体系的安全和稳定。

(二)保护存款人和公众利益

银行是一种信用中介,它们一方面是借者的集中,另一方面是贷者的集合。集中了社会各阶层、各部门暂时闲置的货币和资本,与社会各方面联系十分广泛和密切。银行在经营中如果出现问题,会直接涉及千千万万存款人及社会各方面的利益,因此,中央银行要把保护他们的利益不受损害作为金融监管的一个重要目标。

(三)维护银行业公平有效竞争

竞争是市场经济条件下的一条基本规律,也是保护先进、淘汰落后的一种有效机制。各国金融监管当局无不追求一个适度的竞争环境,这种适度的竞争环境既可以保持银行经营活力,从而使企业公众获取廉价货币和优质服务,同时又不致引起银行业破产倒闭,导致经济震动,为此中央银行应创造一个公平、高效、有序竞争的环境。

(四)保证中央银行货币政策的顺利实施

货币政策是当今各国调控的主要手段,而中央银行是利用货币政策实施的主体。货币政策的有效实施必须以银行金融业为中介。因此中央银行金融监管要有利于保证货币政策的顺利执行,有利于银行业对中央银行调节手段的及时准确传导和执行。

三、中央银行金融监管的基本原则

(一)依法监管原则

监管当局依法监管主要体现在两点。

一是金融机构必须接受各国金融监管当局的管理和监督。

二是金融监管必须依法进行,以确保监管的权威性、严肃性、强制性和一贯性。

为此各国必须建立、健全相应的金融法规，使监管当局有法可依。

（二）合理适度竞争原则

适度竞争原则就是对金融业“管而不死、活而不乱”，限制过度竞争，而又不消灭竞争。因为竞争是市场经济的灵魂和基本规律，没有竞争便没有效率。所以，监管的重心就是创造一个适度竞争的良好环境，既可避免金融业的垄断所造成的效率损失，又可以防止出现过度竞争、破坏竞争危及金融业的稳定。

（三）自我约束和外部强制相结合原则

要保证金融监管的及时和高效，客观上需要金融机构的自我约束与监管机构的外部强制有机地结合起来。因为外部强制监管再缜密严格，其作用也是相对有限的。如果管理对象不配合、不愿自我约束，而是千方百计地设法逃避、应付、对抗，那么外部强制监管也难以收到预期效果。反之，如果将全部希望寄托在金融机构本身自我约束上，则不可能有效地避免种种不负责任的冒险经营行为与道德风险的发生。

（四）安全稳定与经济效率相结合的原则

要求金融机构稳健地经营业务，历来都是金融监管的中心目的。为此央行所设置的金融法规和一系列指标体系都是着眼于金融业的安全稳健及风险防范。但金融业的发展毕竟在于满足社会经济发展的需要，追求发展就必须讲求效率。因此，金融监管不应消极地单纯防范风险，而应追求防范风险与提高金融效率两者的协调。

（五）综合性管理原则

金融管理基于监管系统化和效能最优化，将行政的、经济的和法律的管理手段综合配套使用；应将直接的与间接的、外部的与内部的、自愿的与强制的、正式的与非正式的、报表的与现场的、事先的与事后的、国内的与国外的、经常性的与集中突出性的、专业的与非专业的各种不同管理方式、管理技术手段结合起来，综合配套使用。

我国现行的金融监管制度体系

1984年1月1日，中国人民银行专门行使中央银行职能。1995年，《中华人民共和国中国人民银行法》颁布实施，以法律的形式明确了中国人民银行的性质和地位。

2003年4月，中国银行业监督管理委员会成立，统一监管银行、金融资产管理公司、信托投资公司等金融机构。人民银行不再履行上述金融监管职责。2003年12月27日全国人大常委会第六次会议通过了《人行法》和《商业银行法》的修改决定，通过了《银行业监督管理法》，从法律上分清中国人民银行和银监会的职责。

2003年12月27日，第十届全国人大常务委员会第六次会议通过了《中华人民共和国银行业监督管理法》(《银行业监督管理法》)、《关于修改〈中华人民共和国中国人民银行法〉的决定》和《关于修改〈中华人民共和国商业银行法〉的决定》，并于2004年2月1日起正式施行。三部法的颁布实施标志着我国现代金融监管框架的基本确立。

目前,我国金融监管分别由中国人民银行、中国银行业监督管理委员会、中国证券市场监督管理委员会和中国保险业监督管理委员会4个机构分别执行。为确保4个部门在监管方面的协调一致,《人行法》第九条授权国务院建立金融监督管理协调机制;《银行业监督管理法》第六条、《人行法》第三十五条分别规定了国务院银行业监督管理机构、中国人民银行应当和国务院其他金融监督管理机构建立监督管理信息共享机制。

资料来源:据互联网资料改编。

四、中央银行金融监管的具体内容

金融监管的具体内容都是从市场准入、市场运作过程、市场退出3个环节入手。

(一)市场准入的监管

市场准入监管是进行监管的第一个环节,具体指中央银行依据有关法律法规对金融机构设立的监督和管理,是一种预防性监管,即对申请进入金融业和金融市场的机构和人员进行筛选,保证只让合适的机构和人员进入市场,维持市场的公平竞争和秩序。

各国金融监管当局一般都参与金融机构设立的审批过程。银行必须依法设立,要具有素质较高的管理人员和最低限度的认缴资本。我国金融机构的设立申请一般也是主要审查这两个方面,其具体内容包括设立程序、组织形式、章程、资本金要求、经营方针和营业场所、法定代表及主要负债人任职资格、可行性报告、许可证制度等。

不同国家对金融机构的市场准入要求是不尽相同的,如在我国,设立商业银行必须经中国人民银行批准,否则任何单位和个人不得从事吸收公众存款等商业银行业务,不得使用“银行”字样等;对申请设立商业银行者,要求必须有符合规定的章程、足够的注册资本、健全的组织结构和管理制度;高级管理人员不得有贪污、受贿等不良记录等。

(二)市场运作过程的监管

市场运作过程的监管是指中央银行运用有关政策、法规对金融机构的经营活动进行监管。它是一种事中监管,其主要目标是保证金融机构经营过程健康有序地运行,控制金融风险。市场运作过程的监管主要包括以下几点。

1. 资本充足性监管

足够的资本既可以维持银行的社会公信力,以保证其正常运转,并借此扩展更多的业务,又可以在发生挤提和意外时使其赢得足够长的时间来收回其他资产或用它冲销损失。因此,保留一定量的资本是稳定金融业所必需的,也是各国金融监管的重点。

1988年《巴塞尔协议》要求签约国银行的资本对其加权计算的风险资产的比率(资本充足率)不得小于8%,核心资本对其加权计算的风险资产的比率不得小于4%。

银监会:商业银行资本充足率与资本构成

截至2015年年末,商业银行资本充足率13.45%,同比上升0.27个百分点,继续保持在较高水平(如图7-1所示),核心一级资本充足率为10.91%,比上年年末上升0.35个百分点,核心一级资本净额占资本净额的81.1%,资本质量处于较高水平。

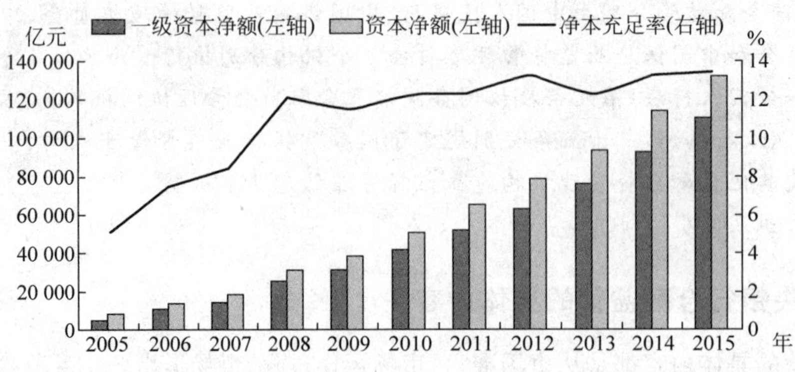

图 7-1　商业银行资本充足率与资本构成

资料来源：中国人民银行金融稳定分析小组.中国金融稳定报告 2016[M].北京：中国金融出版社,2016.

2. 流动性监管

流动性是金融机构以适当价格获取可用资金的能力。各国的金融监管当局对流动性监管也是十分重视的，其具体做法是规定法定存款准备金比率和其他一些比例性指标来具体量化对银行的流动性要求。在实践中要恰当、准确地测量银行的流动性是非常困难的。一般的趋势是以考核银行的资产负债期限和利率结构搭配是否合理为基础对流动性进行系统的评价。

3. 业务范围的监管

金融机构能够经营业务一般是有限制的，在实行职能分工体制的国家，商业银行业务和投资银行业务严格分开，并禁止商业银行认购包销股票和债券；而在全能型体制的国家并无这些限制。在新的金融形势下各国金融业出现了混业经营的大趋势，那么混业监管也在所难免。

4. 贷款风险的监管

为控制银行的信用风险过于集中，大多数国家的监管当局都制定了审慎的限额，以限制银行对单一借款人、关系人(金融机构的董事、监事、管理人员、信贷业务人员及其近亲属，以及他们投资或者担任高级管理职务的公司、企业和其他经济组织)和对某些行业或部门提供过多贷款，以分散风险。具体指标是对单一借款人的贷款占银行资本的比重。如在美国，这一指标不得超过 15%，日本为 20%，我国为 10%。

此外由于金融创新、金融工具的不断涌现，表外业务大量出现，由此滋生了新的风险。因此，如何对银行的风险集中程度做出客观的评价及采取相应的监管措施，是监管当局面临的新挑战。

5. 对银行内控制度的监管

银行内部控制制度不严可以置银行于死地，典型的事例如英国的巴林银行和日本的大和银行。由监管当局对银行内控制度进行监管是必要的，其目的是确保一家银行的业务能根据董事会制定的政策以谨慎的方式经营。

（三）市场退出的监管

市场退出监管是指中央银行按照金融法律法规对因种种原因不能继续独立运作的金融

机构退出市场的监管，是一种事后监管。金融机构市场退出的原因和方式可分为两类：主动退出和被动退出。

主动退出是指金融机构因分立、合并或者出现公司章程规定的事由需要解散，因此而退出市场的。其主要特点是"主动地自行要求解散"。被动退出是指由于法定的理由，如由法院宣布破产或因严重违规、资不抵债等原因而遭关闭，中央银行将金融机构依法关闭，取消其经营金融业务的资格，金融机构因此而退出市场。

各国对金融机构退出市场的监管都通过法律予以明确，并且有很细致的技术性规定。我国对金融机构市场退出的监管也是由法律予以规定的，一般有以下几种形式：接管、解散、撤销、破产。

五、中央银行金融监管的方法

各国金融监管的方法主要有直接监管和间接监管。

（一）直接监管

直接监管是指中央银行对金融机构稽核、检查。直接监管包括现场检查（稽核）和非现场检查。

1. 现场检查

现场检查是由稽核人员通过亲临现场对金融机构的会计凭证、账簿、报表、现金、物资财产和文字资料进行检查、分析、鉴别，直接对有关人和事进行查访，掌握第一手真实资料。现场检查一般主要集中于资本充足状况、资产质量、管理质量、收入和利润状况、清偿能力、法规的遵守程度等方面。

2. 非现场检查

非现场检查是对被稽核单位按要求报送的有关经营活动状况的资料，按照一定的程序和标准进行整理、分析和计算，对金融机构经营现状及发展趋势做出判断的一种检查监督形式。

（二）间接监管

间接监管是监管当局委托其他部门如金融机构内部审计、外部审计机构、信用评级机构等从加强内部控制的角度实施的监管。具体有以下几种方法。

1. 内部审计

内部审计是由金融机构自行组织实施的，主要涉及银行内部的各项管理工作实施情况，包括检查自身会计控制、营运控制、行政管理控制等的完整与准确，并参与检查和修改业务政策和业务程序。其主要目的是保证资产的安全性和遵守法规，提供高效准确的业务记录，评价管理控制的程序和有效性，并为制定政策提供参考。金融机构的内部审计及内部控制在整个监管体系的设计中具有基础性的地位。

2. 外部审计

外部审计是监管当局委托社会上的注册会计师事务所来参与监管。这种社会审计可以提高金融监管的客观性和公正性，有效地避免舞弊、做假现象，防止内部审计的主观性和监管当局的疏漏，使监管当局的监管更有针对性。

3. 信用评级

评级制度是通过综合考虑金融机构的资本充足性、资产质量、管理能力、营利能力及流动性能力等因素，按评级结果将金融机构划分为几个等级，供监管当局决策使用。这种评级还可以利用社会上的资信评估机构来进行。

4. 行业自律

金融业自律是指同一行业的从业者组织基于共同利益制定规则，自我约束实现本行业内部的自我监管以保护自身利益并促进本行业的发展。

此外，还可以发挥社会监督的作用。例如，通过建立社会举报制度和查处程序形成强大的社会监督威慑力，督促各金融机构依法经营和规范行事。

六、金融监管的国际合作

金融监管国际合作的规范性文件是《巴塞尔协议》，这是一个国际性的银行监管文件，虽然签约国是少数发达国家，但它对各国银行活动都会产生深刻的影响。履行协议，就意味着一国银行监管同国际市场的通行做法接轨。

在协议面世后不久，不仅跨国银行，就是各国的监管当局也要求国内银行遵照协议的资本金标准，甚至以立法形式明确下来。《巴塞尔协议》的发展和作用具体如下。

（一）巴塞尔资本协议

1975 年，在国际清算银行的发起下，由比利时、荷兰、加拿大、英国、法国、意大利、德国、瑞典、日本、美国 10 国集团成员国以及瑞士和卢森堡 12 国的银行监管官员在瑞士巴塞尔聚会，建立起一个监督国际银行活动的协调机构，即巴塞尔委员会。该委员会设立的初衷是为了加强银行监管的国际合作。

巴塞尔委员会制定的《巴塞尔协议》的目的：一是通过制定银行的资本与资产间的比例指标，订出计算方法和标准，以促进国际银行体系的健康发展，保证银行有充足的资本抵消因为债务人违约而造成的风险损失，提高银行经营的安全性和公众对银行业的信心；二是制定统一的标准，以消除在国际金融市场上各国银行之间的不平等竞争。

从 1975 年 9 月第一个《巴塞尔协议》出台，经过多次修改并推出了多项文件和准则，其中最为重要的是 1988 年 7 月通过的《关于统一国际银行的资本计算和资本标准的协议》（简称《巴塞尔资本协议》），该协议对银行满足总资本和核心资本的要求做了规定，核心思想如下。

(1) 资本的分类：银行资本是银行抵御风险的基础，该协议将银行的资本划分为核心资本和附属资本两类，且附属资本规模不得超过核心资本的 100%。

(2) 风险权重的计算标准：协议根据资产类别、性质以及债务主体的不同，将银行资产负债表的表内和表外项目划分为 0%、20%、50%和 100%四个风险档次。

(3) 规定银行的资本与风险加权总资产之比不得低于 8%，其中核心资本与风险加权总资产之比不得低于 4%。该协议第一次建立了一套完整的国际通用的、以加权方式衡量表内与表外风险的资本充足率标准，有效地扼制了与债务危机有关的国际风险。

（二）巴塞尔协议Ⅱ

随着金融领域竞争的加剧，金融创新使银行业务趋于多样化和复杂化，对于银行风险管理和金融监管提出了新的要求。亚洲金融危机、巴林银行倒闭等一系列银行危机都进一步使人们认识到，损失不再是由单一风险造成，而是由信用风险和市场风险等多种风险因素交织作用而造成的。

因此，巴塞尔委员会先后于1999年6月和2001年公布了《新巴塞尔资本协议》征求意见稿（第一稿）和（第二稿），于2004年6月正式发表了《新巴塞尔资本协议》即《统一资本计量和资本标准的国际协议：修订框架》。新巴塞尔资本协定简称新巴塞尔协议或巴塞尔协议Ⅱ（英文简称Basel Ⅱ），其核心内容如下。

1．第一大支柱：最低资本要求

最低资本要求由3个基本要素构成：受规章限制的资本的定义、风险加权资产以及资本对风险加权资产的最小比率。但对风险加权资产的计算问题，新协议在原来只考虑信用风险的基础上，进一步考虑了市场风险和操作风险。

2．第二大支柱：监管部门的监督检查

监管部门检查是为了确保各银行建立起合理有效的内部评估程序，用于判断其面临的风险状况，并以此为基础对其资本是否充足做出评估。监管当局要对银行的风险管理和化解状况、不同风险间相互关系的处理情况、所处市场的性质、收益的有效性和可靠性等因素进行监督检查，以全面判断该银行资本是否充足。

3．第三大支柱：市场约束

市场约束的核心是信息披露。市场约束的有效性直接取决于信息披露制度的健全程度。只有建立健全的银行业信息披露制度，各市场参与者才可能估计银行的风险管理状况和清偿能力。新协议指出，市场纪律具有强化资本监管、提高金融体系安全性和稳定性的潜在作用，并在应用范围、资本构成、风险披露的评估和管理过程以及资本充足率等4个方面提出了定性和定量的信息披露要求。

对于一般银行，要求每半年进行一次信息披露；而对那些在金融市场上活跃的大型银行，要求它们每季度进行一次信息披露；对于市场风险，在每次重大事件发生之后都要进行相关的信息披露。

（三）巴塞尔协议Ⅲ

金融危机以来，全球各国在总结经验教训的基础上，呼吁建立新的国际性金融监管标准，在雷曼兄弟破产两周年之际，《巴塞尔协议Ⅲ》在瑞士巴塞尔出炉，并在短短一年时间内于2010年11月由巴塞尔委员会将资本监管和流动性监管改革方案提交到了G20首尔峰会，获得了批准。2011年11月，G20各国领导人承诺于2013年1月1日前实施新资本监管标准，并于2019年前全面达标。

协议规定，全球各商业银行5年内必须将一级资本充足率的下限从现行要求的4％上调至6％，过渡期限为2013年升至4.5％，2014年为5.5％，2015年达6％。同时，协议将普通股最低要求从2％提升至4.5％，过渡期限为2013年升至3.5％，2014年升至4％，2015年升至4.5％。截至2019年1月1日，全球各商业银行必须将资本留存缓冲提高到2.5％。

另外，协议维持目前资本充足率8％不变；但是对资本充足率加资本缓冲要求在2019年以前从现在的8％逐步升至10.5％。最低普通股比例加资本留存缓冲比例在2019年以前由目前的3.5％逐步升至7％。

此次协议对一级资本提出了新的限制性定义，只包括普通股和永久优先股。会议还决定各家银行最迟在2017年年底完全接受最新的针对一级资本的定义。

国内监管有效性不断增强，全面参与国际银行业监管改革

国内监管有效性不断增强。人民银行不断丰富宏观审慎管理工具，创设短期流动性调节工具和常备借贷便利，保持银行体系流动性合理适度。牵头建立金融监管协调部际联席会议制度，成立金融监管协调办公室，协调落实金融信息共享、互联网金融发展、同业业务规范、中央和地方金融监管职责分工等政策事项。

银监会强化监管框架建设，组织商业银行正式实施《商业银行资本管理办法（试行）》，会同有关部门研究明确影子银行的概念、范围和监管责任，加大对地方政府融资平台、房地产和产能过剩等重点风险领域的差异化监管。规范商业银行理财业务投资运作，对理财资金的投向、风险拨备提出明确要求。

深度参与国际银行业监管改革。人民银行、财政部和银监会等相关部门继续深度参与金融稳定理事会（FSB）和巴塞尔银行监管委员会（BCBS）的监管改革，稳妥推进相关标准和准则在中国的实施。认真完成 FSB 对成员经济体处置机制及改革进展开展的专题同行评估，按照 FSB 要求成立了中国银行危机管理小组（CMG），制订恢复和处置计划，部分中资银行境外分支行向当地监管部门提交了处置计划。

2013 年，BCBS 发布了《巴塞尔协议Ⅲ：流动性覆盖比率和流动性风险监测工具》和《更新后的全球系统重要性银行评估方法及额外损失吸收能力要求》，出台了有关资产证券化资本计提、交易账户基础评估等监管新规的征求意见稿，并对单个经济体开展了监管一致性评估项目（RCAP）。中国接受 BCBS 的 RCAP，结果显示中国严格遵守巴塞尔协议Ⅲ的资本监管标准，整体资本监管框架被评为“符合”。

资料来源：中国人民银行金融稳定分析小组. 中国金融稳定报告 2016[M]. 北京：中国金融出版社，2016.

【关键术语】

中央银行、货币发行、资产业务、负债业务、清算业务、单一中央银行制、复合中央银行制、跨国中央银行制、准中央银行制、资本充足率、金融风险、金融监管

一、单项选择题

1. 中国人民银行成立于（　　）。

A. 江西瑞金　　B. 陕西延安　　C. 河北石家庄　　D. 北京

2. 1998 年中国人民银行管理体制改革的核心内容是（　　）。

A. 开始专门行使中央银行职能　　B. 剥离政策性贷款业务

C. 跨行政区设置分行　　D. 剥离金融监管职能

3. 世界多数国家的中央银行制度都属于（　　）。

A. 复合中央银行制　　B. 单一中央银行制

C. 跨国中央银行制　　D. 类似于中央银行的机构

4. 目前世界多数国家中央银行属于(　　)的资本结构类型。

A. 全部国有化　　B. 公私股份混合所有

C. 全部股份私人所有　　D. 没有资本金

5. 公开市场操作属于中央银行的(　　)职能。

A. 调节职能　　B. 服务职能　　C. 管理职能　　D. 营利职能

二、判断题

1. 世界多数国家的中央银行都属于一元中央银行制。　(　　)

2. 计划经济国家多实行复合中央银行制。　(　　)

3. 发行货币是中央银行重要的资产业务。　(　　)

4. 无论各国中央银行其资本结构属于哪种类型,都受国家直接控制和监督。　(　　)

5. 存款准备金是商业银行为应付客户提取存款和划拨清算的需要而设置的专项准备金,实质就是通常所说的库存现金。　(　　)

三、简述题

1. 简述中央银行产生的客观经济基础。

2. 简述中央银行的制度类型。

3. 试论中央银行的职能。

4. 与普通金融机构相比,当代中央银行有哪些特征?

5. 目前中国人民银行承担了哪些具体职责?

四、【实践课堂】

1. 在理解和掌握中央银行基础理论的基础上,结合美国的次贷危机,分析和探讨如何降低金融风险和加强金融监管。

2. 2012 年 6 月 7 日,银监会发布了《商业银行资本管理办法(试行)》(以下简称《资本办法》),《资本办法》将于 2013 年 1 月 1 日起施行,要求商业银行在 2018 年年底前达到规定的资本充足率监管要求。请查阅资料,比较我国颁布的《资本办法》与《巴塞尔协议Ⅲ》有关资本管理的最新规定的异同。

第八章

货币供求与均衡

【内容框架】

- 货币供求与均衡
  - 第一节 货币供求
  - 第二节 货币均衡
  - 第三节 通货膨胀
  - 第四节 通货紧缩

【学习目标】

1. 掌握货币均衡的含义、货币失衡的成因；
2. 掌握货币需求和货币供给的含义、影响因素；
3. 掌握通货膨胀的含义、衡量方法和常见分类；
4. 了解通货紧缩的含义。

【学习重点】

掌握测定通货膨胀的主要指标。

【技能要求】

能利用所学习的通货膨胀的知识，正确分析我国通货膨胀是否形成，理解相应的宏观调控经济政策。

引例

经典案例——古罗马的通货膨胀：铸币成色下降的恶果

公元138—301年，古罗马军服的价格上涨了166倍，自2世纪中叶至3世纪末，小麦价格——物价水平的主要标志——涨了200倍。这一次通货膨胀，无论如何也不能归罪于纸币，因为纸币要到其后1000年才出现。古罗马实行的是金属货币制度，包括金、银、铜和青铜。政府财政基本上采用现金形式。

帝国的皇帝们为了强化他们对资源的控制，相继削减铸币尺寸或在铸币中添加贱金属。同时却希望凭着自己的权威保持其价值不变——这当然是不可能的。这种违背经济规律的行为在罗马帝国时代代代相传，最终导致的结果是铸币贬值，物价上涨。公元235—284年，古罗马政治陷入无政府状态，通货膨胀臻于极致，铸币急剧贬值。在公元253—268年之间，银币的含银量还不到5%。

资料来源：http：//www.forex.com.cn.

本章的引例中分析了一个典型的通货膨胀的案例，实际上，即使经济发展到了今天，世界各国也经常在经济调控中面临通胀的压力，分析通胀的原因有几种，但是究其根本都与货币的供求脱不了关系，所以，本章会重点研究货币的供求及均衡，同时分析货币供求失衡的两种现象——通货膨胀、通货紧缩。

第一节　货币供求

货币供求问题历来是货币金融理论的核心内容，也是一国货币政策选择的出发点。现代金融对货币需求和供给都产生了很大影响，货币供求的机制、总量与结构以及特性都发生了深刻的变化，反过来，货币需求和供给对金融运行和宏观调控影响更大。因此，从一般意义上讨论货币供求，分析货币供求均衡和货币失衡的调节机制，对于制定和有效地实施货币政策具有十分重要的理论政策意义。

一、货币需求

（一）货币需求的含义

货币需求(Money Demand)是指在一定时间内，社会各经济主体(如居民、企业和政府等)为满足正常的生产、经营和各种经济活动需要，应该保留或占有一定货币的动机或行为。为满足各种经济活动需要而应该保存的货币量，就是货币需求量。货币需求是一种派生需求，派生于人们对商品的需求。

对于货币需求含义的理解，还需把握以下几点。

(1) 货币需求是一个存量的概念。

(2) 货币需求是意愿和能力的统一体。构成货币需求需要同时具备两个条件：一是必须有能力获得或持有货币；二是必须愿意以货币形式保有其财产。二者缺一不可，有能力而不愿意持有货币不会形成对货币的需求；有愿望却无能力获得货币也只是一种不现实的幻想。

(3) 货币需求包含对现金和存款货币的两种需求。

(4) 居民和企业持有的货币是执行流通手段和储藏手段两项职能的。

那么为什么要研究货币需求呢？因为现代的经济社会，有谁能离开货币而生存？好像比较困难，现代社会为大家搭建了一个高度货币化的经济环境，一切经济活动都离不开货币和信用。主要是因为货币具有一般购买力和法定的偿付能力，社会各经济部门，无论是政府、企业还是个人，他们在经济活动中的交易大都要以一定的货币量为基础，才可能比较顺利地完成交换、支付、投资、财富储藏的行为，这都构成了宏微观部门对货币的需求。

当然，研究货币需求还有一个重要原因是货币政策有效性是国内外经济理论界关注的热点问题，而对货币需求量的较准确估计又是货币政策能够有效的重要前提，需求的存在也是研究供给的重要意义所在。

（二）三种货币需求动机

凯恩斯认为，人们的货币需求行为由3种动机决定，分别为交易动机、预防动机和投机动机。所谓流动性偏好是指人们在心理上偏好流动性，愿意持有货币而不愿意持有其他缺乏流动性资产的欲望。这种欲望构成了对货币的需求。

1. 交易动机

交易动机是指人们为了应付日常的商品交易而需要持有货币的动机。他把交易动机又分为所得动机和业务动机两种。所得动机主要是指对个人而言，业务动机主要是指对企业而言。基于所得动机与业务动机而产生的货币需求，凯恩斯称之为货币的交易需求。

2. 预防动机

预防动机是指人们为了应付不测之需而持有货币的动机。凯恩斯认为，出于交易动机而在手中保存的货币，其支出的时间、金额和用途一般事先可以确定。但是生活中经常会出现一些未曾预料的、不确定的支出和购物机会。为此，人们也需要保持一定量的货币在手中，这类货币需求可称为货币的预防需求。

3. 投机动机

投机动机是指人们根据对市场利率变化的预测，需要持有货币以便满足从中投机获利的动机。因为货币是最灵活的流动性资产，具有周转灵活性，持有它可以根据市场行情的变化随时进行金融投机。出于这种动机而产生的货币需求，称之为货币的投机需求。由于交易动机而产生的货币需求，加上出于预防动机和投机动机而产生的货币需求，构成了货币总需求。凯恩斯认为投机动机的货币需求是随利率的变动而相应变化的需求，它与利率成负相关关系，利率上升，需求减少；反之，则投机动机货币需求增加。

（三）货币需求的影响因素

决定和影响货币需求的主要因素如下。

1. 宏观角度

1）全社会商品和劳务的总量

商品和劳务的供给量越大，对货币的需要量就越多；反之，则越少。

2）市场商品供求结构变化

商品供给一方面决定于产出的效率和水平，另一方面又受制于人们对它的需求，只有真正满足人们需要的商品供给，才会产生真实的货币需求。商品供求结构经常发生变化，因而货币需求也随之发生变化。

3）价格水平

对商品和劳务的货币支付总是在一定的价格水平下进行的，价格水平越高，需要的货币就越多；反之，则越少。

4）收入的分配结构

收入总是在一定的分配和再分配之后存在于各个部门的现实经济生活中，货币需求实际上是各部门因对其所分配到的社会产品或收入进行支配的需要而发生的。收入在各部门分配的结构必然决定货币总需求中各部分需求的比重或结构。

5）货币流通速度

货币流通速度是指货币在一定时期内被周转使用或流通支付的次数，反映货币在流通中发挥功用的程度。货币流通速度越快，单位货币所实现或完成的交易量就越多，完成一定的交易量所需要的货币就越少；反之，货币流通速度越慢，需要的货币量就越多。

6）信用制度的发达程度

由于信用的发展和信用工具的运用均会在一定时期内节约对货币的使用，如一定时期内以赊销方式进行的商业买卖、以支票账户完成债务的支付、以信用卡代替现金支付等。信用制度和信用工具越发达，对货币的需要量将越少。

7）人口状况、经济结构、交通运输等客观因素

交通运输等客观因素。人口密集地区，货币需求量就大；人口的就业水平提高，货币需求就会增加；生产周期长的部门占整个产业部门的比重大，资金周转慢，对货币的需求量就大；社会分工越细，进入市场的中间产品越多，经营单位也越多，货币需求就越大；交通、通信等技术条件越好，货币支付所需的时间越短，货币周转速度越快，对货币的需要量就越少，等等。

2. 微观角度

1）收入水平

收入水平包括家庭收入、企事业单位收入、团体收入等。家庭和个人一定时期内的收入水平，机关、团体的收入水平，企业的收入水平是决定他们为各种交易和财富储藏，为各种营业活动开销而持有货币的首要因素。一般来说，收入水平越高，以货币形式保有资产总量也就越多。

2）收入的分配结构

在收入总量既定时，收入的分配结构不同，将影响持币者的消费与储蓄行为，由此对交易和储藏的货币需求产生一定影响。例如，一个家庭或个人，原来以工薪为主要收入来源，后又加进了额外劳动报酬等其他收入，使其收入结构发生变化，这种变化就可能使他原来的货币需求数量和结构发生变化，如减少用于购置商品的货币需求，增加用于预防或投资谋利的货币需求等；同样，一个企业的收入分配中，当改变了原有的上缴税金、支付职员报酬、支付股息、提高公积金等各部分比例后，其货币需求也受到相应的影响。

3）价格水平及其变动

价格水平及其变动一般是市场供求状态的反映，即商品供不应求时，价格趋于上升；供过于求时，价格趋于下降。这种市场供求状态对货币需求的影响，主要是通过改变人们的预期而产生的。如商品供应短缺，会使人们产生物价上涨预期，要求以实物代替货币，用于储藏的货币需求减少。

4）利率和金融资产收益率

银行存款利率、债券利率、股票收益率等金融资产收益率的存在，使持有货币产生了机会成本，利率和各种资产的收益率越高，持有货币就越不划算，因而会减少货币需求；反之，货币需求会增加。

5）心理和习惯等因素

当人们的消费倾向上升时，对应于交易活动的货币需求就会上升；越来越多的单位和个人习惯于运用支票账户来完成其收付活动时，货币周转速度就会提高，货币需求量就会减少。

各种货币需求决定理论

对货币需求的理论研究，焦点是对决定和影响货币需求因素的分析，古往今来，有很多学者都提出了一些不同的看法，并有着激烈的争论。其中比较有代表性的理论有马克思的货币需求理论（货币必要量理论）、交易方程式（费雪方程式或现金交易数量说）、剑桥方程式（现金余额数量论）、凯恩斯的货币需求理论（动性偏好货币需求理论）、弗里德曼的货币需求函数（现代货币数量论）等。

每一种理论都有自己的研究角度和理论观点，并分析总结不同的货币需求量公式，限于篇幅，在此不一一赘述，有兴趣的读者可以查阅资料，展开进一步的学习和探究。

二、货币供给

（一）货币供给的含义

货币供给（Money Supply）是指某一国或货币区的银行系统向经济体中投入、创造、扩张（或收缩）货币的金融过程。

货币供给首先是一个经济过程，即银行系统向经济中注入货币的过程；其次，货币供给必然会形成一定的货币量，即货币供给量，它是货币供给的结果。

货币供应量是指一国在某一时期内为社会经济运转服务的货币存量，它由包括中央银行在内的金融机构供应的存款货币和现金货币两部分构成。

我们为什么要研究货币供给？

货币需求是在一定的社会经济环境中，因各种动机而产生并客观存在的，为了促进经济的发展，合理的货币需求必须得到适度的满足，而这种满足是需要通过货币发行和存款货币的创造得到的，大多国家的货币发行权是被一国货币发行部门（通常是中央银行）所垄断的，这种垄断的货币发行和创造过程其实就是货币供给，如果货币供给与货币需求不匹配，就会对经济产生影响，所以有必要研究到底什么是货币供给？是谁控制货币供给？是什么因素导致货币供给变化的发生？

（二）货币供给量的层次划分

货币管理部门要对货币供应量进行有效的控制，必须掌握准确的货币供应量情况，所以对货币供应量数据做出正确的统计十分必要，要正确地完成统计，首先要对货币进行层次划分。世界各国中央银行货币估计口径不完全一致，但划分的基础依据是一致的，即流动性大小。关于本部分内容，因为在第一章讲解货币时已经给大家进行了较为详细的分析，所以在此不赘述。

（三）货币供给的过程

1. 货币供给公式

货币供给是一个极其复杂的作用过程，经济学者通过比较长期的研究，总结了一个在国际上比较通用的货币供给模型：

$$M_s = mB \tag{8-1}$$

其中 M_s 为货币供应量，m 为货币乘数，B 为基础货币。这一模型表明，货币供给是基础货币与货币乘数的乘积。

基础货币又称为强力货币或高能货币，是流通领域中为社会公众所持有的现金及银行体系的准备金（包括法定存款准备金和超额准备金）的总和，它是整个银行体系内存款扩张、货币创造的基础，所以其数额的大小对货币供应总量的影响是决定性的。

货币乘数也称之为货币扩张系数或货币扩张乘数，是指在一定的基础货币量下，通过商业银行的存款货币创造功能，产生的包括派生存款在内的货币供给扩张的倍数。在实际经济生活中，银行提供的货币和贷款会通过数次存款、贷款等活动产生出数倍于它的存款，即通常所说的派生存款。货币乘数的大小决定了货币供给扩张能力的大小。

货币乘数的定义式

货币乘数其基本意义是表示中央银行创造或消灭一单位的基础货币，能使货币供给量增加或减少的数额。或者说，货币乘数就是货币供给量对基础货币的倍数。货币乘数的这个定义可用公式简要表示：

$$m = \frac{\Delta M_s}{\Delta M_b} = \frac{C + D}{C + R} \tag{8-2}$$

其中，m 代表货币乘数，ΔM_b 代表基础货币的改变量，ΔM_s 代表货币供给量的改变量。C 代表处于流通中的现金，D 代表存款货币，R 代表存款准备金。

2. 货币供给的过程

在现代信用货币制度下，货币的发行通常遵循垄断原则，企业和个人都无权擅自发行货币，也不能开出空头支票，只能在一定的可支配收入范围内安排自己的支出。所以，单纯的非银行部门和个人之间的经济活动并不能创造货币。

但也并不能因此就认为现实中的货币供应量就仅仅是中央银行发行的货币，其实，现代货币供给过程一般要涉及中央银行、商业银行、存款者和借款者 4 类经济主体，其中由中央银行和商业银行组成的银行体系是货币供给过程中的主要角色。

这一供应过程正是在一定的基础货币基础上产生派生存款的过程，与中央银行和商业银行的资产负债业务密切联系。货币供给的过程可以分为两个环节：一是中央银行提供基础货币；二是商业银行创造存款货币。其中，存款货币是货币供应量的重要构成部分，也是绝大部分，因此，了解存款货币是如何被创造出来的是研究货币供给过程的重要内容。

1）几个重要概念

（1）原始存款：一般是指商业银行接受的客户现金和中央银行对商业银行的再贷款，是商业银行从事资产业务的基础。

（2）派生存款：指银行由发放贷款而创造出的存款，是原始存款的对称，是原始存款的派生和扩大，是指由商业银行发放贷款、办理贴现或投资等业务活动引申而来的存款。派生存款产生的过程，就是商业银行吸收存款、发放贷款，形成新的存款额，最终导致银行体系存款总量增加的过程。

（3）存款货币：是指能够发挥货币作用的银行存款，主要是指能够通过签发支票办理转账结算的活期存款。存款货币主要体现在单位、个人在银行账户上的活期存款，主要流转于银行体系内，可用于转账结算。存款货币来源于现金货币的存入和银行贷款派生机制。

（4）法定存款准备金率：指一国中央银行规定的商业银行和存款金融机构必须缴存中央银行的法定准备金占其存款总额的比率。如当存款准备金率为10％，就意味着金融机构每吸收100万元的存款，要向央行缴存10万元的存款准备金，用于发放贷款的资金为90万元。

2）货币创造的重要假设

原始存款和派生存款以及派生存款创造的条件。原始存款是指银行以现金形式吸收的能增加其准备金的存款。派生存款的创造必须具备以下两大基本条件。

（1）部分准备金制度。准备金的多少与派生存款量直接相关。存款准备金率越高，提取的准备金越多，银行可用的资金就越少，派生存款量也相应减少；反之，存款准备金率越低，提取的准备金越少，银行可用资金就越多，派生存款量也相应增加。

（2）非现金结算制度。在现代信用制度下，银行向客户贷款是通过增加客户在银行存款账户的余额进行的，客户则是通过签发支票来完成支付行为。因此，银行在增加贷款或投资的同时，也增加了存款额，即创造出了派生存款。如果客户以提取现金方式向银行取得贷款，就不会形成派生存款。

3）派生存款实例

假设：①存在一个由中央银行和多家商业银行构成的银行体系；②法定存款准备金率为20％；③商业银行的客户将其全部资金都存入商业银行之中；④商业银行将缴纳法定存款准备金之后剩余的全部资金都贷放出去。

在上述假设下，假如银行A吸收原始存款1000元，A银行保留20％的法定存款准备金之后，剩余800元，全部用于贷款，但获取贷款的客户又将货币全部存入B银行的存款账户中，假设B银行在获取这笔存款，缴纳20％的法定存款准备金后，将剩余的640元全部贷放出去，客户获得这笔贷款后，又继续存入C银行，C银行重复A、B两银行同样的业务，假如货币的单位足够小，这一过程将会在D、E、F等众多商业银行中不断进行，以此类推，最终1000元原始存款会变成1000＋800＋640＋……这一式子中的每一项加数能构成一个等比数列，公比为0.8，而且所有的项是无穷递缩下去的，根据无穷递缩等比数列的求和公式，全社会的存款货币总额为：$1000\times\frac{1}{0.2}=5000$（元），而派生存款总数＝5000－1000＝4000（元），具体数据如表8-1所示。

表 8-1 存款流转情况 单位：元

商业银行	存款总额	法定存款准备金	贷款
A	1 000	200	800
B	800	160	640
C	640	128	512
……	……	……	……
总计	5000	1000	4000

3. 货币供给中制约存款派生的主要因素

1）法定存款准备金率

从上述派生存款的创造过程可以总结出，法定准备率与派生存款的关系为：

$$D = E \times \left(\frac{1}{r} - 1\right) \tag{8-3}$$

式中 D 为派生存款；E 为原始存款；r 为法定准备率；$\frac{1}{r}$为存款货币的扩张乘数，它与法定存款准备金率成反比，法定存款准备金率越低，存款货币扩张乘数越大；反之，则越小；$\frac{1}{r}-1$ 为派生存款倍数。

2）提现率和超额准备金率

当然，还有一点需要注意，在现实经济中，上述商业银行创造派生存款过程的严格限制条件很难 100%地达到，比如，商业银行不可能将自己吸收的存款在缴纳法定存款准备金后，全部都贷放出去，人们也不能都用支票进行结算，总要保留和提取一定的现金量应付日常交易等，所以，除了受法定存款准备金率制约外，还受到提现率、超额准备金率等因素的影响。

提现率又称现金漏损率，是指现金漏损额与银行存款总额的比率，不管因何原因产生的现金漏损，都会减少客户在银行体系的存款，银行可用于发放贷款的资金就会减少，进而派生存款也会减少。

超额准备金率是指商业银行超过法定存款准备金而保留的准备金占全部活期存款的比率。商业银行的超额准备金同商业银行的可贷资金之间也具有此消彼长的关系。

所以，提现率和超额准备金率对商业银行存款派生能力的影响与法定存款准备金率对其的影响方向是相同的，都是反向变动关系。

3）多因素决定的存款扩张倍数

考虑上述 3 个影响因素，存款扩张倍数可表述为

$$\text{存款扩张倍数} = \frac{1}{\text{法定存款准备金率} + \text{提现率} + \text{超额准备金率}} \tag{8-4}$$

当然，这一公式决定的存款扩张倍数依然是一个理论值，现实中考虑到客户对贷款的需求等因素的进一步影响，存款扩张倍数的值应比上述理论值小。此外，将银行派生存款的过程推演为相反方向，就会出现派生存款的成倍缩减，货币供应量减少，整个过程与货币扩张过程是相对称的。理解这些问题，对理解和把握中央银行的紧缩性货币政策效果十分有帮助。

第二节　货币均衡

一、货币均衡的含义

货币均衡是指货币供给与货币需求基本相适应的货币流通状态。根据习惯，货币供给通常用 M_s 表示，货币需求用 M_d 表示，则货币均衡可以表述为 $M_s = M_d$。理解货币均衡的几个关键点如下。

(1) 货币均衡是一个动态过程。货币均衡的动态性体现在它是在一定的利率水平下，通过货币供给和货币需求之间不断地相互作用而形成的一种状态。它不是一成不变的，而是要不断地经历由失衡发展到均衡，再由均衡发展到失衡，然后又发展到均衡的运动过程。

(2) 货币均衡实现具有相对性。货币均衡并不是要求货币供给和货币需求在量上完全相等，而是允许货币供给和需求在可以接受的范围内出现不一致，简单来说，货币均衡其实是一种在经常发生的货币失衡中达到的一种暂时均衡状态。

二、货币失衡及调整

（一）货币失衡

货币均衡在动态运动中会产生与自身相对应的概念，即货币失衡，它是货币供求的一种非均衡状态，是指在货币流通过程中，货币供给偏离货币需求而出现供求不相适应的情况。用公式可以表述为 $M_s \neq M_d$。货币供求的失衡是一种常见的现象。

（二）货币失衡的类型

需要注意，货币失衡 $M_s \neq M_d$ 式中的不等于并不是仅简单地表述为数学量值上的不相等，而是包括以下 3 种类型。

(1) 货币供给量小于货币需求量，即 $M_s < M_d$，如果任由这种不均衡继续深入发展，货币供求之间的缺口越来越大，就有可能产生比较严重的通货紧缩。

(2) 货币供给量大于货币需求量，即 $M_s > M_d$，这种不均衡的持续深入发展，经济中有可能会产生通货膨胀。

(3) 货币供求的结构性失衡，即货币供给与货币需求在总量上大体保持均衡状态，却由于货币的供给结构同与之相对应的货币需求结构不相适应，造成货币市场上货币短缺与局部货币供给过剩并存，商品市场上一部分商品和生产要素供过于求，另一部分商品和生产要素则求过于供。

（三）从货币失衡到货币均衡的自动恢复

所谓货币均衡的自动恢复是指凭借货币流通本身的内在机制进行自动调节。在讨论这一问题时，必要的假定是政府对经济生活不加干预，中央银行继续执行既定的货币政策，不改变货币供应量。

1. 货币供应量不足时货币均衡的恢复

由于货币供应量不足，人们的交易性货币需求和资产性货币需求都得不到满足。因此，必然引起生活消费和生产消费的相应减少，使企业存货增加，开工不足，企业在不解雇工人的前提下压低工资，或者在不改变工资水平的情况下解雇工人，从而造成工人收入减少，必然促使商品价格下跌和货币流通速度加快。

由于商品价格下跌，造成决定货币需求量的交易总值减少，进而使人们的交易性货币需求减少；另一方面，由于货币流通速度加快增加了货币流量，这样货币需求量的下降和货币供应量的相对增加(把货币流通速度因素考虑进去)，会促使货币达到新的均衡。

2. 货币供应量过多时货币均衡的恢复

假定社会的物质资源、劳动力资源、技术资源均达到了充分就业水平，人们的投资性货币需求已处于饱和状态。在此种情况下，过多的货币会被全部用于交易。因此，必然引起商品价格的普遍上涨和币值的同比例下降。商品价格的上涨和币值的下降，必然使人们的交易性货币需求增加，从而货币在新的价格水平上达到均衡。

在物价受到严格控制的国家，过多的货币量不会通过物价上涨表现出来，而是通过货币流通速度减慢表现出来。货币流通速度的减慢，意味着货币供应量的相对减少，货币需求量的相对增加，从而使货币供求恢复均衡。

可见，自动恢复的货币均衡是一种消极的、被动的均衡，往往需要付出很长时间和很大代价。因此，恢复货币均衡需要通过对货币供给和货币需求进行人为干预来达到。

(四) 中央银行调节货币供求的主要方式

一般来说，中央银行调节货币供求主要有以下几种方式。

1. 供给型调节

供给型调节即中央银行根据客观的货币需求状况，在货币供应量大于货币需求量，或小于货币需求量，或供求结构不相适应时，对货币供给总量和构成进行调节，使之符合于客观的货币需求量。

2. 需求型调节

需求型调节即中央银行在既定的货币供应量下，针对货币供求总量和结构失衡的情况，运用利率、信贷等措施，调节社会的货币需求的总量和构成，使之与既定的货币供应量相适应，以保持货币供求的均衡。

3. 混合型调节

混合型调节即指中央银行对货币供求总量和结构失衡的状况，不是单纯地调节货币的供应量，或单纯地调节货币需求量，而是双管齐下，既搞供应型调节，也搞需求型调节，以尽快收到货币供求均衡的效果。

4. 逆向型调节

逆向型调节即指中央银行面对货币供给量大于货币需求量的失衡状况，不是采取收缩货币供应量的政策，而是用以毒攻毒的办法，适当增加货币供应量，调整货币供给结构，以增加货币需求，从而促使货币供求恢复均衡。采取这种办法的关键，就是增加的货币要适度，投向要合理，能在短期内促进生产的发展，通过商品供应量的增加来消化多余的货币，从而使货币供求实现均衡。

第三节 通货膨胀

世界各国的价格水平不断波动，自 20 世纪 60 年代中期以来，通货膨胀成为一种常规性、世界性的现象。由于通货膨胀往往对一国经济和政治产生广泛的影响，所以无论是经济学家还是政策制定者们都对它给予了极大的关注。

一、通货膨胀的定义

通货膨胀(Inflation)意指整体物价水平持续性上升。通货膨胀是一种货币现象，指货币发行量超过流通中实际所需要的货币量而引起的货币贬值现象。一般地说，通货膨胀必然引起物价上涨，但不能说凡是物价上涨都是通货膨胀。

通货膨胀的反义词为通货紧缩。无通货膨胀或极低度通货膨胀称之为稳定性物价。

二、通货膨胀的分类

通货膨胀按照不同的标准有不同的分类，根据其严重程度可以分为以下几种类型。

（一）温和的或爬行的通货膨胀

这是一种使通货膨胀率基本保持在 2%～3%，并且始终比较稳定的通货膨胀。一些经济学家认为，如果每年的物价上涨率在 2.5%以下，则不能认为是发生了通货膨胀。当物价上涨率达到 2.5%时，称为不知不觉的通货膨胀。

一些经济学家认为，在经济发展过程中，温和的通货膨胀可以刺激经济的增长。温和的通货膨胀即将物价上涨控制在 1%～2%，至多 5%。因为提高物价可以使厂商利润增加，进而刺激厂商投资的积极性。同时，温和的通货膨胀不会引起社会太大的动乱。

（二）疾驰的或飞奔的通货膨胀

疾驰的或飞奔的通货膨胀亦称为奔腾的通货膨胀、急剧的通货膨胀。它是一种不稳定的、迅速恶化的、加速的通货膨胀。在这种通货膨胀发生时，通货膨胀率较高(一般达到两位数以上)。在这种通货膨胀发生时，人们对货币的信心产生动摇，经济社会产生动荡，因此这是一种较危险的通货膨胀。

（三）恶性的或脱缰的通货膨胀

恶性或脱缰的通货膨胀也称为极度的通货膨胀、超速的通货膨胀。这种通货膨胀一旦发生，通货膨胀率非常高(一般达到 3 位数以上)，而且完全失去控制，其结果是导致社会物价持续飞速上涨，货币大幅度贬值，人们对货币彻底失去信心。这时整个社会金融体系处于一片混乱之中，正常的社会经济关系遭到破坏，最后容易导致社会秩序崩溃，政府垮台。这种通货膨胀在经济发展史上是很少见的，通常发生于战争或社会大动乱之后。

（四）隐蔽的通货膨胀

隐蔽的通货膨胀又称为受抑制的(抑制型的)通货膨胀。这种通货膨胀是指社会经济中存在着通货膨胀的压力或潜在的价格上升危机，但由于政府实施了严格的价格管制政策，使通货膨胀并没有真正发生。但是，一旦政府解除或放松价格管制措施，经济社会就会发生通货膨胀，所以这种通货膨胀并不是不存在，而是一种隐蔽的通货膨胀。

三、通货膨胀的测量

（一）各种价格指数

对通货膨胀没有单独性的测量法，因通货膨胀值取决于物价指数中各特定物品之价格比重,以及受测经济区域的范围。通用的测量法包括以下几种。

1. GDP 平减指数

GDP 平减指数(GDP Deflator)是基于国内生产总值的计算:名义 GDP 与经通货膨胀修正后的 GDP(即不变价格(Constant-Price)GDP 或实际 GDP)两者间的比值。这是对价格水平最宏观的测量。本指数也可以用 GDP 的组成部分来计算,如个人消费开支。美国联邦储备改用个人消费平减指数(Personal Consumption Deflator)及其他平减指数作为制订"反通胀政策"的参考。

2. 消费者物价指数

消费者物价指数(Consumer Price Index,CPI)是用典型消费者对一篮子固定的消费品价格来衡量,主要反映消费者支付商品和劳务的价格变化情况,也是一种度量通货膨胀水平的工具,以百分比变化为表达形式。在许多工业国家中,该指数的年度性变化百分比为最通用的通货膨胀曲线报告。

该项测量值通常用于薪资报酬谈判中,因为雇员希望薪资(名义)能相等或高于 CPI。有时劳资合约中会包含按生活指数调整条款(Cost of Living Escalators),表示名义薪资会随 CPI 的升高自动调整,其调整时机通常于通胀发生之后,幅度较实际通胀率低。

我国的 CPI 是如何统计而来?

我国衡量通胀最常用的指标是 CPI,即消费价格指数,其统计过程十分复杂,请查阅相关资料,看我国的 CPI 如何统计,如何在经济管理中运用。

3. 批发物价指数

批发物价指数(Wholesale Price Index)使用选择性货品的批发价格变化(特别是销售税)来测量,与生产者物价指数类似。

4. 生产者物价指数

生产者物价指数(Producer Price Index,PPI)是衡量生产者向商店出售商品的价格指数。它主要反映生产资料的价格变化状况,用于衡量各种商品在不同生产阶段的成本价格变化情况。PPI 反映于 CPI 升高而上升,具有典型的延迟。虽说其具多样化的组合,一般相信这种延迟的特性使得根据今日的 PPI 通货膨胀粗估(Rough-and-Ready)明日的 CPI 通货膨胀成为可能。

此外,有的国家还用商品价格指数、生活指数、个人消费支出价格指数等衡量通胀。

(二) 通货膨胀率

物价与劳务所得两者共同组成物价指数,为整组物品的平均物价水平之测量基准。通货膨胀率为该项指数的上升幅度。物价水平测量整体物价,而通货膨胀是指整体物价的上扬幅度。

通货膨胀率是货币超发部分与实际需要的货币量之比,用以反映通货膨胀、货币贬值的程度。计算方法为

$$\text{当期通货膨胀率} = \frac{\text{当期价格水平} - \text{上期价格水平}}{\text{上期价格水平}} \times 100\% \tag{8-5}$$

四、通货膨胀的原因分析

（一）需求拉上的通货膨胀理论

该理论是从总需求的角度来分析通货膨胀的原因，认为通货膨胀的原因在于总需求过度增长，总供给不足，即“太多的货币追逐较少的货物”，或者是“因为物品与劳务的需求超过按现行的价格可得到的供给，所以一般物价水平便上涨”。总之，就是总需求大于总供给所引起的通货膨胀。所以，任何总需求增加的任何因素都可以是造成需求拉动的通货膨胀的具体原因。

（二）成本推动的通货膨胀理论

该理论是从总供给的角度来分析通货膨胀的原因。供给就是生产，根据生产函数，生产取决于成本。因此，从总供给的角度看，引起通货膨胀的原因由厂商生产成本增加而引起的一般价格总水平的上涨。成本增加意味着只有在高于从前的价格水平时，才能达到与以前一样的产量水平，即总供给曲线向左上方移动使国民收入减少，价格水平上升，这种价格上升就是成本推动的通货膨胀。引起成本增加的原因并不相同，因此，成本推动的通货膨胀又可以根据其成因分为以下几种。

1. 工资成本推动的通货膨胀

工资推动通货膨胀是工资过度上涨所造成的成本增加而推动价格总水平上涨，工资是生产成本的主要部分。工资上涨使得生产成本增长，在既定的价格水平下，厂商愿意并且能够供给的数量减少，产品价格上升，从而引起通货膨胀。

工资的增加往往是从个别部门开始的，但由于各部门之间工资的攀比行为，个别部门工资的增加往往会导致整个社会的工资水平上升，从而引起普遍的通货膨胀。而且这种通货膨胀一旦开始，还会形成“工资一物价螺旋式上升”。这样工资与物价不断互相推动，形成严重的通货膨胀。

2. 利润推动的通货膨胀

利润推进的通货膨胀是指厂商为谋求更大的利润导致的一般价格总水平的上涨，在不完全竞争市场上，与工资推进的通货膨胀一样，具有市场支配力的垄断和寡头厂商也可以通过提高产品的价格而获得更高的利润。

通货膨胀是由于利润的推动而产生的。尤其是工资增加时，垄断厂商以工资的增加为借口，更大幅度地提高物价，使物价的上升幅度大于工资的上升幅度，其差额就是利润的增加。这种利润增加使物价上升，形成通货膨胀。

一般认为，利润推进的通货膨胀比工资推进的通货膨胀要弱。原因在于厂商由于面临着市场需求的制约，提高价格会受到自身要求最大利润的限制，而工会（此处指资本主义社会国家工会）推进货币工资上涨则是越多越好。

3. 进口成本推动的通货膨胀

这是指在开放经济中，由于进口的原材料价格上升而引起的通货膨胀。在这种情况下，一国的通货膨胀通过国际贸易渠道而影响到其他国家。发生这种通货膨胀时，物价的上升会导致生产减少，从而引起萧条。

与这种通货膨胀相对应的是出口性通货膨胀，即由于出口迅速增加，以致出口生产部门成本增加，国内产品供给不足，引起通货膨胀。

（三）结构性通货膨胀理论

这种理论从各生产部门之间劳动生产率差异、劳动市场的结构特征和各生产部门之间收入水平的赶超速度等角度，分析了由于经济结构特点而引起的通货膨胀的过程。

五、通货膨胀的效应

（一）对产出的效应

1. 促进论

温和的通胀对经济增长具有一定的刺激作用。原因是存有“货币幻觉”或通胀未被充分预期，因此企业主增加投资和储蓄，扩大产出；工人增加劳动供给和消费支出。

2. 促退论

非爬行式的通货膨胀不利于经济增长。

1）扭曲国民经济价格机制，造成效率损失

首先，在高通货膨胀的条件下，持有现金的成本将大大上升。公众觉得“现金烫手”，会不遗余力地将现金转化为实物资产或名义收益率已随通货膨胀上升的存款和债券。企业则将花费大量的精力来进行“现金管理”。西方经济学家将人们因此而花费的大量时间和精力形象地称为“皮鞋成本”，因为人们一遍一遍地去银行存钱、取钱，容易把鞋底磨破。其次，政府往往对某些行业实行物价管制，从而使经济运行缺乏竞争性和活力，价格的信号作用削弱，经济效率下降。

2）打乱产业结构合理分布秩序

较高的通货膨胀率会错误地引导资金的流向，使一部分资金从生产部门转向非生产部门；由生产周期较长的产业转向生产周期较短的产业；同时各种短期行为、投机行为盛行，不利于经济的长期发展。

3）通货膨胀的持续发展将使社会实际投资减少

一者通货膨胀会增加当前的消费，减少储蓄，使投资者无法得到足够的资金来源；另者，反复无常的通货膨胀增大生产性投资风险和经营风险，打击投资者的信心，生产萎靡。

（二）通货膨胀的分配效应

1. 不利于固定收入者，有利于浮动收入者

主要表现为：①领取工资的固定收入者的实际工资降低，实际购买力下降；②领取救济金、退休金、依靠转移支付和福利支出的固定收入者的实际收入下降；③利润收入者（企业主）的收入变动取决于生产成本上涨与物价上涨的相对规模与速度。

2. 有利于债务人，不利于债权人

在债务人与债权人之间，通货膨胀将有利于债务人而不利于债权人。在通常情况下，借贷的债务契约都是根据签约时的通货膨胀率来确定名义利息率，所以当发生了未预期的通货膨胀之后，债务契约无法更改，从而就使实际利息率下降，债务人受益，而债权人受损。其结果是对贷款，特别是长期贷款带来不利影响，使债权人不愿意发放贷款。贷款的减少会影响投资，最后使投资减少。

3. 实际财富持有者获利，货币财富持有者受损

在不可预期的通货膨胀下，工资增长率不能迅速地根据通货膨胀率来调整，从而即使在

名义工资不变或略有增长的情况下，使实际工资下降。实际工资下降会使利润增加，利润的增加有利于刺激投资，这正是一些经济学家主张以温和的通货膨胀来刺激经济发展的理由。

4. 政府得利，居民受损

在政府与公众之间，通货膨胀将有利于政府而不利于公众。一方面，国家通过发行公债，已欠下居民大量债务，通货膨胀将其债务的实际价值缩减了；另一方面，由于累进税制，通货膨胀能提高税基，纳税等级上升，政府税收增加，相当于征收了一笔"通货膨胀税"。

由于在不可预期的通货膨胀之下，名义工资总会有所增加（尽管并不一定能保持原有的实际工资水平），随着名义工资的提高，达到纳税起征点的人增加了，有许多人进入了更高的纳税等级，这样就使得政府的税收增加。公众纳税数额增加，实际收入却减少了。政府从这种通货膨胀中所得到的税收称为"通货膨胀税"。

一些经济学家认为，这实际上是政府对公众的掠夺。这种通货膨胀税的存在，既不利于储蓄的增加，也影响了私人与企业投资的积极性。

英镑贬值通胀预期上升　圣诞季更多英国人网购

受英镑贬值和通货膨胀预期上升等因素影响，2016 年圣诞季英国人消费更加精打细算，倾向于更少花钱和更多选择网上购物。数据显示：英国家庭 2016 年圣诞平均消费 780.28 英镑，为 2012 年以来最低值。41%的受访者表示将礼品开销定在 300 英镑以下，网购所占比例从去年的 25%升至 41%。

资料来源：颜梦迪，每日经济新闻，2016 年 12 月 27 日.

六、通货膨胀的治理对策

（一）需求管理政策

1. 紧缩的货币政策

通过紧缩性的货币政策控制货币的过快增长，提高利率。一般性货币政策工具包括提高法定存款准备金率、提高再贴现率、公开市场上出售有价证券等。选择性货币政策工具包括消费信用、不动产信用、证券市场信用控制、直接信用控制与间接信用控制等。

2. 紧缩的财政政策

通过紧缩财政政策，增加收入，减少支出；提高税率，调整税收结构；发行公债，弥补财政收支差额；降低政府购买水平（生产性、非正产性）；降低政府转移支付水平。

"双紧"政策通过控制货币供给和总需求，实现抑制通胀的目的。对于治理需求拉上型通胀较为有效，但通常会导致就业和产出的下降，仅适用于通胀和经济高速增长并存，或者通胀与 AD＞AS 引起的国际收支逆差并存时。

（二）收入政策

1. 工资—价格政策

工资—价格政策是指为抑制工资上升导致的成本推进型通货膨胀而采取的管制工资上涨的措施。可以通过道德规劝、自愿的工资-价格指导线、以税收为基础的收入政策、冻结工资物价等措施实现。

2. 收入指数化

收入指数化是使各种名义收入，如工资、利息等，部分或全部的与物价指数相联系，自动随物价指数的升降而升降。该政策在消除收入的不公平分配方面的作用是有限的。一方面因为收入的调整往往滞后于物价的实际上升；另一方面因为并不是所有的合同中都有指数化条款。更为重要的是，指数化强化了工资和物价交替上升的机制，容易导致工资和物价螺旋式地上升。因此，指数化也只是一种消极地对付通货膨胀的政策。

（三）供给政策

通过供给政策发展生产，增加有效供给，是克服通货膨胀的根本性措施。这种方法对于治理“滞胀”有积极意义，但过分夸大了减税对增加供给的刺激作用。从实际情况看，效果并不理想。

(1) 减税。减税可以提高人们的储蓄和投资能力与积极性。

(2) 消减社会福利开支，争取平衡预算，消灭财政赤字，改善劳动力供给。

(3) 限制货币的增长率，实行“单一规则”的货币政策，稳定物价，排除对市场机制的干扰。

第四节　通货紧缩

一、通货紧缩的含义

通货紧缩(Deflation)是指货币供应量少于流通领域对货币的实际需求量而引起的货币升值，从而引起的商品和劳务的货币价格总水平的持续下跌现象。通货紧缩包括物价水平、货币供应量和经济增长率三者同时持续下降。

二、通货紧缩的测度

既然通货紧缩是指物价水平的全面持续下降，那么，判断通货紧缩的程度就必须解决以下两个问题：一是用什么指标来测度物价水平的变化；二是连续下降多长时间才可看作持续下降。

反映物价总水平变化的指标，最为常见的不外3种：国民生产总值物价平减指数、生产者价格指数(即批发物价指数)、消费者物价指数。在前面通货膨胀一节中，对其内容已做了较为详细的介绍，在此不再赘述。

在此要说明的是，依据不同的价格指数来进行判断，会得出不同的结论，因为不同的价格指数在抽样时覆盖的商品范围不同，不同产品的价格变动对货币变动的反应时滞也不同(一般批发价格的反应快于消费价格)，而且不同价格指数的测算都会存在各自的误差。应该说，3种价格指数都可作为测度指标，但综合分析，为了进行国际比较和考虑对居民的影响程度，采用消费者价格指数可能更合适一些。

而消费者价格指数又有两种：一种是同比价格指数，另一种是环比价格指数。这两种价格指数对于判断价格走势，有时是一致的，有时又会出现差异。对于一般的分析判断，可以用同比价格指数，但据此得出的结论，对于轻度的通货紧缩可能不太准确。对于专业分析，用环比价格指数来衡量和判断通货紧缩的出现、程度更为合理与准确，但限于统计资料的不足，用环比价格指数时要对统计数据进行专业调整。

经济运行是一个动态的过程，难免会有偶然事件的发生。如果因为突发事件导致物价的下降，而据此界定通货紧缩无疑是荒谬的。那么需要多长时间才能确认发生了通货紧缩呢？这是一个需要繁杂论证和计算的课题，但有一个起码的标准是可以肯定的，那就是这个时间至少应长到能够判定物价的下降并非偶然因素所致。而这又与人们对经济形势的认识紧密联系在一起，因此，它将是一个不断缩短的量值。从我国的情况来看，如果价格水平连续二到三个季度以上下降就应视作持续下降。

三、通货紧缩的类型

（一）按发生程度，分为相对通货紧缩和绝对通货紧缩

1. 相对通货紧缩

相对通货紧缩是指物价水平在零值以上，在适合一国经济发展和充分就业的物价水平区间以下，这种状态的物价水平虽然还是正增长，但已低于该国正常经济发展和充分就业所需要的物价水平，通货处于相对不足的状态。这种情形已经开始损害经济的正常发展，虽然是轻微的，但如果不加重视，可能会由量变到质变，加重对经济发展的损害。

2. 绝对通货紧缩

绝对通货紧缩是指物价水平在零值以下，即物价出现负增长，这种状态说明一国通货处于绝对不足状态。这种状态的出现，极易造成经济衰退和萧条。根据对经济的影响程度，又可以分为轻度通货紧缩、中度通货紧缩和严重通货紧缩。而这三者的划分标准主要是物价绝对下降的幅度和持续的时间长度。

一般来说，物价出现负增长，但幅度不大（比如－5%），时间不超过两年的称为轻度通货紧缩。物价下降幅度较大（比如在－5%～10%），时间超过两年的称为中度通货紧缩。物价下降幅度超过两位数，持续时间超过两年甚至更长的情况称为严重通货紧缩，20 世纪 30 年代世界性的经济大萧条所对应的通货紧缩，就属此类。

（二）按成因，分为需求不足型通货紧缩和供给过剩型通货紧缩

1. 需求不足型通货紧缩

需求不足型通货紧缩是指由于总需求不足，使得正常的供给显得相对过剩而出现的通货紧缩。由于引起总需求不足的原因可能是消费需求不足、投资需求不足，也可能是国外需求减少或者几种因素共同造成的不足，因此，依据造成需求不足的主要原因，可以把需求不足型的通货紧缩细分为消费抑制型通货紧缩、投资抑制型通货紧缩和国外需求减少型通货紧缩。

2. 供给过剩型通货紧缩

所谓供给过剩型通货紧缩是指由于技术进步和生产效率的提高，在一定时期产品数量的绝对过剩而引起的通货紧缩。这种产品的绝对过剩只可能发生在经济发展的某一阶段，如一些传统的生产、生活用品（像钢铁、落后的家电等），在市场机制调节不太灵敏，产业结构调整严重滞后的情况下，可能会出现绝对的过剩。

这种状态从某个角度来看并不是一件坏事，因为它说明人类的进步，是前进过程中的现象。但这种通货紧缩如果严重，则说明该国市场机制存在较大缺陷，同样会对经济的正常发展产生不利影响。

（三）按表现方式，分为显性通货紧缩和隐性通货紧缩

界定通货紧缩，在一般情况下可以用物价水平的变动来衡量，因为通货紧缩与通货膨胀一样是一种货币现象。但是如果采取非市场的手段硬性维持价格的稳定，就会出现实际产

生了通货紧缩，但价格可能并没有降低下来的状况，而这种类型的通货紧缩就是隐性通货紧缩。

隐性通货紧缩的存在为判断带来了困难，但并不影响以物价水平的变化作为通货紧缩的标准，就像隐性通货膨胀的存在不影响以物价水平作为通货膨胀是否发生的判断标准一样。

四、通货紧缩的成因和影响

（一）通货紧缩的成因

尽管不同国家在不同时期发生通货紧缩的具体原因各不相同，但从国内外经济学家对通货紧缩的理论分析中，仍可概括出引起通货紧缩的一般原因。

1. 紧缩性的货币财政政策

如果一国采取紧缩性的货币财政政策，降低货币供应量，削减公共开支，减少转移支付，就会使商品市场和货币市场出现失衡，出现“过多的商品追求过少的货币”，从而引起政策紧缩性的通货紧缩。

2. 经济周期的变化

当经济到达繁荣的高峰阶段，会由于生产能力大量过剩，商品供过于求，出现物价的持续下降，引发周期性的通货紧缩。

3. 投资和消费的有效需求不足

当人们预期实际利率进一步下降，经济形势继续不佳时，投资和消费需求都会减少，而总需求的减少会使物价下跌，形成需求拉下型的通货紧缩。

4. 新技术的采用和劳动生产率的提高

由于技术进步以及新技术在生产上的广泛应用，会大幅度地提高劳动生产率，降低生产成本，导致商品价格的下降，从而出现成本压低型的通货紧缩。

5. 金融体系效率的降低

如果在经济过热时，银行信贷盲目扩张，造成大量坏账，形成大量不良资产，金融机构自然会“惜贷”和“慎贷”，加上企业和居民不良预期形成的不想贷、不愿贷行为，必然导致信贷萎缩，同样减少社会总需求，导致通货紧缩。

6. 体制和制度因素

体制变化（企业体制、保障体制等）一般会打乱人们的稳定预期，如果人们预期将来收入会减少，支出将增加，那么人们就会“少花钱，多储蓄”，引起有效需求不足，物价下降，从而出现体制变化型的通货紧缩。

7. 汇率制度的缺陷

如果一国实行钉住强币的联系汇率制度，本国货币又被高估，那么会导致出口下降，国内商品过剩，企业经营困难，社会需求减少，则物价就会持续下跌，从而形成外部冲击性的通货紧缩。

（二）通货紧缩的影响

通货紧缩与通货膨胀都属于货币领域的失衡状态，但通货紧缩对经济发展的危害比通货膨胀更严重。首先，通货紧缩会加速经济衰退。由于物价水平的持续下降，必然使人们对经济产生悲观情绪，持币观望，使消费和投资进一步萎缩，加速经济的衰退。

其次，物价的下降会使实际利率上升，企业不敢借款投资，债务人的负担加重，利润减少，严重时引起企业亏损和破产。由于企业经营的不景气，银行贷款难以及时回收，出现大量坏账，并难以找到赢利的好项目，经营也会出现困难，甚至面临"金融恐慌"和存款人的挤提风险，从而引起银行破产，使金融系统面临崩溃。

再次，经济形势的变坏与人们的预期心理相互作用，会使经济陷入螺旋式的恶性循环之中。同时这种通货紧缩还会通过国际交往输出到国外，而世界性的通货紧缩又会反过来加剧本国的通货紧缩局面。

五、通货紧缩的治理

由于通货紧缩形成的原因比较复杂，并非由单一的某个方面的原因引起而是由多种因素共同作用形成的混合性通货紧缩，因此治理的难度甚至比通货膨胀还要大，必须根据不同国家不同时期的具体情况进行认真研究，才能找到有针对性的治理措施。

通货紧缩是由于过度供给与需求不足所造成的。解决通货紧缩的积极方法，应以提振国内有效需求为优先，再辅以政府配合扩大公共支出，才可有望舒缓通货紧缩威胁。主要与通货膨胀的治理相反，可以通过实行扩张性的财政政策和扩张性的货币政策实现。大家可以结合通货膨胀治理做反向理解，在此不赘述。

【关键术语】

货币均衡、货币失衡、通货膨胀、通货紧缩

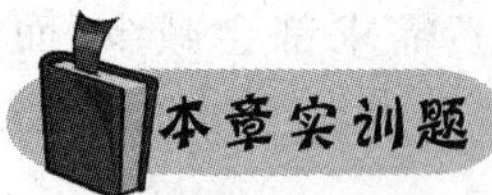

一、单项选择题

1. 下列有关货币需求不正确的说法是（　　）。

   A. 货币需求是指经济主体能够并愿意持有货币的行为
   B. 货币需求是一种主观需求
   C. 货币需求是一种客观需求
   D. 货币需求是一种派生需求

2. 投机性需求的决定因素是（　　）。

   A. 国民收入　　B. 利率　　C. 物价　　D. 汇率

3. 以下关于货币均衡的叙述中不正确的选项是（　　）。

   A. 货币均衡是货币供求在动态上保持一致的状态
   B. 货币均衡是一个动态的过程，在短期内货币供求可能不一致
   C. 货币均衡在一定程度上反映了经济总体均衡状况
   D. 货币均衡是货币需求与货币供给在数量上的完全一致

4. 通货膨胀是价值符号流通条件下的特有现象，其基本标志是（　　）。

   A. 物价上涨　　B. 有效需求大于有效供给
   C. 某种商品价格的上涨　　D. 过多的货币追逐过少的商品

5. 通货膨胀的分配效应是（　　）。

   A. 有利于债务人　　B. 有利于债权人
   C. 不利于实际财富持有者　　D. 有利于居民

二、判断题

1. 货币失衡，无论是货币供给大于需求，还是货币需求大于供给，都可通过社会的市场利率表现出来。 ( )

2. 隐蔽的通货膨胀又称为受抑制的(抑制型的)通货膨胀，不是真正的通货膨胀。 ( )

3. 货币供应量的增长率一经确定，不能任意改变。 ( )

4. 货币均衡在一定程度上反映了国民经济的平衡状况。 ( )

5. 当经济到达繁荣的高峰阶段，会由于生产能力大量过剩，商品供过于求，出现物价的持续下降，引发周期性的通货紧缩。 ( )

三、简述题

1. 中央银行调节货币供求的主要方式有几种?

2. 凯恩斯货币需求理论包括哪些主要内容?

3. 通货膨胀的效应是什么?

四、实践课堂

查阅相关资料，讨论 CPI 指标对于我国货币政策调控的重要意义。

第九章

货币政策

【内容框架】

货币政策
- 第一节 货币政策及其目标
- 第二节 货币政策工具
- 第三节 货币政策传导机制
- 第四节 货币政策效应

【学习目标】

1. 理解货币政策的含义与作用,理解货币政策工具的含义;
2. 理解货币政策的最终目标及其之间的关系,理解传导机制的主要环节和时滞效应。

【学习重点】

1. 货币政策及其主要构成要素;
2. 货币政策最终目标及各目标之间的关系;
3. 各种政策工具的作用机制。

【技能要求】

能分析我国现行的货币政策。

引例

全球货币政策宽紧并存　国际协调或将难度更大

回首即将“翻篇”的 2016 年,一方面,为了刺激经济增长,日本央行、欧洲央行高举宽松“大旗”,“新招”和“奇招”并进,新兴经济体也是宽松“风潮”劲吹,全球负利率俱乐部不断扩容；6月底英国脱欧公投出人意料，本处在加息“预备营”中的英国央行在8月强势发力，不仅开启了时隔7年后的首次降息，更是多“箭”齐发，力推货币宽松。

另一方面，在特朗普赢得2016年美国大选，美联储在12月开启二次加息“大门”并释放出更趋鹰派的表态之下，全球货币政策也正步入另一个“分水岭”：不仅英国央行政策立场从之前的超级宽松逆转为中立，欧洲央行也在12月缩减了购债规模，部分新兴经济体囿于特朗普上台后货币大幅贬值而加息。

资料来源：莫莉，全球货币政策宽紧并存国际协调或将难度更大.金融时报，2016年12月27日.

要深入理解欧美当前货币政策的新动向和影响，首先要掌握货币政策的相关基础理论，这正是本章的讲解重点。

第一节　货币政策及其目标

一、货币政策

（一）含义

货币政策有广义和狭义之分。广义货币政策指政府、中央银行以及宏观经济部门所有与货币相关的规定和采取的影响金融变量的一切措施。狭义货币政策指中央银行为实现既定的经济目标（物价稳定、经济增长、充分就业和国际收支平衡、金融稳定），运用各种工具调节货币供应量，进而影响宏观经济运行的各种方针和措施的总和。现代意义上的货币政策重点指的是狭义范畴。

理解货币政策，就是要正确把握和理解以下几个要点：谁？目标？怎么做？过程？

查一查我国货币政策委员会的人员构成和职责

中国人民银行货币政策委员会是中国人民银行制定货币政策的咨询议事机构。请登录中国人民银行 http://www.pbc.gov.cn“货币政策专栏”，查阅我国的货币政策委员会的人员构成和职责。

（二）内容

狭义货币政策主要包括4方面内容：货币政策最终目标、中介指标、操作指标和政策工具，这些内容之间是有一定的传导和作用顺序的。货币当局能运用的是工具，操作目标主要通过货币政策工具来实现，操作目标传导于中介目标，而中介目标又是实现最终目标的重要环节。操作目标作为基础性目标，对于中介目标乃至最终目标的实现至关重要。

根据对操作指标、中介指标和最终目标的检测和预警，政策决策部门需要做出反应，正确地使用货币政策工具，并不断检测货币政策的实施效果。具体内容和传导顺序如图9-1所示。

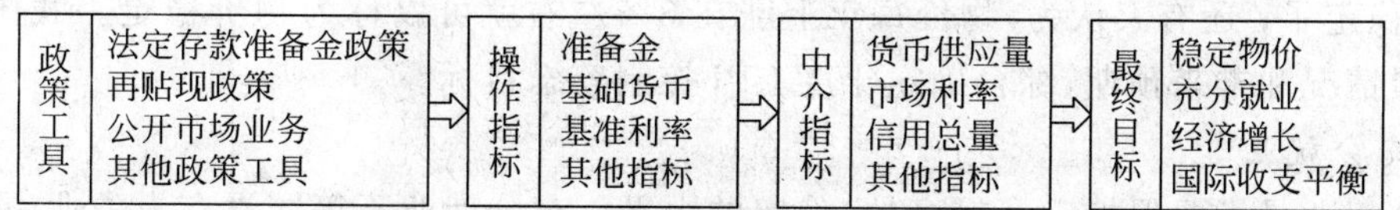

图9-1　货币当局货币政策内容和关系

（三）类型

1. 扩张性货币政策

在社会有效需求不足、生产要素大量闲置、产品严重积压、市场明显疲软、国民经济处于停滞或低速增长情况下，货币当局采取扩张性货币政策的可能性大，具体通过提高货币供应增长速度来刺激总需求，在这种政策下，取得信贷更为容易，利息率会降低。

2. 紧缩性货币政策

在社会总需求过高、通货膨胀压力趋强、投资和消费明显过热时，货币当局采取紧缩性货币政策的可能性更大，具体通过削减货币供应的增长率来降低总需求水平，在这种政策下，取得信贷较为困难，利息率也随之提高。

3. 中性货币政策

当社会总供求基本平衡、物价稳定、经济增长以正常速度递增时，货币当局一般容易采取中性货币政策，具体表现为货币投放量适度，基本上能够满足经济发展和消费需要，利率、汇率基本不变，存款准备金率和再贴现率维持正常水平，既不调高也不降低。

二、货币政策的最终目标

（一）货币政策最终目标的内容和衡量方法

任何宏观经济政策的制定，必须先明确目标，因此，货币政策最终目标的选择和确定是货币政策的首要问题。货币政策的最终目标，指中央银行组织和调节货币流通的出发点和归宿，它反映了社会经济对货币政策的客观要求，是货币当局在货币政策制定行动中的最高准则。

总结当代各国的货币政策实践，货币政策的最终目标一般可以概括为五大方面：稳定物价（或币值稳定）、充分就业、经济增长、国际收支平衡和金融稳定。

1. 稳定物价

稳定物价是一个相对概念，指中央银行通过货币政策的实施，使一般物价水平或总体价格水平保持基本稳定，在短期内不发生显著的或急剧的波动。

目前各国政府和经济学家通常采用综合物价指数来衡量币值是否稳定。物价指数上升，表示货币贬值；反之则表示货币升值。实践中通常使用的指标具体可以参考第八章。

总之，在动态的经济社会里，要将物价冻结在一个绝对的水平上是不可能的，问题在于能否把物价控制在经济增长所允许的限度内。这个限度的确定，各个国家不尽相同，主要取决于各国经济发展情况。另外，传统习惯也有很大的影响。

有人认为，物价水平最好是不增不减，或者只能允许在1%的幅度内波动，这就是物价稳定；也有人认为，物价水平不增不减是不可能的，只要能把物价的上涨幅度控制在1%～2%就算稳定了；还有人认为，物价每年上涨在3%左右就可以称为物价稳定。我国视每年经济发展情况和未来预期，综合确定年度CPI控制容忍目标。

2. 充分就业

充分就业是指要保持一个较高的、稳定的水平。充分就业不等同没有人失业，在充分就业的情况下，凡是有能力并自愿参加工作者，都能在较合理的条件下随时找到适当的工作。

实践中，一般以失业率指标来衡量劳动力的就业程度。所谓失业率指社会的失业人数与愿意就业的劳动力之比，失业率的大小也就代表了社会的充分就业程度。理论上，失业表示生产资源的一种浪费，失业率越高，对社会经济增长越不利。因此，各国都力图把失业率降到最低的水平，以实现其经济增长的目标。

西方经济学界认为，除需求不足造成的失业外，其他种种原因造成的失业都是不可避免的。从经济效率的角度看，保持一定的失业水平是适当的，充分就业目标不意味着失业率等于零，美国多数学者认为4%的失业率即为充分就业，而一些保守的学者则认为应将失业率压低到2%～3%。

3. 经济增长

经济增长是指一个国家在一定时期内所生产的商品和劳务总量的增加，国民生产总值的增长必须保持合理的、较高的速度。目前各国衡量经济增长的指标一般采用人均实际国民生产总值的年增长率，即人均名义国民生产总值年增长率剔除物价上涨率后的实际年增长率。政府一般对计划期的实际GNP增长幅度定出指标，用百分比表示，中央银行即以此作为货币政策的目标。我国是用GDP增长率来衡量这一指标的达成情况。

4. 国际收支平衡

国际收支是一国（或地区）在一定时期（通常是一年）内全部对外经济往来所形成的货币收支的系统记录。国际收支平衡就是指全部对外货币收入和货币支出基本平衡。判断一国的国际收支平衡与否，就是看自主性交易平衡与否，是否需要调节性交易来弥补。

如果不需要调节性交易来弥补，则称为国际收支平衡；反之，如果需要调节性交易来弥补，则称为国际收支失衡。可以通过分析贸易差额、经常项目差额、资本与金融差额、国际收支总差额，即综合差额来看国际收支平衡目标的达成情况。

所谓平衡国际收支目标，简言之，就是采取各种措施纠正国际收支差额，使其趋于平衡。因为一国国际收支出现失衡，无论是顺差或逆差，都会对本国经济造成不利影响，长时期的巨额逆差会使本国外汇储备急剧下降，并承受沉重的债务和利息负担；而长时期的巨额顺差，又会造成本国资源使用上的浪费，使一部分外汇闲置，特别是如果因大量购进外汇而增发本国货币，则可能引起或加剧国内通货膨胀。当然，相比之下，逆差的危害尤甚，因此各国调节国际收支失衡一般着力于减少以致消除逆差。

2016年中国GDP增长率将稳定在6.7%

对于即将出炉的2016年经济增速，多机构以及经济学家预测，2016全年GDP增长6.7%左右，落在政府确定的目标区间之内。中央财经领导小组办公室副主任杨伟民表示，2016的经济工作缓中趋稳，稳中向好，预计全年GDP增速保持在6.7%左右，符合预期。清华大学中国与世界经济研究中心主任李稻葵表示，目前中国经济增长仍处于“U”形底部，今年GDP增速可以达到6.7%。

中国银行国际金融研究所发布报告预测，中国2016年全年GDP增长6.7%左右，CPI上涨2.0%左右。世界著名机构穆迪也发布数据，预测中国2016年实际GDP增长率将维持稳定在6.7%。

经济运行保持了稳定态势，三季度实现6.7%的GDP增速背后，投资、进出口、就业以及新经济等一系列经济数据呈现积极向好的态势。

资料来源：马常艳，GDP又双叒叕是6.7%的重要意义.中国经济网 http://www.legaldaily.com.cn.2016-12-26.

5. 金融稳定

金融稳定是指货币当局通过货币政策的制定和执行，维持利率与汇率的相对稳定，防止银行倒闭，保持本国金融的稳健运行，并与各国央行和国际金融机构合作，共同维护国际金融的稳定。金融稳定的衡量包括定性和定量的分析，指标体系较为复杂，在此不进行赘述。

（二）货币政策各最终目标之间的关系

货币政策的最终目标之间，少数具有一致性，比如充分就业和经济增长，两者正相关；但更多的是要同时实现，非常困难。这是因为实践中，为了实现某一货币政策目标而采用的措施很可能与实现另一货币政策目标所应采取的措施相矛盾。货币政策各目标之间的矛盾性主要表现如下。

1. 物价稳定与充分就业

当失业人数过多时，需要采取扩张性货币政策，放松银根，引起利率下降，企业生产的边际成本小于边际收益，这就刺激投资需求，进而扩大生产规模，增加就业。但是，随着信用规模的扩张，货币供给量增加，引起社会总需求增加，进而导致物价上涨。

反之，为了稳定物价就要采取紧缩性货币政策，这样会导致利率上升，抑制投资需求，随着生产规模的缩小，失业会进一步增加。显然物价稳定与充分就业是相互矛盾的。

传统的菲利普斯曲线

菲利普斯曲线是用来表示失业与通货膨胀之间交替关系的曲线，英国经济学家W·菲利普斯于1958年在《1861—1957年英国失业和货币工资变动率之间的关系》一文中最先提出。他根据英国1861—1957年失业率和货币工资变动率的经验统计资料，勾画出一条用以表示失业率和货币工资变动率之间交替关系的曲线。这条曲线表明，当失业率较低时，货币工资增长率较高；反之，当失业率较高时，货币工资增长率较低。

由于货币工资增长与通货膨胀之间的联系，这条曲线又被西方经济学家用来表示失业率与通货膨胀率此消彼长、相互交替的关系，菲利普斯曲线如图9-2所示。

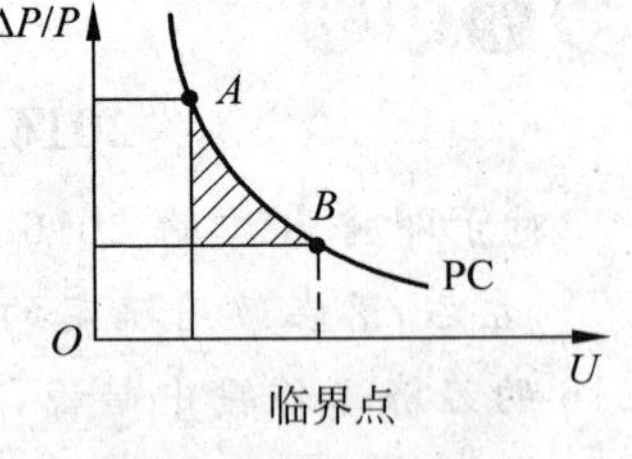

图9-2 菲利普斯曲线

图中，横轴U代表失业率，纵轴$\Delta P/P$代表通货膨胀率，向右下方倾斜的PC即为菲利普斯曲线。这条曲线表明，失业率与物价变动率之间存在着一种非此即彼的相互替换关系。也就是说，多一点失业，物价上涨率就低；相反，少一点失业，物价上涨率就高。

2. 物价稳定与经济增长

物价稳定与促进经济增长之间是否存在着矛盾，理论界对此看法不一，主要有以下几种观点：

（1）物价稳定才能维持经济增长；

（2）轻微物价上涨刺激经济增长；

（3）经济增长能使物价稳定。

但从西方货币政策实践的结果来看，要使物价稳定与经济增长齐头并进并不容易。主要原因在于政府往往较多地考虑经济发展，刻意追求经济增长的高速度。譬如采用扩张信用和增加投资的办法，其结果必然造成货币发行量增加和物价上涨。使物价稳定与经济增长之间出现矛盾。

3. 经济增长与国际收支平衡

一般情况下，在一个开放型的经济中，伴随着经济的增长，国民收入水平提高，带来支付能力的增强，对进口商品的需求相应增加；与此同时，对本来用于出口的产品需求也会增加，致使这部分产品价格上升，该产品的出口会受到影响。两方面的共同作用使该国出口的增长慢于进口的增长，导致贸易收支状况恶化，引起国际收支失衡。

就资本项目而言，要促进经济增长，需要增加投资，相应就要扩大国内储蓄总量，并吸收国外储蓄。随着外资的大量流入，资本项目可能会出现一定数额的顺差，一定程度上可以弥补经常项目的逆差。虽然外资流入可以一定程度改善国际收支的状况，但是外资一旦流出，尤其外债需要偿还时，如果没有足够的出口增长和贸易顺差，国际储备就将下降，国际收支状况就会受到损害。此时政府为了平衡国际收支，消除贸易逆差，只能采取紧缩性货币政策，这又必然造成国内有效需求下降，经济增长速度放慢。所以，经济增长与国际收支平衡也难以同时实现。

4. 充分就业与经济增长

一般而言，经济增长能够创造更多的就业机会，但在某些情况下两者也会出现不一致，例如，以内涵型扩大再生产所实现的高经济增长不可能实现高就业。再如，片面强调高就业，硬性分配劳动力到企业单位就业，造成人浮于事，效益下降，产出减少，导致经济增长速度放慢，等等。

5. 充分就业与国际收支平衡

如果充分就业能够推动经济快速增长，那么一方面可以减少进口，另一方面可扩大出口，这当然有利于平衡国际收支。但为了追求充分就业，就需要更多的资金和生产资料，当国内满足不了需求时，就需要引进外资、进口设备与原材料等，这对平衡国际收支又是一大不利因素。

综上所述，货币政策各最终目标之间既矛盾又统一，几乎不可能同时实现。只有因势利导，慎重选择，才能把握全局。

我国当前货币政策的法定目标

自1984年中国人民银行专门行使央行职能以来，直到1995年3月《中华人民共和国人民银行法》颁布之前，对于我国货币政策宏观调控的最终目标，传统的提法是："稳定货币，发展经济"的双重目标。1993年12月25日国务院在《关于金融体制改革的决定》的文件中首次明确地将宏观调控的目标定为“保持货币稳定，并以此促进经济发展”。

1995年3月15日人大八届三次会议通过了《中华人民共和国人民银行法》，正式以法律的形式重申了这一提法，该法第三条明确规定：“货币政策目标是保持货币币值的稳定，并以此促进经济增长。”

与过去的提法相比，新提法强调了稳定币值的重要性，将保持币值稳定作为货币政策的首要任务，并阐述了稳定币值与经济增长的关系，指出保持币值的稳定是促进经济增长的前提和基础，而要保持经济增长又必须摒弃零通胀的方案，在适当增加投入的基础上保持经济的适度增长。这个目标是在对当时宏观经济形势进行分析、判断和总结历史经验，适应市场经济新形势的基础上提出的。

资料来源：曹家和. 论我国货币政策最终目标的演变与定位[J]. 现代经济探讨，2003(2).

三、货币政策的中介指标和操作指标

（一）中介指标和操作指标

中央银行在实施货币政策中所运用的政策工具无法直接作用于最终目标，此间需要有一些中间环节来完成政策传导的任务。货币政策中介指标被定义为是一国货币当局选取的一个或几个可能进行观测和调控的具有传导性质的中介金融变量，以保证货币当局可以依据既定的规则，通过操作货币政策工具调控中介指标，最终达成最终目标的实现。

中央银行在其工具和最终目标之间，插进了两组金融变量，一组是中介指标，一组是操作指标。中介指标用来反映操作指标的作用效果。两者都属于广义中介指标的范畴。

操作指标是接近中央银行政策工具的金融变量，它直接受政策工具的影响，其特点是中央银行容易对它进行控制，但它与最终目标的因果关系不大稳定。

中介指标是距离政策工具较远但接近于最终目标的金融变量，其特点是中央银行不容易对它进行控制，但它与最终目标的因果关系比较稳定。建立货币政策的中介指标和操作指标，总的来说，是为了及时测定和控制货币政策的实施程度，使之朝着正确的方向发展，以保证货币政策最终目标的实现。

（二）常用的中介指标

1. 长期利率

西方传统的货币政策均以长期利率为中介指标。

长期利率作为货币政策的中介指标的优点是可测性和可控性好。就可测性而言，利率属于中央银行影响可及的范围，中央银行能够运用政策工具设法提高或降低利率；就可控性而言，尽管中央银行不能直接控制市场利率，但是中央银行可以根据市场上资金供求的松紧状况和一定时期实现货币政策目标的要求，通过公开市场业务，调节市场的资金供求，或通过再贴现率的变动，影响市场利率，这样可以间接调控市场利率。

但是在现实中长期利率作为货币政策的中介指标也有许多不足。

(1) 容易受非政策性因素的影响。经济过热，应提高利率；经济萧条，应降低利率。因此作为政策变量，利率与总需求沿同一方向变动。由此可见，作为经济内生变量和政策变量，利率在变化方向上是一致的，这就往往使政策效果与非政策效果混合在一起，使中央银行难以弄清真相而做出错误判断，影响了最终货币政策目标的实现。

(2) 对经济产生作用、影响投资决策的是预期实际利率水平,而预期实际利率的数据很难获得,中央银行也就很难对它进行有效控制。

(3) 利率对经济活动作用的大小还取决于货币需求的利率弹性。只有当货币需求的利率弹性较大时,利率变动对经济活动的影响才会明显。而货币需求的利率弹性既受经济体制的影响,又受金融市场发达程度的影响,还与经济运行的阶段、时期密切相关。同时上述因素都是中央银行无法控制的,这无疑增加了中介指标利率与最终目标之间关系的不确定性,其相关性减弱。

2. 货币供应量

货币供应量的变动直接影响人们的名义收入支出水平,由此而影响投资、就业、产出及物价水平,以货币供应量作为货币政策的中介指标的优点在于以下几个方面。

(1) 货币供应量的变动能直接影响经济活动。

(2) 货币供应量及其增减变动能够为中央银行所直接控制。

(3) 与货币政策联系最为直接。货币供应量增加,表示货币政策松弛,反之则表示货币政策紧缩。

(4) 货币供应量作为指标不易将政策性效果与非政策性效果相混淆,因而具有准确性的优点。

但以货币供应量为指标也有几个问题需要考虑。

(1) 中央银行对货币供应量的控制能力。货币供应量的变动主要取决于基础货币的改变,但还要受其他种种非政策性因素的影响,如现金漏损率、商业银行超额准备金率、定期存款比率等,这些非中央银行所能完全控制。

(2) 货币供应量传导的时滞问题。中央银行通过变动准备金以期达到一定的货币量变动率,但此间存在着较长的时滞。

(3) 货币供应量与最终目标的关系。对此有学者持怀疑态度。但从衡量的结果来看,货币供应量仍不失为一个性能较为良好的指标。

3. 贷款量

贷款量作为中介指标,其优点如下。

(1) 与最终目标有密切相关性。流通中现金与存款货币均由贷款引起,中央银行控制了贷款规模,也就控制了货币供应量。

(2) 准确性较强,作为内生变数,贷款规模与需求是正值相关;作为政策变数,贷款规模与需求也是正值相关。

(3) 数据容易获得,因而也具有可测性。

以贷款量作为中介指标在具体实施中各国情况也有差异。政府对贷款控制较严的国家,通过颁布一系列关于商业银行贷款的政策及种种限制,自然便于中央银行控制贷款规模。反之则不然。以贷款量作为指标,各国采用的计量口径也不一致,有的用贷款余额,有的则用贷款增量。

(三) 常用的操作指标

1. 短期利率

短期利率通常指货币市场利率,即能够反映市场资金供求状况、变动灵活的利率,如同业拆解市场利率、回购协议市场利率、票据市场贴现率等。它是影响社会的货币需求与货币供给、银行信贷总量的一个重要指标，也是中央银行用以控制货币供应量、调节市场货币供求、实现货币政策目标的一个重要的政策性指标。

由于央行货币政策操作主要在货币市场进行，因此，这些指标从理论上看，基本是可控的，而且货币市场交易相对集中，信息比较透明，这些指标的可测性也较好。但这些指标要在货币政策中发挥较好的作用，一个必要条件是需要一个较为发达的货币市场。

2. 存款准备金

中央银行以准备金作为货币政策的操作指标，其主要原因是无论中央银行运用何种政策工具，都会先行改变商业银行的准备金，然后对中介指标和最终目标产生影响。因此可以说变动准备金是货币政策传导的必经之路，由于商业银行准备金越多，银行贷款与投资的能力就越大，从而派生存款和货币供应量也就越多。因此，银行准备金增加被认为是货币市场银根放松，准备金减少则意味着市场银根紧缩。

但准备金在准确性方面的缺点犹如利率。作为内生变量，准备金与需求负值相关。借贷需求上升，银行体系便减少准备金以扩张信贷；反之则增加准备金而缩减信贷。作为政策变量，准备金与需求正值相关。中央银行要抑制需求，一定会设法减少商业银行的准备金。因而准备金作为金融指标也有误导中央银行的缺点。

3. 基础货币

基础货币是中央银行经常使用的一个操作指标，也常被称为“强力货币”或“高能货币”。从基础货币的计量范围来看，它是商业银行准备金和流通中通货的总和，包括商业银行在中央银行的存款、银行库存现金、向中央银行借款、社会公众持有的现金等。

多数学者公认基础货币是较理想的操作指标。因为基础货币是中央银行的负债，中央银行对已发行的现金和它持有的存款准备金都掌握着相当及时的信息，因此中央银行对基础货币是能够直接控制、检测和操作的。但其离货币政策最终目标较远，也会影响其作用效果。

我国货币政策中介指标的演进

我国货币政策中介指标的演进经历了一个漫长的过程。改革开放前30年，信贷规模和现金发行量事实上扮演着我国货币政策中介指标的角色；随后的十几年，中央银行继续以贷款规模限额为中介指标和操作目标。直到进入20世纪90年代，1993年12月25日国务院《关于金融体制改革的决定》明确提出，我国今后货币政策中介指标主要有4个：货币供应量、信用总量、同业拆借利率和银行超额准备金率。

当时的中央银行行长戴相龙进一步指出：“随着金融机构不断增多，信用渠道拓宽，贷款规模作为中介指标已不适宜，因此，从长远看，要以货币供应量为中介指标。但现在处在过渡期，还要发挥信贷规模、现金的中介指标作用。同时，不断发挥货币供应量的中介指标作用”。

1994年9月，为加快货币政策中介指标的改革进程，中国人民银行正式宣布我国货币供应量的层次划分标准，并于当年年底将其用作监测指标，首次按季向社会公布不同层次货币供应量的情况，以此来分析金融货币形势，适时地建立了预示社会总需求变化的货币供应量统计制度。1996年以后，中国人民银行正式明确地将狭义和广义货币供应量作为货币政策中介指标的组成部分，对于操作目标，选择的有基础货币、银行准备金率、同业拆解利率。

1997 年 12 月 26 日，中国人民银行宣布，自 1998 年 1 月 1 日起，取消对国有商业银行贷款规模的限额控制。对国有商业银行不再下达指令性贷款计划，改为按年(季)下达指导性计划。这个指导性计划只是供执行自编资金计划时参考。

在此情况下，我国加大了采用公开市场操作、同业拆借利率等新政策工具进行宏观间接调控的力度，货币政策传导机制随之进一步发生变化。这样在形式上转向了以货币供应量为唯一中介指标。但关于我国实际的货币政策是不是以货币供应量为唯一的中介指标，不同的研究者尚有争论。

资料来源：王莹. 论后金融危机时期我国货币政策中介指标选择问题[D]. 华东师范大学，2012.

第二节　货币政策工具

货币政策工具又称为货币政策手段，是中央银行为实现货币政策目标而使用的各种政策手段。货币政策工具形式多种多样，各有其特点和适用条件，但其基本原理都是相同的，即通过调节货币供应量，达到实现货币政策目标的目的。具体工具如下。

一、一般性货币政策工具

西方发达国家将法定存款准备金、贴现窗口及公开市场操作誉为货币政策工具“三大法宝”。人们通常将这 3 种工具表述为“法定存款准备金政策、再贴现政策和公开市场业务”，归为一般性货币政策工具，这类工具是对货币供应量进行调节和控制的政策工具，对社会的货币信用进行总量控制，而不是针对各种资金的用途进行管理。

(一) 法定存款准备金政策

法定存款准备金政策是中央银行在法律赋予的权力范围内，通过规定或调整商业银行缴存中央银行准备金的比率，控制和改变商业银行的信用创造能力，间接控制社会货币供应量的活动。

法定存款准备金与货币政策

法定存款准备金是存款机构按照中央银行的有关要求为其存款负债留存一定数额的准备金，通常存放于其在中央银行开立的准备金账户上。法定存款准备金制度最初为美联储所采用，其目的在于保证商业银行的支付和清算，防止金融机构大量发放贷款而导致的流动性不足，从而影响对客户的支付能力。

1933 年，在《农业调整法》的《托马斯修正案》中，美国国会赋予美国联邦储备体系在征得美国总统同意的条件下变动法定存款准备金率的紧急权力。在 1935 年美国颁布的《银行法》中，这个紧急权力扩展为允许美联储自行决定变动法定存款准备金率的权力。中央银行通过调整法定存款准备金率，可以直接影响货币乘数，增加或减少由既定水平的基础货币支持的存款数额，从而导致货币供给的扩张或收缩。

资料来源：张翠微. 关于中国中央银行货币政策工具的研究[D]. 武汉大学，2012.

目前，凡是实行中央银行制度的国家，一般都实行法定准备金制度。法定存款准备金率政策的真实效用体现在它对存款货币银行的信用扩张能力、对货币乘数的调节。若中央银行采取紧缩政策，中央银行提高法定存款准备金率，则限制了存款货币银行的信用扩张能力，降低了货币乘数，最终起到收缩货币供应量和信贷量的效果，反之亦然。

存款准备金政策具有以下优点：一是中央银行完全可以自主操作，是三大货币政策工具中最具主动性的工具；二是存款准备金率的变动对货币供应量的作用迅速，一经颁布即可达到立竿见影的效果；三是准备金制度通常情况下对所有的商业银行一视同仁，所有的金融机构都同样受到影响。

但是，由于这一工具的作用直接而且巨大，不仅会使商业银行的流动管理面临较大挑战，而且会对公众预期造成较大影响，因此存款准备金率的降低或取消目前已成为存款准备金政策的改革方向。20 世纪 90 年代以来，存款准备金政策在许多国家开始弱化。但由于其容易操作、效果明显，在我国仍然是常用的政策工具。

（二）再贴现政策

再贴现业务最初确立于 1833 年的英国《银行特许法》，1913 年美国《联邦储备法》明确将再贴现业务作为美联储的货币政策工具之一，后来这一货币政策工具逐渐被其他国家所效仿和采用。再贴现政策是中央银行通过制定调整再贴现利率来干预和影响市场利率以及货币市场的供给和需求，从而调整市场货币供应量的一种政策措施。

其内容包括两个方面：一是再贴现率的制定和调整；二是规定申请再贴现的商业银行资格。前者主要是影响商业银行的准备金及社会的资金供求，后者则主要是影响商业银行及全社会的资金投向，通过对这两方面的控制，中央银行分别从短期和长期调节货币供应量。

再贴现政策首先可以通过调整贴现率，影响借款成本，当中央银行需要紧缩信用时，会相应提高再贴现率，使商业银行因借款成本的提高，从而减少向中央银行的再贴现或者用其他资产偿还中央银行的借款，从而导致中央银行基础货币的投放减少。同时，出于成本上升的考虑，商业银行则会随之提高贷款利率，银行的信用规模收缩。

放松信用的操作正好与此相反；其次，再贴现政策有强烈的告示效应。因为再贴现率的变动会向全社会明确告示中央银行的政策意图。它的提高表明中央银行采取紧缩的货币政策；反之则表明中央银行将放松银根。这就能通过人们的预期成本和利益的变化，调整对信用的需求，进而影响国民经济。

再贴现政策的不足如下。

1. 主动权并非只在中央银行

商业银行是否愿意到中央银行申请再贴现，或再贴现多少，取决于商业银行的行为，如果商业银行可以通过其他途径筹措到资金而不依赖于再贴现，则中央银行就不能有效地控制货币供应量。

2. 再贴现率的调节作用有限

在经济高速增长时期，再贴现率无论多高，都难以遏制商业银行向中央银行再贴现或借款；在经济萧条时期，再贴现率无论多低，都无法刺激商业银行的借款需求。

3. 政策缺乏弹性

再贴现率的随时调整通常会引起市场利率的经常性波动，这会使企业或商业银行无所适从，在正常情况下，再贴现率不宜随时变动，弹性很小。

（三）公开市场业务

公开市场业务是指中央银行为实现货币政策目标而在公开市场上买进或卖出证券的行为。当金融市场上资金缺乏，中央银行就通过公开市场买进有价证券，向社会投入基础货币，扩大信贷规模，增加货币供应量；反之，当金融市场上资金泛滥，货币过多时，中央银行就可以卖出有价证券，回笼货币，引起信用规模的收缩和货币供应量的减少。

与前两种工具相比，公开市场操作政策更具有弹性，更具有优越性。

1. 主动性强

公开市场业务是按照中央银行的主观意愿进行的，主动权完全在中央银行，操作规模的大小完全受中央银行控制，避免了再贴现政策的“被动等待”，从而确保货币政策具有超前性。

2. 调控效果缓和，振动小

公开市场业务的规模和方向可以灵活安排，中央银行可以运用它对货币供应量进行微调，从而避免了“一刀切”式的存款准备金率调整所产生的震动性影响。

3. 灵活性强

公开市场政策具有较强的伸缩性，公开市场业务的规模和方向性可以灵活安排，中央银行可以随时根据金融市场的变化，不受时间、数量和方向的限制进行连续的操作，是各国中央银行日常使用的一个重要工具。

同时，不像存款准备金政策及再贴现政策那样具有很大惯性，公开市场操作具有极强的灵活性，中央银行可根据市场情况适时地调整业务规模，改变操作方向，一旦经济形势发生变化，可以迅速进行反向操作以进行矫正。

公开市场操作虽然具有许多优点，但并不是所有国家的中央银行都可以采用。有效地开展公开市场业务需具备3个重要条件：其一，中央银行应具有强大的足以干预和控制整个金融市场的资金实力；其二，有一个发达、完善和全国性的金融市场，具有相当的独立性，证券种类齐全，且达到必需的规模；其三，必须与其他货币政策工具配合。

公开市场业务的由来

公开市场操作最早为19世纪英格兰银行所采用，当时英格兰银行出于维持国库券价格稳定的目的来买卖国库券，并没有将其作为中央银行的常规货币政策工具。

作为中央银行货币政策工具的公开市场业务是20世纪20年代美联储通过买卖债券来解决自身财务问题时意外发现的，当中央银行买入国债时，不仅增加了中央银行持有国债的规模，同时也增加了商业银行的准备金存款和基础货币，进而增加货币供给，并带动货币市场利率有所下降；反之，当中央银行通过公开市场操作卖出国债时，存款准备金和基础货币都有所减少，货币供给也相应减少，货币市场利率则有所上升。

这样公开市场操作就成为中央银行调节货币供应量和市场短期利率的最为重要的货币政策工具。

资料来源：(美)弗雷德里克·S.米什金.货币金融学[M].六版.北京：中国人民大学出版社，2005.

二、选择性货币政策工具

选择性货币政策工具是指中央银行针对某些特殊的经济领域或特殊用途的信贷而采用的信用调节工具，这些措施一般都是针对不同行业调控的需要，有选择地运用。与侧重于货币总量调节的一般性货币政策工具相比，选择性的货币政策工具侧重于信贷资金的结构性调节，主要包括消费信用控制、证券市场信用控制、不动产信用控制、优惠利率、预缴进口保证金等。

1. 消费信用控制

消费信用控制是指中央银行对不动产以外的各种耐用消费品的销售融资予以控制。如可以通过规定用分期付款购买耐用消费品时第一次付款的最低金额，也可以通过规定用消费信贷购买商品的最长期限。此外，还可以规定可用消费信贷购买的耐用消费品种类，对不同消费品规定不同的信贷条件等手段实现信用控制。

2. 证券市场信用控制

证券市场信用控制是中央银行对有关证券交易的各种贷款进行限制，目的在于抑制过度投机。比如可以规定一定比例的证券保证金，并随时根据证券市场状况进行调整。

证券投资信用控制的主要手段是规定保证金比率，即规定证券购买人首次支付占证券交易价款的最低比率。保证金比率越高，现金支付的比重越大，信用方式购买有价证券的比重则越小。中央银行可根据金融市场及经济形势，随时改变证券保证金比率，以控制对证券市场的信贷规模。

3. 不动产信用控制

不动产信用控制是指中央银行对商业银行等金融机构在房地产贷款方面的限制性措施，目的在于控制房地产投机，抑制地产泡沫。如规定不动产贷款的最高限额、贷款的最长期限、第一次付款最低金额以及分期还款的最低金额等。

4. 优惠利率

优惠利率是指中央银行根据国家产业政策对需要重点发展的经济部门或产业，规定较低贴现利率或放款利率的一种管理措施。例如，国家对基础产业、高科技产业、出口创汇企业等采取的鼓励措施，执行优惠利率政策。

5. 预缴进口保证金

预缴进口保证金即中央银行要求进口商预缴占进口商品总值一定比例的保证金，以抑制进口的过快增长。该工具多为国际收支经常项目出现逆差的国家采用。

三、其他货币政策工具

（一）直接信用控制

直接信用控制是指中央银行以行政命令或其他方式，从质和量两个方面，直接对金融机构尤其是存款货币银行的信用活动进行控制。其手段包括规定利率限额及信用配额，规定金融机构流动性比率和直接干预等。其中，规定存贷款最高和最低利率限制，是最常使用的直接信用管制工具。

（二）间接信用指导

间接信用指导是指中央银行通过道义劝告、窗口指导等办法间接影响商业银行等存款金融机构的信用创造。

1. 道义劝告

道义劝告是指中央银行利用自己在金融体系的特殊地位和威望，通过对银行及其他金融机构通告或指示，或对各金融机构负责人劝告与交流等，影响其贷款的数量和投资的方向，使银行和其他金融机构自动采取政策的相应措施，更好地贯彻中央银行政策，达到控制和调节信用的目的。

道义劝告的具体实施手段一般包括情况通报、书面文件、指示及与负责人面谈意向等，该方法既能影响信用总量，又有助于调整信用的构成。道义劝告不具有强制性，一般不依靠法令赋予的特殊权力，而是通过各金融机构领会政策意图自愿合作，使中央银行的政策意图得以贯彻。

2. 窗口指导

窗口指导是指中央银行根据产业行情、物价趋势和金融市场动向以及货币政策的要求等，对商业银行的贷款重点和贷款规模进行指导。窗口指导是指中央银行根据产业行情、物价趋势和金融市场动向等经济运行中出现的新情况和新问题，对存款货币银行提出信贷的增减建议。若存款货币银行不接受，中央银行将采取必要的措施，如可以减少其贷款的额度，甚至采取停止提供信用等制裁措施。窗口指导虽然没有法律约束力，但影响力往往比较大。

央行对银行“窗口指导”：不要到处乱借钱！

2016 年 12 月 1 日，为防止短期资金面扰动，央行各地分支行日前已陆续对部分商业银行“窗口指导”，形式以口头为主。主要内容为“减少短期限的同业拆借，不要过度推高市场利率。有必要可向央行申请 SLF(常备借贷便利)！”

资料来源：证券时报，2016 年 12 月 1 日.

间接信用指导的优点是较为灵活，但是要起作用，必须是中央银行在金融体系中有较高的地位，并拥有控制信用的足够的法律权利和手段。

四、我国货币政策工具的运用

一国货币当局使用什么样的工具来实现特定的货币政策目标并非一成不变，需要根据特定时期的经济、金融环境及客观条件而定。我国的货币政策工具的运用，也在随着金融市场和信用制度的不断完善而经历着一系列的变化。中国人民银行从 1984 年开始执行央行职能后，使用过的货币政策工具有贷款计划、存款准备金、利率等，其中最主要的是贷款计划。

1995 年 3 月《中华人民共和国中国人民银行法》颁布后，我国货币政策调控逐步由直接调控为主向间接调控为主转化，1998 年是我国货币政策发展过程中的重要转折点，信贷规模控制在这一年被央行取消，成了央行宏观调控从直接转向间接的分水岭，此后货币政策工具以存款准备金政策、利率政策、再贷款政策、公开市场业务为主，再贴现政策、指导性信贷计划、道义劝告等为辅。尤其是 2007 年以来，面对复杂多变的宏观经济形势，央行频繁采用了法定存款准备金政策、利率政策、公开市场业务等，改变货币供应量，从而实现宏观经济调控目标。上述转变具体如表 9-1 所示。

表 9-1　1998 年前后我国货币政策工具的转变

时　间	货币政策工具	
	主 要 工 具	其 他 工 具
1998 年之前(直接调控为主)	信贷现金计划、再贷款政策	利率政策、再贴现政策、信贷政策
1998 年之后(间接调控为主)	存款准备金政策、公开市场业务利率政策、再贷款政策	再贴现政策、指导性信贷计划、道义劝告

2017 年货币政策“稳健中性”　预计 M2 增速不超 12%

2016 年 12 月 16 日闭幕的中央经济工作会议指出，货币政策要保持稳健中性，适应货币供应方式新变化，调节好货币闸门，努力畅通货币政策传导渠道和机制，维护流动性基本稳定。这为 2017 年货币政策定下了基调。

设置货币闸门将导致货币投放方式更为主动

中国民生银行首席研究员温彬对《证券日报》记者表示，“稳健中性”即保持量要适度，价要合理。预计 2017 年广义货币供应量(M2)增速或为 12%左右，以保持货币供应量的平稳增长。尽管外汇占款作为基础货币投放的方式已经发生了变化，但央行拥有十分丰富的公开市场操作工具，可以调节市场的流动性，确保整个金融体系的合理和稳定。

资料来源：证券日报，2016 年 12 月 26 日.

第三节　货币政策传导机制

一、货币政策传导机制

货币政策传导机制是指中央银行根据货币政策目标，运用货币政策工具影响中介指标，通过金融机构的经营活动和金融市场传导至企业、居民，对其生产、投资和消费等行为产生影响，进而最终实现既定政策目标的传导途径与作用机理。具体传导如图 9-3 所示。货币传导机制是否完善及提高，直接影响货币政策的实施效果以及对经济的贡献。

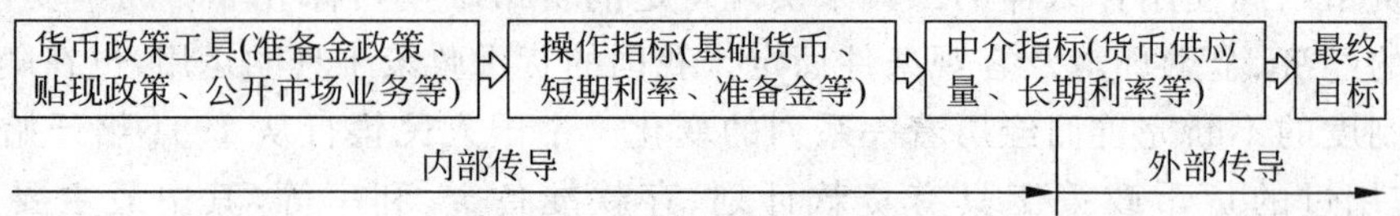

图 9-3　货币政策传导机制

二、货币政策传导机制的环节

货币政策传导一般有 3 个基本环节，其顺序如下。

(1) 从中央银行到商业银行等金融机构和金融市场。中央银行的货币政策工具操作，首先影响的是商业银行等金融机构的准备金、融资成本、信用能力和行为，以及金融市场上货币供给与需求的状况。

(2) 从商业银行等金融机构和金融市场到企业、居民等非金融部门的各类经济行为主体。商业银行等金融机构根据中央银行的政策操作调整自己的行为，从而对各类经济行为主体的消费、储蓄、投资等经济活动产生影响。

(3) 从非金融部门经济行为主体到社会各经济变量，包括总支出量、总产出量、物价、就业等。

金融市场在整个货币的传导过程中发挥着极其重要的作用。首先，中央银行主要通过市场实施货币政策工具，商业银行等金融机构通过市场了解中央银行货币政策的调控意向；其次，企业、居民等非金融部门经济行为主体通过市场利率的变化，接受金融机构对资金供应的调节，进而影响投资与消费行为；最后，社会各经济变量的变化也通过市场反馈信息，影响中央银行、各金融机构的行为。

三、货币政策的传导渠道

在货币政策的整个传导机制的3个环节中，最重要的是传导渠道问题。关于货币政策的传导渠道，西方大多数经济学家都认为主要有两个基本渠道：货币渠道和信贷渠道，其中，货币传导渠道可以细分为利率渠道、汇率渠道、金融资产价格渠道；信贷渠道可以细分为资产负债表渠道和银行贷款渠道。

（一）货币传导渠道

1. 利率渠道

货币渠道最早是由西方经济学家提出的。凯恩斯1936年出版的《就业、利息和货币通论》被认为是现代意义上货币传导理论的起源。凯恩斯学派认为货币政策传导是通过“货币价格”——利率途径完成。

将凯恩斯的货币政策利率渠道传导机制描述为：“货币供应量↑→利率↓→投资↑→支出↑→产出↑”，货币供应量增加代表一种扩张性货币政策，在既定的流动性偏好(即货币需求函数)下，货币供应量的增加导致市场利率的下降，在既定的资本边际效率下，更低的利率刺激投资支出的增加，投资通过投资乘数效应导致产出增加。

2. 汇率渠道

汇率传导途径可以描述为：“货币供应量↑→利率↓→汇率↓→净出口↑→产出↑”。在汇率传导途径中由于我国的货币政策和汇率政策的矛盾冲突、货币政策“保持物价稳定和促进经济增长”的双重目标以及利率市场化程度过低，都大大地影响了汇率传导的有效性，使得汇率传导途径并未充分发挥出应有的作用。

3. 金融资产价格渠道

以托宾q理论为代表的非货币资产价格途径是用于解释货币政策如何通过作用于股票价值来影响经济的理论。托宾定义的q是指企业的市场价值(一般是指它的股票价值)除以其资本的重置成本所得到的值，托宾q理论(金融资产价格传导渠道)的传导途径可以描述为：“货币供应量↑→利率↓→股票价格↑→托宾q↑→投资↑→产出↑”，当货币供应量上升时，利率下降，股票价格上升，更高的股票价格导致更高的q，这样就会催生更高的投资支出进而推动经济增长。托宾q将资本市场与实业经济联系起来，揭示了货币经由资本市场而作用于投资，该理论已成为政策研究与政策制定的重要工具。

（二）信贷渠道

1. 资产负债表渠道

资产负债表途径可以描述为："紧缩性货币政策→利率↑→企业净价值↓→外部资金成本↑→投资需求↓→产出↓"。紧缩性的货币政策会通过利率的上升，使借款者有一些未到期偿还的短期利率或者浮动利率的债务，从而增加其利息支出，减少其净现金流量，使借款者的财务状况恶化，或者是由于利率的上升，进一步伴随着资产价格的下降，导致借款者抵押资产价值的下降使借款者的资产负债状况恶化。

2. 银行贷款渠道

银行贷款途径可以描述为："紧缩性货币政策→银行贷款↓→利率↑→投资需求↓→产出↓"。银行贷款渠道侧重于中央银行运用货币政策影响存贷机构的贷款供给能力，以及贷款依赖型私人部门的存在，通过银行信贷量的变动对总支出产生独立的影响。

四、我国货币政策传导机制应关注的新问题

货币政策传导机制的效率不仅取决于中央银行货币政策的市场化取向，而且取决于金融机构、企业和居民行为的市场化程度，即它们必须对市场信号做出理性的反应。如果它们不能完全按照市场准则运行，即不能对市场信号，包括中央银行的间接调控信号做出理性反应，那么货币政策工具就不可能通过对货币信贷条件的调节来实现其政策目标，货币政策传导过程就会受到梗阻，货币政策效果就会被减弱。

（一）更多关注物价上涨水平变化

随着货币政策传导机制由货币渠道向利率渠道的变化，各国货币政策的操作工具也逐渐由货币供应量调整为利率，提醒我国注意客观认识并恰当把握货币供应量增长率与经济增长和物价上涨之间的关系。货币政策不宜简单地以货币供应量增长率是否适度来衡量。应该更多地关注最终目标，即物价上涨水平变化而非中介指标及货币供应量变化。

（二）关注资本市场发展和资产价格变化对于货币政策的影响

随着资本市场的迅速发展，资产价格渠道在货币政策传导机制中的作用越来越大且比较复杂，资产价格本身日益引起各国货币政策当局的关注，并将其作为主要的监控目标，我国必须高度关注资本市场发展和资产价格变化对于货币政策的影响。

我国近年来资本市场发展迅速，一方面，资本市场投资与银行储蓄存款的替代关系越来越明显，客户保证金对货币层次结构的影响越来越大，致使 M2 指标的全面性受到挑战，需要建立包括保证金等在内的货币供应量新指标。另一方面，当前我国资本市场的财富效应不显著，资产价格变化对实体经济尤其是投资与消费的影响并不大。因此，货币政策需要关注资产价格的变化。但不能以资本市场变化为目标。在具体操作中应该主要以实体经济的稳定和增长为目标，适当兼顾资本市场的需要。

（三）应适当考虑预期因素对货币政策的作用

生产者和消费者信心使预期因素的传导作用趋于增强，对于货币政策效果造成了比较复杂的影响，已经引起各国货币政策当局的关注，需要在我国货币政策实践中加以考虑。我国的货币政策实践应适当地考虑预期因素的作用，在货币政策决策之前，对预期因素的作用

有一个"预期",以保证货币政策的有效性。

第四节　货币政策效应

制定和实施货币政策的目的是为了实现调节宏观经济运行的政策目标,而货币政策能否实现以及能够在多大程度上实现其政策目标,即货币政策效应如何,一直是货币政策制定者十分关心的问题。

一、货币政策效应

货币政策效应是指货币管理当局推行一定的货币政策之后,社会经济运行所做出的现实反应。它是货币政策的实施对社会经济生活产生的影响,是货币政策传导于经济过程之后的必然结果。货币政策的实施过程受多种因素的影响。因此,货币政策的效应是一种综合结果。

二、货币政策效应的影响因素

(一) 内在影响因素

影响货币政策效应的因素,首先来自货币政策自身的构成要素,具体如下。

1. 货币政策目标

货币政策目标一经确定,中央银行就会采取相应的措施去组织实施。在一般的情况下,货币政策目标能否实现,现实经济效果与货币政策目标的偏差程度等都反映货币政策的优劣。

2. 货币政策工具

正如前所述,不同的货币工具有不同的特点、不同的适用条件、不同的政策效果,因此中央银行必须根据经济、金融的现实情况,选择最优的货币政策工具以实现货币政策目标。

3. 货币政策运用的时机

同样的货币政策或货币政策工具,在不同的经济环境中运用,其所收到的效果会大不一样。因此,应把握时机,适时推出货币政策。

(二) 外部环境因素

由于货币政策是在特定的社会经济金融环境中运行的,影响货币政策效应的因素来自方方面面,下面对几个主要因素进行分析。

1. 时滞

货币政策从需要制定政策,到这一政策最终获得主要的或全部的政策效果所需的时间被称为货币政策的时滞。时滞是影响货币政策效应的重要因素。假如货币政策的时滞长度有限,并且非常均匀,可以进行较为准确的预测,那么中央银行就能有效地调控货币政策作用的力度与方向,以更好地实现货币政策的目标;假如货币政策的时滞长且不稳定,中央银行就无法在特定的时期准确地观察、预测政策的执行情况,货币政策或者将在错误的时间内发生作用,或者将使经济形势更加恶化,货币政策作用的效果会受到严重的影响。

通常货币政策的时滞可分为内部时滞和外部时滞。

1）内部时滞

内部时滞是中央银行从制定政策到采取行动所需要的时间。它又可以分为两种时滞。

（1）认识时滞。指从确实有实行政策行动的需要到认识到有这样一种需要之间所耗费的时间。这段时滞存在的原因，一是因为收集各种信息资料需要耗费一定的时间；二是对各种复杂的经济现象进行综合分析，做出客观的、符合实际的判断需要耗费一定的时间。

（2）决策时滞。指从认识到需要改变政策到提出一种新的政策所需耗费的时间。这部分时滞的长短取决于中央银行对各种信息资料的占有程度，对经济金融形势的分析和判断能力，中央银行决策水平的高低和对金融调控能力的强弱。

2）外部时滞

外部时滞是中央银行从采取行动到政策对经济过程发生作用所耗费的时间，也就是作为货币政策调控对象的金融部门和企业部门对中央银行实施货币政策的反应过程。外部时滞较为客观，是一个由社会经济结构与产业结构、金融部门和企业部门的行为等多种因素综合决定的复杂变量，中央银行难以对它进行实质性的控制。

2. 货币流通速度

货币流通速度建立起了一国货币供应量与国内生产总值之间的联系，是经济体系中的关键变量，也是影响货币政策效应的一个重要因素。对于货币流通速度的一个相当小的变动，如果政策制定者未能预料到或在估算这个变动幅度时出现小的误差，都可能使货币政策的效果受到严重影响，甚至可能使本来正确的政策走向反面。

假设预测年度GDP将增长10%，根据以前年份有关数据的实证分析，只要包括货币流通速度在内的其他条件不变，货币供应量等比率增加即可满足GDP增长对货币的追加需求，若预测期内货币流通速度加快了5%，不考虑其他条件的变化，货币供应则大约只需增加4.76%（1.1÷1.05－1）。

如果货币当局没有预测到上述货币流通速度的变化，仍然使货币供应量增加10%，那么新增的货币供应量将成为助长经济膨胀的直接因素。但是在现实经济中，影响货币流通速度的因素很多，货币流通速度的准确估算十分困难，大大削弱了货币政策效应。

3. 微观主体预期的抵消作用

不同社会政治团体的利益不完全一致，为了扩大每个团体自身的利益，他们必然要竭尽所能干预货币政策，进而对货币政策效应产生一定影响。

例如，政治性经济周期的影响。通常，高经济增长和低失业会给执政党带来不少选票，所以，执政党在大选之前都力图刺激经济，而新政府一般在大选后便及时采取收缩政策，使国民经济平稳下来，这叫作"政治性经济周期"。但由于大多数西方国家中央银行理事会成员预期与政府首脑不一致，因此在大选之前往往出现货币政策与财政政策大相径庭的局面，总统力图刺激国民经济，降低失业率，中央银行力图稳定国民经济，抑制通货膨胀。所以，政治性经济周期的存在也在一定程度上影响货币政策的效果。

三、货币政策效应的衡量

货币政策效应的好坏也反映出一个国家的货币政策运用得是否妥当。货币政策效应包括货币政策的时间效应和数量效应。因此，货币政策效应的衡量主要有两个方面：一是效应发挥的快慢，即货币政策从制定到获得主要的或全部的效果所经过的时间，也就是上述时滞的长短；二是发挥效力的大小强度，这是政策效应衡量的主要方面。

现实生活中，宏观经济目标的实现往往有赖于多种政策的配套进行。因此要准确地检验货币政策效果，必须结合与其他政策之间的相互作用及作用大小进行分析。

对货币政策效应大小的判断，一般着眼于实施的货币政策所取得的效果与预期所要达到的目标之间的差距。

综上所述，宏观经济目标的实现有赖于多种政策的配套进行，所以货币政策也必须取得其他经济政策的协调配合，才能有效地实现货币政策的最终目标。这种政策的协调配合包括与财政政策的协调、与产业政策的协调、与收入政策的协调等。政策协调要做得好，必须去深入分析和了解各种政策的共性和差别，充分发挥它们的综合优势，在此不一一赘述。

【关键术语】

货币政策、货币政策目标、货币政策工具、法定存款准备金政策、公开市场业务、不动产信用控制、道义劝告、窗口指导、货币政策传导机制、时滞

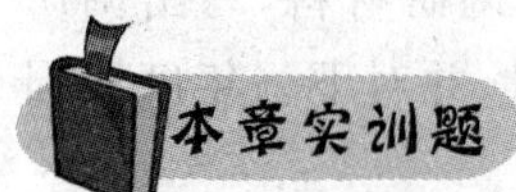

一、单项选择题

1. 货币政策四大目标之间存在矛盾，任何一个国家要想同时实现是很困难的，但其中(　　)是基本一致的。

A. 充分就业与经济增长

B. 经济增长与国际收支平衡

C. 物价稳定与经济增长

2. 1995 年我国以法律形式确定我国中央银行的最终目标是(　　)。

A. 以经济增长为首要目标

B. 以币值稳定为主要目标

C. 保持物价稳定

D. 保持币值稳定，并以此促进经济增长

3. 下列货币政策操作中，引起货币供应量增加的是(　　)。

A. 提高法定存款准备率　　B. 提高再贴现率

C. 降低再贴现率　　D. 中央银行卖出债券

4. 一般来说，中央银行提高再贴现率时，会使商业银行(　　)。

A. 提高贷款利率　　B. 降低贷款利率

C. 贷款利率升降不确定　　D. 贷款利率不受影响

5. 中央银行在公开市场上大量抛售有价证券，意味着货币政策(　　)。

A. 放松　　B. 收紧

C. 不变　　D. 不一定

二、判断题

1. 任何一个国家要想同时实现货币政策所有目标是很困难的，因此，各国一般都选择一到两个目标作为货币政策的主要目标。　　(　　)

2. 在两个目标之间存在矛盾的情况下，通过适当操作，将货币政策两个目标都控制在相对合理的水平，是凯恩斯学派相机抉择的方法。（ ）

3. 币值稳定与物价稳定是同一个概念。（ ）

4. 法定存款准备金率的调整一定程度上反映了中央银行的政策意向，发挥告示效应，调节作用有限。（ ）

5. 再贴现是中央银行与商业企业之间办理的票据贴现业务。（ ）

三、简述题

1. 试述中央银行货币政策目标及其矛盾性。
2. 我国货币政策实践中曾使用的工具有哪些？
3. 影响货币政策效应的因素有哪些？

四、实践课堂

浏览中国人民银行网站“货币政策”专栏，阅读货币政策变化的各种政策规定或文件，结合材料和自己对我国自 2007 年以来货币政策调控的学习和认识，整理调研材料，写出调研报告。通过报告撰写，总结我国这么多年来货币政策调整的方向和背景，并对下一年度我国货币政策可能的调整进行展望。

第十章

国际收支与外汇

【内容框架】

国际收支与外汇
- 第一节 国际货币体系
- 第二节 国际收支及国际收支平衡表
- 第三节 外汇与汇率

【学习目标】

1. 了解国际货币体系的发展，掌握外汇、汇率及标价方法；
2. 了解国际收支平衡表及其编制原理；
3. 理解国际收支不平衡对本国经济的影响、汇率升值或贬值对国内外经济的影响。

【学习重点】

1. 当前国际货币体系的缺陷和未来改革的方向；
2. 汇率的标价方法和不同分类；
3. 汇率变化的影响和作用。

【技能要求】

1. 能运用汇率知识分析中国汇率的现状和改革意义；
2. 能运用掌握的知识分析人民币汇率制度的发展；
3. 能探索和分析人民币在国际货币体系改革中扮演的角色和发挥的作用。

引例

国际货币体系改革新起点

人民币在2016年10月1日这一天正式加入国际货币基金组织的特别提款权(SDR)货币篮子。人民币的“入篮”使得SDR篮子里首次出现了来自发展中国家的货币，而且占据了10.92%的权重，仅次于美元的41.73%和欧元的30.93%，超越了日元的8.33%和英镑的8.09%。这显然是一个划时代的事件，也是中国融入国际金融体系的重要里程碑。

经过改革开放以来经济的高速发展，中国已经成为世界第二大经济体和最大的货物贸易国，成为推动世界经济发展的关键力量。人民币加入SDR货币篮子，也成了一件水到渠成的事情。如今，人民币已是全球贸易使用的第五大货币。人民币“入篮”代表了国际社会对中国在全球经济发展中的引领作用的认可，也说明了世界经济格局中中国崛起的现实变化。

资料来源：根据《浙江日报》资料改编。

人民币正式加入SDR，引发了大量关于国际货币体系改革的讨论。其实国际范围热衷于对国际货币体系改革进行讨论，他们关心的不仅仅是国际货币体系的问题，还有跟国际货币体系相关的汇率、国际收支问题，这正是本章要研究的内容。

第一节　国际货币体系

一、国际货币体系的含义

国际货币体系又称“国际货币制度”，是各国政府为适应国际贸易和国际结算的需要，对货币兑换、国际收支的调节等所做的安排或确定的原则，以及为此而建立的组织形式。其具体内容如下。

(1) 各国货币比价的确定，包括汇率波动的界限、调整的幅度等。

(2) 各国货币的兑换性以及对国际支付所采取的措施，如本国货币能否自由兑换、是否限制对外支付等。

(3) 国际储备资产的确定以及储备资产的供应方式。

(4) 国际收支的调节方式，即出现国际收支不平衡时，各国政府应采取什么方法弥补，各国之间的政策措施如何协调。

(5) 国际金融事务的协调、磋商和有关的管理工作等。

理想的国际货币体系应该能充分促进国际经贸发展，具体体现在以下两个方面。

(1) 具有的调节机制能以尽可能小的调节损失纠正各国国际收支的不平衡，并且各国承担的调节责任公平合理。

(2) 国际货币秩序稳定，保证各国拥有足够的清偿能力，国际储备总量适当；最后，人们对该国及货币体系有信心，愿意持有各种储备资产。

二、国际货币制度的类型

(一) 国际金本位制

1. 金币本位制(1870—1914年)

世界上第一个出现的典型国际货币体系是国际金本位制，1870年开始盛行的金币本位

制是一种自发的国际货币体系，它能成功自发建立的主要原因是英国作为当时世界经济和贸易支配地位的国家，首先以《金本位制法案》的方式确立了英镑的法定含金量。

此后，德、法、美、日等国家为了本国经贸发展，纷纷效仿英国实行了金本位制，并自然选择黄金输送点作为各主权国家货币价值稳定的“锚”，各国法定货币按照固定价格兑换黄金十分可信。

在该货币体系下，各国在流通中使用具有一定成色和重量的金币为法定货币，黄金可以在各国间自由输出输入，在“黄金输送点”的作用下，汇率相对平稳，国际收支具有自动调节机制。

金币本位制在当时的历史条件下，对汇率的稳定、国际贸易的发展和资本流动起到了很好的作用，然而随着各国经济的快速发展，其固有的弊端逐渐显露出来：国际支付完全依赖黄金，但黄金的产量有限，无法跟上经济和贸易不断发展的需要，因此，快速发展的世界经济对国际货币需求日益增长与黄金稀缺性的矛盾也与日俱增，众多的缺金国无法维持金本位。终因第一次世界大战爆发后各国纷纷放弃本币对黄金兑换的承诺而终结。

2. 金汇兑本位制(1915—1934 年)

1914 年，第一次世界大战爆发，各参战国纷纷禁止黄金输出和纸币停止兑换黄金，国际金本位制受到严重削弱，之后改行金块本位制或金汇兑本位制。

金汇兑本位制的特点如下。

(1) 金币名义上仍然是本位货币并规定其含金量，但政府并不铸造金币，也不允许居民自由铸造，因此国内并不流通金币。

(2) 本币与某一实行金币本位制或金块本位制的国家(英、美、法、意大利等)的货币保持固定比价，并将本国黄金外汇储备存在挂钩国家的中央银行，通过市场买卖以维护固定比价。

(3) 国内流通的是银行券，其不能直接兑换黄金，只能兑换成可兑换黄金的外国货币。

以上这些特点决定了金汇兑本位制下的本币对可兑换外汇具有高度的依赖性，因此自然具有很强的不稳定性，尽管暂时在一段时间内缓解了矛盾，但因其自身的不稳定性注定不能持久。此后，正是因为上述虚金本位制承诺的黄金兑换都不是无条件的，在 1929—1933 年大危机爆发后，英国被迫放弃英镑与黄金可兑换性的承诺，各国政府纷纷效仿，虚金本位制遭到经济大危机的摧毁。随后，国际货币制度一片混乱，直至 1944 年重建新的国际货币体系——布雷顿森林体系。

(二) 布雷顿森林体系(1944—1973 年)

1. 布雷顿森林体系的建立

第二次世界大战爆发后，整个资本主义世界陷入了剧烈的通货膨胀之中。战后，欧洲各国为恢复和发展国内经济，面对生产设备短缺、物资匮乏的现状，不得不从美国进口商品。美国在商品输出扩大的同时，又严格限制商品输入，形成大量贸易顺差、黄金储备迅速增长，占当时资本主义各国黄金储备的 2/3，GDP 占世界 1/2。

西欧各国为弥补巨额贸易逆差需要大量美元，出现了“美元荒”，面对国际收支大量逆差和黄金外汇储备不足，欧洲各国不约而同地加强了外汇管制。美国认识到这种状况对自身的扩张是个严重障碍，必须设法寻求有效措施使西欧各国货币恢复自由兑换。

1944 年 7 月，第二次世界大战中的 44 个同盟国在美国新罕布什尔州的布雷顿森林召开了“联合国联盟国家国际货币金融会议”，美国的“怀特计划”最终战胜了英国的“凯恩斯计划”，通过了《国际货币基金组织协定》和《国际复兴开发银行协定》，总称《布雷顿森林协定》，建立起布雷顿森林体系，正式以协定的方式确立了美元与黄金挂钩、各国货币与美元挂钩的“双挂钩”制度，这种安排实质上给了美国双重权利——国际货币体系“游戏规则”的制定权和修改权，也是美国以强大经济政治实力为条件有意识争夺金融权力的结局，从此开始了以美元为中心的资本主义货币体系，即布雷顿森林体系。

2. 布雷顿森林体系的主要内容

布雷顿森林体系实际上是美元——黄金本位制，也是一个变相的国际金汇兑本位制，其主要内容是如下。

(1) 实行黄金——美元本位制。以黄金为基础，以美元为主要国际储备货币，实行“双挂钩”原则，即美元与黄金直接挂钩，其他国家货币与美元挂钩。美国政府有义务按35美元兑1盎司黄金的官价兑付其他国家政府或中央银行持有的美元，根据35美元等于1盎司黄金确立的美元含金量，其他国家也以法律形式规定各自的含金量，而后通过含金量的比例，确定各国货币与美元的兑换比例。

(2) 建立一个永久性的国际金融机构，即国际货币基金组织，对国际货币事项进行磋商。

(3) 实行固定汇率制。各国货币按固定比价与美元挂钩，对美元的汇率一般只能在平价上下1%(1971年12月17、18日后调整为2.25%)的幅度内浮动，各国政府有义务干预外汇市场，以维持外汇行市的稳定。只有一国国际收支发生根本性不平衡时，才允许升贬值，但必须经过国际货币基金组织批准。

(4) 国际货币基金组织通过预先安排的资金融通措施，保证向会员国提供辅助性储备供应，帮助会员国解决国际收支困难。

(5) 会员国不得限制经常性项目的支付，不得采取歧视性的货币措施。

3. 布雷顿森林体系的内在缺陷

随着时间的推移，布雷顿森林体系的种种缺陷也逐渐显现出来。

(1) 美国可以充分利用美元的特殊地位，扩大其对外投资，弥补国际收支逆差，从而达到操纵国际金融活动的目的。

(2) 各国以美元作为主要储备资产，这本身就具有不稳定性，即存在著名的“特里芬难题”。与英镑作为实质国际货币的虚金本位制一样，美元也是主权货币，其作为单一国际货币依然无法摆脱主权国货币作为国际货币的弊端。

特里芬认为布雷顿森林体系的运转必须具备两大条件：一是美元对外价值的稳定；二是美元数量上要具有非稀缺性，实际这两个条件不可能同时具备。主权国家货币对外价值的稳定要求本国国际收支为顺差，而如果美国国际收支保持顺差，则美元资产无法满足国际贸易发展的需要，形成“美元荒”；反之，则易引起美元贬值，形成“美元灾”，进而发展为货币危机，这个不可克服的矛盾就是“特里芬难题”，这一难题的存在从某种程度上决定了布雷顿森林体系的崩溃。事实上，布雷顿森林体系解体之前，也确实受到过数次美元危机的冲击，最终以美元停止兑换黄金而终止运行。

4. 布雷顿森林体系的崩溃

(1) 20世纪60年代后，美国出现大量外汇收支逆差，黄金储备大量外流，20世纪60年代末黄金储备不足抵补短期外债，导致美元危机不断发生。各国在国际金融市场大量抛售美元，抢购黄金，或用美元向美国挤兑黄金。

(2) 20 世纪 70 年代，尽管美国政府和国际金融组织为挽救美元采取了许多措施，但未能见效。1971 年 8 月，美国放弃金本位，同年 12 月又宣布美元对黄金贬值 7.89%，黄金官价从每盎司 35 美元提高到 38 美元。1972 年 6 月到 1973 年年初，美元又爆发两次危机，同年 3 月 12 日美国政府又宣布美元贬值 10%，每盎司黄金官价提高到 42.22 美元。

此后，资本主义各国从自身利益出发，纷纷宣布放弃固定汇率，实行浮动汇率，不再承担维持美元汇率的义务。

1974 年 4 月 1 日起，国际协定正式破除货币与黄金的固定关系，以美元为中心的布雷顿森林体系彻底瓦解，国际货币体系迈入牙买加时代。

（三）牙买加体系

1. 牙买加体系的建立

布雷顿森林体系瓦解后，在恢复金本位制、设立最适度货币区等主张的争论下，国际货币基金组织(IMF)1972 年成立的专门委员会终于在 1976 年 1 月组织了牙买加国际货币会议，并签订了《牙买加协议》，此后还通过了《IMF 协定第二次修正案》，标志着牙买加体系的建立。

但是，上述协定只不过承认了浮动汇率制度的合法化，美元作为一种关键货币，它依然扮演着美国的主权货币和国际储备货币、国际清偿力的主体，扮演着国际信贷和计价结算的标准，没有任何一种货币能取代它的地位。IMF 公布的数据显示，截至 2009 年 6 月 30 日，即使美元在全球货币储备中所占比重降到了 1999 年以来的最低水平，都依然达到了 62.8%。

2. 牙买加体系的主要内容

1) 多元化的国际储备货币

与布雷顿森林体系相比，牙买加体系在国际储备货币的安排方面体现了充分的多元化特点。美元的国际货币地位明显削弱，而日元特别提款权的作用不断增强，特别是今天，欧元也越来越成为与美元抗衡的新的国际货币。这种多元化国际货币的局面使得各国可以根据自身情况选择、构建本国多元化的储备结构，以减少风险。

2) 汇率安排多样化

在汇率安排方面，牙买加体系打破了布雷顿森林体系下固定汇率为主的局面，出现了以浮动汇率为主，钉住汇率并存的混合体系，各国可自由选择适合本国的汇率安排。一般发达国家多数采用浮动汇率制，发展中国家多数采用钉住汇率制，钉住某种国际货币或一篮子货币。

3) 调节国际收支的渠道较多

(1) 运用国内经济政策，可以通过改变国内供求关系和经济状况，消除国际收支失衡。如发生资本与金融项目逆差，可提高利率，减少货币供应，以外资流入来弥补缺口。

(2) 浮动汇率制的国家，可运用汇率政策调节。例如，当出现经常项目逆差时，运用汇率政策使本币币值下降，有利于增强本国出口商品的竞争力，从而减少经常项目逆差。

（3）国际融资。在牙买加体系下，国际货币基金组织的贷款能力有所提高，更重要的是，20 世纪 70 年代以后各国可以利用迅速发展起来的国际金融市场进行融资，如欧洲货币市场、亚洲货币市场等，还可以向国际性商业银行借款。

此外，各国还可以通过国际协调或储备的增减来调节国际收支，在国际货币基金组织的干预和协调下，各国政府通过磋商，就国际金融问题达成新的共识与谅解，有利于解决各国间国际收支严重失衡的问题。同时，当一国国际收支失衡时，政府也可以动用本国的外汇储备，使其得到有效的调节。

3. 牙买加体系的缺陷

在实践中，牙买加体系对维持国际经济运转有积极作用，国际储备货币的多元结构为国际经济提供了多种清偿货币，摆脱了布雷顿森林体系下对美元的过分依赖，多样化的汇率安排适应了不同国家发展程度的需要，灵活多样的调节机制使国际收支的调节更见成效。但作为国际货币体系，牙买加体系并非绝对的理想，仍存在一些缺陷。

（1）多元化国际储备货币格局下，储备货币的发行国可以享受到“铸币税”等多种好处，同时在多元化储备货币安排下，国际上缺乏统一而稳定的货币标准，很容易造成国际金融的不稳定。

（2）以浮动汇率制为主体，汇率经常出现大起大落，变化不定，加大了外汇风险，在一定程度上抑制了国际贸易活动，但极易导致国际金融投机的猖獗，对发展中国家而言，这种负面影响更为突出。

（3）目前的国际收支调节机制并不健全，各种调节渠道都有各自的局限性，全球性的国际收支失衡问题并没有得到根本的改善。因此，国际货币制度仍有待于进一步改革和完善。

国际货币体系未来应该如何改革

当前国际上美元的显著中心地位是产生诸多不良问题的根本，所以要改革当前的国际货币体系，减弱美元的中心地位是必要的。要做出上述改变，首先就要找到能跟美元抗衡的货币，若没有能与美元分担国际本位币的货币，所有改革都是空谈，比如储备资产的选择，不是外围国家没有选择其他资产的想法，是选择其他资产的余地太小，毕竟只有美元能得到流动性最强的固定收益债券市场的支持。

2016 年 10 月 1 日人民币正式加入国际货币基金组织的特别提款权（SDR）——货币篮子。人民币的“入篮”使得 SDR 篮子里首次出现了来自发展中国家的货币，而且占据了 10.92%的权重，仅次于美元的 41.73%和欧元的 30.93%，超越了日元的 8.33%和英镑的 8.09%。

近年来，在扩大 SDR 使用范围上，中国做出了不懈努力。在 G20 杭州峰会前夕，世界银行在中国成功发行了以 SDR 计价，规模达 5 亿元 SDR 的债券“木兰债”，认购倍数高达 2.47，也是扩大 SDR 使用的重要突破。

人民币“入篮”反映了国际金融体系正向更加合理、均衡和公平的方向发展，推动国际货币体系进一步完善。然而国际金融治理体系的完善,必将经历复杂的博弈。人民币国际化的最终实现,需要国际社会对中国的经济、金融、法治等都有信心。这是对中国国力的综合考验,将会经历一个漫长的过程。结合所学,查阅相关资料,认真思考和总结,当前国际货币体系应该如何改革,才能更好地发挥其应有的作用?其中在改革过程中,人民币能否加快国际化,在国际货币中占有一定的地位?

三、区域货币一体化

随着欧洲联盟成员国经济金融一体化进程的加快,区域货币制度的典型代表——欧洲货币制度诞生了。

(一)欧洲货币制度的起源

欧洲货币制度的起源可以追溯到欧洲经济合作组织于1950年7月1日建立的“欧洲支付同盟”以及1958年取代了该同盟的“欧洲货币协定”。“欧洲支付同盟”和“欧洲货币协定”虽然萌生了欧洲货币联合之意,但因其初衷在于促进成员国经贸发展,因此并未对欧洲货币一体化提出具体设想。

(二)欧洲货币制度的建立

真正把欧洲货币统一提上日程则是在欧共体建立之后。1957年,德国、法国、比利时、荷兰、意大利、卢森堡6国签署《罗马条约》,欧洲经济共同体宪章出台。1969年12月,欧共体正式提出建立欧洲经济和货币联盟并给出了时间表,但起初10年进展并不顺利。1979年3月,欧共体当时的12个成员国决定调整计划,开始正式实施欧洲货币体系(EMS)建设规划,1988年后,这一进程明显加快。

1991年12月,欧共体12个成员国在荷兰马斯特里赫特签署了《政治联盟条约》和《经济与货币联盟条约》。《政治联盟条约》的目标在于实行共同的外交政策、防务政策和社会政策,《经济与货币联盟条约》规定最迟在1999年1月1日之前建立经济货币联盟(EMU),届时在该联盟内实现统一货币、中央银行和货币政策。

《马斯特里赫特条约》经各成员国议会分别批准后,1993年11月1日正式生效,与此同时,欧共体更名为欧盟。1994年成立了欧洲货币局,1995年12月正式决定欧洲统一货币的名称为欧元(Euro)。1998年7月1日欧洲中央银行正式成立,1999年1月1日欧元正式启动,1999年至2001年为过渡期。

(三)欧洲货币制度的发展

截至2016年年底,欧盟28个成员国中有19个使用欧元。

在1999年1月1日欧元正式启动的同时,确定了欧元对11国货币的汇率,各成员国货币与欧元之间的汇率到2002年(过渡期内)各国货币被欧元取代以前完全固定,不得更改。2002年1月1日起,欧元的钞票和硬币开始流通,欧元的钞票由欧洲中央银行统一设计,由各国中央银行负责印刷发行;而欧元硬币的设计和发行由各国分头完成。2002年7月1日,各国原有货币停止流通,欧元成为各成员国统一的法定货币。

欧洲货币制度和欧元的出现,标志着现代货币制度的发展又出现了崭新的内容和巨大的挑战,需要在未来不断发展的过程中,对其进行全面评判。

第二节　国际收支及国际收支平衡表

一、国际收支的含义及其特点

（一）含义

国际收支是一国（或地区）居民与非居民在一定时期内所发生的全部经济交易货币价值的系统记录。

（二）国际收支含义的特点

要正确地把握国际收支这一概念，应充分理解以下几点。

1. 国际收支反映的是以货币记录的交易

这种交易指的是经济价值从一个经济实体转移到另一个经济实体。这些交易可能涉及货币收支，也可能不涉及货币收支，但应对未涉及货币收支的交易折算成货币，并按规则加以记录。

2. 国际收支是一个流量概念

根据统计学，流量是一定时期内发生的变量变动的数量。一般讨论国际收支均需要指明是在哪一段时期内，如1年、1个季度或1个月等，但习惯上通常以1年为统计期间，因此国际收支是一个流量概念。

3. 国际收支记载的经济交易必须是发生在居民和非居民之间的

判断一项经济交易是否应纳入国际收支的统计，依据的不是交易双方的国籍，而是交易双方是否分别属于不同国家的居民。同一国家居民之间的交易不属于国际经济交易，非同一国家居民之间的交易才属于国际经济交易。

居民和公民的不同

特别应强调的是，公民和居民并不是同一概念，居民和非居民的划分并不是以国籍为标准的，而是以交易主体经济利益中心所在地为标准的。一个自然人，不论国籍，只要其在所在国从事1年（含1年）以上经济活动，即为所在国居民；对于企业，注重的是在该国注册并长期生产。但也有例外，如一国政府驻外机构，不论驻外多少年限，均属于本国居民，国际机构不属于任何国家的居民。

4. 国际收支是一个事后概念

国际收支定义中明确指出，“国际收支是一国（或地区）居民与非居民在一定时期内所发生的全部经济交易货币价值的系统记录”，这一定义中的“一定时期”一般是指过去的一个会计年度，因此，国际收支是对已经发生的事实进行记录，是一个事后概念。

二、国际收支平衡表

（一）国际收支平衡表的含义

国际收支平衡表是按照复式记账的原则和格式，依据一国一定时期内国际经济交易的内容和范围设置项目和账户，并进行分类汇总，以反映该国国际收支状况的统计报表。

通过分析一国的国际收支平衡表，可以分析并获得很多有价值的信息，如一国的国际经济地位、重要经济差额等，并据此判断一国对外经济发展是否存在问题，给政府适时准确的决策提供重要依据。

（二）国际收支平衡表的构成

国际收支平衡表本身要统计和描述的内容十分繁杂，各国在编制和使用时，又会考虑到自身情况和需要，因此各国国际收支平衡表从内容上多少会存在差异，详略各异，但主体结构基本一致，目前，各国通行的参照标准是国际货币基金组织出版的《国际收支手册》(第五版)，一般根据国际收支发生的不同原因和具体经济交易类型不同，分列 4 个账户：经常账户、资本和金融账户、官方储备、净误差与遗漏。

1. 经常账户

经常账户是用来反映实际资源流动的，包括商品的进出口、服务的输出输入、对外收益的收支，以及无任何同等回报，与其他国家或地区之间发生的提供或接收经济价值的经常转移。经常账户包括货物、服务、收益、经常转移 4 个子项目，是一国国际收支平衡表中最基本、最重要的项目。

1）货物

货物又称有形贸易项目，是一国有形商品输出输入的全部记录，在各国国际收支中占有重要地位，其收入与支出的差额形成贸易顺差或逆差，即贸易差额，是最基本的国际收支差额。在技术处理上，国际货币基金组织建议贸易收支统计数据采用离岸价格(FOB)计算，但有的国家为了统计方便，出口品采用离岸价格(FOB)，进口品采用到岸价格(CIF)计算，这样便影响了国际收支平衡的准确性，严重的甚至会引起国家间的贸易争端。

2）服务

服务又称劳务贸易或无形贸易，反映的是一国对外提供或接受劳务发生的外汇收支，具体包括运输通信、保险、旅游、建筑、专有权力使用和特许权费、广告宣传费、手续费、使领馆费等项目的收支。

3）收益

将收益项目区别于服务单列是《国际收支手册》(第五版)的重要特征，它反映的是生产要素在国际间流动而引起的要素报酬的收支，如职工报酬和投资收益。

4）经常转移

经常转移又称"无偿转移"或"单方面转移"，它反映的是单方面、不对等、资源在国际间移动后却并不产生后续偿还或归还的交易，根据交易主体和对象不同，又可细分为官方转移收支和私人转移收支两类。如政府的经济军事援助、战争赔款、捐助、赠予，私人的侨汇、慈善团体捐款等。

2. 资本和金融账户

资本和金融账户记录的是资本所有权在国际间的流动，它分为资本账户和金融账户两大部分。

1）资本账户

资本账户反映的是资产在居民与非居民之间进行的转移，包括两个方面：①资本转移；②非生产、非金融资产的收买与放弃，具体指的是非生产创造出来的有形资产(如土地)与无形资产(如专利、版权、商标、经销权、可转让合同等)的收买与放弃。这一账户下的无形资产与经常账户"服务"项目记录的不同,主要反映的是无形资产所有权买卖引起的收支,后者反映的则主要是无形资产运用所引起的收支。

2）金融账户

金融账户反映的是居民与非居民之间借贷或投资增加的变化,它又可依据投资类型和功能不同,细分为直接投资、证券投资、其他投资等。

(1) 直接投资指一国经济组织直接在国外采用合资、独资、合作等多种形式,拥有对该企业的永久性权益,特别是所有者权益和重大经营管理决策权。国际惯例认为,投资者至少要拥有国外企业10%或10%以上的股权或投票权,才算直接投资。

(2) 证券投资指在证券市场上购买他国政府发行的债券或企业发行的股票和中长期债券所进行的投资,该类投资一般不享有对企业的经营管理权,只能获取收益。

(3) 其他投资,它是一个剩余项目,反映所有上述金融项目未包括的交易,如贸易信贷、预付款等。

(4) 储备资产是指国家所持有的官方储备资产,可以随时动用以满足国际收支平衡和其他目的。包括货币化黄金、外汇资产(货币、存款、有价证券等)、在国际货币基金组织的储备头寸(普通提款权)、特别提款权(SDR)和其他债权。

特别要说明的是,该项目反映的是储备资产在国际收支平衡表统计期间的变化额,而不是官方持有的储备余额,它表示的是经常账户和资本与金融账户的差额,即总差额,总差额为顺差,储备就增加,反之则减少。

中国现行国际收支平衡表结构与《国际收支手册》第五版规定的区别

《国际收支手册》第四版规定的国际收支平衡表账户组成也是经常账户、资本账户、储备账户(即官方储备)、错误和遗漏账户,其中,经常账户包括货物、无形贸易(含服务、收入)、单方向转移(含经常转移与资本转移);资本账户包括长期资本流动和短期资本流动。

在《国际收支手册》第五版规定的国际收支平衡表的结构中,将第四版中属于单方转移一部分的资本转移列入资本和金融账户;其次,将官方储备也归并入资本和金融账户中的金融账户。原有的第四版的部分账户设置习惯依然被很多国家使用,如我国的国际收支平衡表结构上遵循《国际收支手册》第五版对单方向转移中资本转移的调整,但是也保留了《国际收支手册》第四版中储备资产单列的规定。所以要对我国和世界主要国家国际收支平衡表的基本结构有所了解。

资料来源:姜波克.国际金融新编[M].三版.上海:复旦大学出版社,2007.

3. 净误差与遗漏

根据复式记账原理,"有借必有贷,借贷必相等",国际收支平衡表应该是一份借方总额与贷方总额相等,总净值为零的统计报表,但实际往往因各种原因,如走私、资本外逃、统计数字估算、重复计算或漏算等,从而出现贷方合计大于或小于借方合计的情况,造成收支数字不平衡,因此,需要人为设立一个错误与遗漏项目加以平衡,如果经常项目和资本与金融项目所有合计贷方大于借方，则需要在净误差与遗漏的借方记上相应的数额加以调平，反之，则在净误差与遗漏的贷方调平。

2016 年上半年中国国际收支平衡表，如表 10-1 所示。

表 10-1　2016 年上半年中国国际收支平衡表　　单位：亿美元

项　　目	行次	差额	贷方	借方
一、经常项目	1	987	11 757	－10 770
1. A 货物和服务	2	1120	10 515	－9395
1. A. a 货物	3	2290	9201	－6911
1. A. b 服务	4	－1169	1313	－2482
1. A. b. 1 加工服务	5	89	90	－1
1. A. b. 2 维护和维修服务	6	19	27	－8
1. A. b. 3 运输	7	－182	157	－339
1. A. b. 4 旅行	8	－1080	526	－1606
1. A. b. 5 建设	9	15	59	－44
1. A. b. 6 保险和养老金服务	10	－39	19	－58
1. A. b. 7 金融服务	11	5	154	－149
1. A. b. 8 知识产权使用费	12	－114	4	－118
1. A. b. 9 电信、计算机和信息服务	13	67	125	－58
1. A. b. 10 其他商业服务	14	68	284	－216
1. A. b. 11 个人、文化和娱乐服务	15	－7	3	－10
1. A. b. 12 别处未提及的政府服务	16	－10	6	－16
1. B 初次收入	17	－102	1080	－1182
1. C 二次收入	18	－31	163	－194
二、资本和金融项目	19	－595		
2.1　资本账户	20	－1	2	－3
2.2　金融账户	21	3232	17 226	13 994
2.2.1　非储备性质的金融账户	22	1850	3478	1628
其中：2.2.2.1 直接投资	23	－471		
2.2.2.1.1 直接投资资产	24	－1215		
2.2.2.1.2 直接投资负债	25	744		
2.2.2　储备资产	26	1578		
2.2.2.1 货币黄金	27	0		
2.2.2.2 特别提款权	28	0		
2.2.2.3 在国际货币基金组织的储备头寸	29	－58		
2.2.2.4 外汇储备	30	1636		
2.2.2.5 其他储备	31	0		
三、净误差与遗漏	32	－392		

注：①本表计数采用四舍五入原则；②本表由 2016 年两个季度平衡表美元值累加而成。

资料来源：中国国家外汇管理局网站 http://www.safe.gov.cn，统计数据与报告中的中国国际收支平衡表一栏。

国家外汇管理局关于印发《通过银行进行国际收支统计申报业务实施细则》的通知

国家外汇管理局各省、自治区、直辖市分局、外汇管理部，深圳、大连、青岛、厦门、宁波市分局，全国性中资银行：

为规范申报主体通过境内银行进行的涉外收付款国际收支统计申报业务，国家外汇管理局修订了《通过银行进行国际收支统计申报业务实施细则》(见附件)，现印发给你们。国家外汇管理局各分局、外汇管理部应在收到本通知后，及时转发辖内中心支局、支局、城市商业银行、农村商业银行、外商独资银行、中外合资银行、外国银行分行以及农村合作金融机构，各全国性中资银行应及时转发所辖分支机构，并遵照执行。

国家外汇管理局

2015 年 6 月 18 日

资料来源：国家外汇管理局。

（三）国际收支平衡表的编制原理

国际收支平衡表是按照复式记账原理编制的，即任何一笔交易发生，必然涉及借方和贷方两个方面，有借必有贷，借贷必相等，其中，贷方交易默认为正的，表示接受外国居民支付的交易，通常以“＋”号表示，借方交易则默认为负的，表示对国外居民进行支付的交易，通常以“－”号表示。

在实践中，记入贷方的交易有：①实际资源的出口（如商品、劳务和收入等）；②本国对外资产减少；③本国对外债务的增加。记入借方的交易有：①实际资源的进口；②本国对外资产增加；③本国对外债务的减少。

即“凡是引起本国外汇收入的交易记入贷方，凡是引起本国外汇支出的交易记入借方”。如中国某公司出口价值 800 万美元的商品，收入存入海外某银行，使得我国的对外短期债务下降。该笔交易可借记中国在海外某银行的存款 800 万美元，贷记商品出口 800 万美元，同时反映在经常账户货物的贷方和金融账户其他投资的借方。

三、国际收支失衡与调节

（一）国际收支的平衡与不平衡

国际收支所有的交易都可以按照发生的动机分为自主性交易和补偿性交易。

所谓自主性交易是指经济体或个人出于某种自主性的目的而进行的交易活动，如为追逐利润、减少风险、资产保值、逃避管制、赡养亲友、旅游休闲等，这些交易完全不会考虑到一国国际收支是否会发生不平衡，具有事前性、自发性和分散性的特点。

补偿性交易又叫调节性交易，是为弥补国际收支不平衡而发生的交易，此种交易一般是一国货币当局或中央银行为调解国际收支差额、维护国际收支平衡、维持汇率稳定而动用储备或对外借款等，具有明显的事后性、集中性和被动性的特点。

一国国际收支是否平衡主要是看自主性交易是否平衡。当自主性交易差额为零时，国际收支平衡；反之，当出现自主性交易贷方余额时，国际收支处于顺差，反之则为逆差，补偿性交易是为调节自主性交易差额而产生的，所以其余额方向与自主性交易余额方向相反。

（二）国际收支失衡的影响

一国国际收支不平衡可以由多种原因引起，有经济因素，也有非经济因素，有内部因素，也有外部因素，有实际经济因素，也有货币因素，但不论由何种因素引起的国际收支不平衡，也不论是顺差还是逆差，经过一段时间的累积后，都会破坏外部均衡，并会逐渐影响国内经济的发展和增长，进一步破坏内部均衡。

1. 长期巨额顺差的影响

一国长期巨额的国际收支顺差，一方面可以增加一国外汇储备，增强其对外支付能力；另一方面，长期累积下来的巨额顺差也会给一国经济带来不良影响。

(1) 顺差增加一国储备的同时，也会因储备的增加被动地向流动中投入过多的本币，流动性增加，容易加重通货膨胀。

(2) 一国顺差意味着对应贸易国的逆差，长期如此，往往会加剧贸易摩擦。

(3) 一国国际收支顺差会给本币带来升值压力，如果本币升值，本国出口商品的外币价格会相应上涨，影响其在国际市场的竞争力，从而抑制本国出口，鼓励进口，长此以往会影响本国的就业率。

(4) 贸易差额是一国国际收支的重要差额，国际收支顺差的原因往往也是因贸易顺差引致，本国贸易顺差增长就意味着国内可供使用的资源减少，从而影响本国经济发展。

2. 长期性逆差的影响

如果一国长期存在国际收支逆差，会对国内经济发展产生很大的影响。

(1) 会引起本币贬值，严重的逆差会加速本国货币贬值，并对本国经济发展产生强烈的冲击。

(2) 如果一国实行固定汇率制度，政府就要对外汇市场进行吞吐干预，从而消耗国际储备，影响一国的对外金融实力，影响国家信用，如果因此引起本币缩减幅度足够大，还会进一步影响本国生产和就业，影响国内财政收入。

(3) 如果采用借入资金弥补逆差，很容易不断累积债务，引发债务危机。

（三）国际收支失衡的政策调节

一国出现国际收支顺差的消极影响往往不如国际收支逆差那样明显，很多国家甚至将其作为经济目标之一，但是通过上述分析，已经明确一国的国际收支无论是持续顺差还是逆差，都会对该国经济产生负面影响，因此，必须适时对国际收支差额进行调节，使其维持在一个合理的水平。

在纯粹的自由经济中，国际收支具有自动调节机制，但通常情况下，当市场机制无法满足自动调节的前提时，政府就必须干预。一国政府调节国际收支的手段很多，具体有财政政策、货币政策、其他政策调节、直接管制政策等。

1. 财政政策调节

一国发生国际收支失衡，运用财政政策调节主要表现为收入政策、支出政策、公债政策。如果是逆差，应采取紧缩性财政政策，可以减少财政支出和提高税率，财政支出减少，必然可以减少国民收入和对进口品的采购，税率的提高可以通过降低企业的收益及个人的可支配收入，进一步减少对进口商品和劳务的需求，从而改善国际收支。财政政策尤其对财政赤字引起的国际收支逆差能够起到快速直接的改善作用。

2. 货币政策调节

货币政策可以通过调节社会货币总量来调节社会总需求，进而通过对价格和利率产生影响，调节国际收支。对于逆差，可运用紧缩性货币政策，一方面使国内出口商品的价格降低，扩大出口，减少进口；另一方面，可以通过提高利率，吸引资本流入，通过资本与金融账户的差额改善国际收支总差额。

3. 其他政策调节

如果一国已经面临巨额的经常项目逆差，也可以采用信用政策调节，双管齐下，一者可以通过给相应出口商提供优惠贷款，鼓励出口，另者可提高进口保证金比例，抑制进口。此外，还可以从资本与金融账户着手，通过向外商提供配套贷款，吸引投资，进一步平衡经常项目逆差。

4. 直接管制政策

直接管制政策是指逆差国直接对本国的国际经济交易采取行政干预，这种政策调节主要针对的是一国出现的结构性逆差，其中外汇管制和贸易管制是经常采用的两种形式。外汇管制内容相对广泛，有对汇价和外汇交易量的两种管制。

贸易管制典型的做法是采用关税和非关税壁垒来实施。关税政策主要是通过提高外国进口品的关税，抑制进口，属于单项调节政策，非关税壁垒可一方面运用配额、进口许可证等措施限制进口，另一方面通过出口补贴，鼓励出口，实现双向调节。此类管制政策虽然针对性很强，见效比较快，但是人为地扭曲了价格机制，容易滋生腐败、黑市猖獗、加剧贸易摩擦，要慎用，以防陷入报复与反报复的恶性循环之中。

第三节　外汇与汇率

一、外汇

（一）外汇的含义

外汇的概念可以从动态和静态两个方面进行考察。

1. 动态的外汇

动态外汇是指国际汇兑，即把一个国家的货币兑换成另一个国家的货币，借以清偿国际间债权债务关系的行为。这种国际汇兑过程同国内汇兑道理相似，也是指借助中介机构（通常指银行）来办理两国之间债权债务的清结，避免现金的运送。

2. 静态的外汇

静态意义的外汇概念可在狭义和广义两个层次上使用：①狭义的外汇指以外币表示的可直接用于国际结算的支付手段，包括以外币表示的汇票、支票、本票、银行存款凭证和邮政储蓄凭证等，此概念常在国际商务中使用；②广义的外汇泛指一切以外币表示的金融资产。

《中华人民共和国外汇管理条例》第三条中规定的就是广义的外汇概念，是指下列以外币表示的可以用作国际清偿的支付手段和资产：①外国货币，包括纸币、铸币；②外币支付凭证，包括票据、银行存款凭证、邮政储蓄凭证等；③外币有价证券，包括政府债券、公司债券、股票等；④特别提款权(SDR)、欧洲货币单位(现已被欧元取代)；⑤其他外汇资产。

人们日常生活中所说的外汇多指静态意义上的狭义外汇。

(二) 外汇的特征

外币是外汇的重要组成部分，但要注意的是并不是所有的外国货币都能成为外汇，一种外国货币要被称为外汇，必须同时具有以下特征。

1. 可兑换性

外汇的可兑换性强调的是能够自由兑换成其他国家的货币或购买其他信用工具以进行多边支付的性能。实践中，因为各国(地区)货币制度不同，外汇管理制度也有着或多或少的差异，一国的货币一般不能在本国以外流通使用，但被各国普遍接受为外汇的货币必须是能够不受限制地按照一定比例兑换成他国货币及其他形式的支付手段，否则将无法实现收付、转移。如人民币不能自由兑换为他国货币用于支付转移，因此，各国无法将其视同为外汇。

2. 可偿付性

即该种外币资产必须是可以保证得到偿付的。如果支票是空头的、汇票遭拒付，虽然具备了外汇的形式，但缺乏实质，违背了国际汇兑真实性原则，就不能将之视为外汇。当然，这种可偿付性一般还要求货币发行国要具有相当的生产和出口能力，而不是资源匮乏、生产规模小且低效率、出口产品在国际市场几乎没有任何竞争能力。

3. 国际性

外汇国际性强调该种金融资产必须是以外币记值或表示的，并可以用于对外支付，即它所代表的资金在国家(或地区)间转移时不受限制或阻碍。尤其要注意的是用本币表示的信用工具或有价证券不能称为外汇。如美元对美国以外的国家而言是外汇，但对美国人而言，凡是用美元进行的收付都不算外汇收付。

(三) 外汇的分类

1. 按外汇是否可自由兑换，分为自由外汇和记账外汇

1) 自由外汇

一般指无须货币发行国有关当局批准，就可以同其他国家货币自由兑换或向第三方办理支付的外国货币及支付手段。目前世界上有几十种可自由兑换的货币，但国际外汇市场交易的主要是一些经济发达国家(或地区)的货币，如美元、英镑、日元、欧元、加元、港币等。

2) 记账外汇

记账外汇又称为双边外汇、清算外汇或协定外汇，指国与国之间根据国际支付协定进行国际结算时，指定用作计价单位的外汇，可以是交易双方中某一方本国的货币，也可以是第三国的货币，通常未经发行国批准，无法与他国货币自由兑换或进行第三方支付。常由缺乏自由外汇的国家在国际结算中使用，如中国与苏联、东欧或某些发展中国家的进出口贸易中，为节省双方自由外汇，通过签订双边协定，在双方国家各自银行开立专门记账外汇账户来办理清算。

2. 按外汇的来源和用途，分为贸易外汇和非贸易外汇

1) 贸易外汇

通过国际贸易途径取得的外汇一般被称为贸易外汇，各国间的主要经济交往活动是国

际贸易，因此，贸易外汇是一国外汇收入的主要来源。

2）非贸易外汇

进出口贸易以外的国际收支的外汇被称为非贸易外汇，包括侨汇、旅游、海运、保险、邮电、海关、承包工程、文化交流等取得的外汇等。

二、汇率概述

（一）汇率的含义

汇率又称汇价、外汇行市，指两种货币的折算比例，或是用一国货币表示的另一国货币的数量或价格。

（二）汇率的标价

与实物商品的标价不同，描述两国货币的比例，首要的是选择何国货币作为基准，这正是汇率标价方法所要解决的问题，确定的标准不同，汇率的标价方法就不同。依据作为基准货币的标准是本币、外币还是美元，将汇率的标价方法分为直接标价法、间接标价法和美元标价法。

1. 直接标价法

直接标价法又称应付标价法，即以一定数量的外币为基准（如 1 个单位的外币或 100 个、1000 个、10 000 个外币单位等）折算应付多少单位的本币。可以简单地理解为以“本币”表示的“外币”的价格，此时是将外币视为“商品”。

此种标价法下，应付本币的数额随外币币值的变化而变化，汇率上升，表明兑换一定数量的外币需要支付的本币数量更多了，外币升值、本币贬值，反之汇率的变化与本币升贬值的方向相反。目前，除英国、美国、澳大利亚和欧元区国家外，世界上绝大多数的国家都在采用直接标价法，我国也采用直接标价法，如国家外汇管理局公布的外汇牌价中美元与人民币的汇率：100 美元＝623.43 人民币。

2. 间接标价法

间接标价法又称为应收标价法。与直接标价法相反，间接标价法将一定数量（如 1 个单位的本币或 100 个、1000 个、10 000 个单位等）的本币作为基准来计算应收多少外币。是以“外币”表示的“本币”的价格，可将本币理解为待售“商品”，等待外国人持外币购买。

此种标价法下，应收外币的数额随本币币值的变化而变化，汇率上升，表明兑换一定数量的本币需要收取的外币数量更多了，本币升值、外币贬值；反之汇率的变化与本币升值、贬值的方向相同。目前，只有英镑（GBP）、美元（USD）、澳大利亚元（AUD）、新西兰元（NZD）、爱尔兰镑（LEP）和欧元（EUR）等少数国家的货币使用此种标价方法。当然，在美元与英镑、澳元、欧元等货币报价中，一般美元在等式右边，其他货币仍然保持间接报价方式。

3. 美元标价法

美元标价法破除了本外币的区分，是在“二战”后随欧洲货币市场催生的国际金融市场外汇交易而出现的标准化标价方法。在国家外汇市场和各国大银行的报价习惯中，无论哪一国货币（除英镑和爱尔兰镑等极少数货币外）都必须将一定数量的美元作为基准，折算应该兑换多少单位的其他国家的货币，这种标准方式便是美元标价法。美元与其他货币的比值是通过其他货币数量的变化来表示的。

总之，在理解汇率标价方法时，可以将之视为一种国际游戏规则。汇率标价通常是两种货币比价的一个等式。而对于同一个等式谈到直接标价法和间接标价法时，分清哪一种是本币，哪一种是外币就很重要，特别是一个汇价等式中的两种货币都不是本国货币，那么就必须选择站在哪一个国家货币的角度来思考，如 USD1＝JPY97.20，如果选择日元为本币，那么日元使用的是直接标价法，而站在美元的角度，就是用外币日元表示美元的价格，所以是美元的间接标价法。

因此，同一汇率的表达式既可以认为是间接标价法，也可以认为是直接标价法，只是选择作为本币的角度不同。不过要注意的是，尽管两种货币之间的汇率是一个等式，但在报价时并不能认为可以随意进行变形，如上述例子中的 USD1＝JPY97.20，符合国际惯例，但是即使 JPY1＝ USD1/97.20 在数值上成立，也因其不符合国际标价习惯，所以在交易的正式报价表中根本看不到如此的报价方式。当然，一国货币汇率究竟选择直接标价还是间接标价方式，必须相对确定，不能多种报价方式并存，否则将引起交易报价的混乱。

需要把握的是，在理解外汇标价方法时，要注意直接标价法和间接标价法是相对而言的，只表明汇率表示方法上的不同，并无实质区别。实际上两种标价方法同时寓于一个等式之中，立足于不同的国家来看，就表现出不同的对标价方法的理解。同时，一国的汇率标价方法尽管长期比较稳定，但并不是从来没有变化的。以美国为例，美元现在使用的是间接标价法，但却是在 1978 年 9 月 1 日起从直接标价法转变过来的。因此，要辩证地对待这一问题。

三、汇率的种类

外汇汇率的种类很多，在实际使用、理论研究和分析中，不同场合会选择从不同的角度对其划分，划分标准不同，汇率就不同。

（一）从银行外汇买卖的角度分类

外汇是一种特殊的金融商品，银行经营外汇买卖业务需要一定的成本，也需要一定的利润空间。因此，任何经银行进行的外汇交易在汇率报价时，都采用双向报价方式，即报价者（通常是银行）同时报出买入价格（Bid Price）和卖出价格（Offer Price），如表 10-2 所示的第二列、第四列。

1. 买入汇率

买入汇率又称买入价，是指银行向同业或客户买入外汇时所使用的汇率。

2. 卖出汇率

卖出汇率又称卖出价，是指银行向同业或客户卖出外汇时所使用的汇率。买入汇率和卖出汇率都是从银行买卖外汇的角度来看的，银行买卖外汇遵循的原则是“贱买贵卖”，目的是赚取中间的差价，这一差价一般为 1‰～5‰（买卖汇价差额÷卖出价×100%），该差价越小，说明外汇银行经营的越有竞争性，即外汇市场的发达程度越高。

所以，外汇交易中往往会同时报出买入价和卖出价，如在英镑和美元的交易报价中，GBP1＝USD1.7853～1.7858，前者是英镑对美元的买入价，即银行从客户手中买入 1 英镑，应付给客户 1.7853 美元，后者是英镑对美元的卖出价，即银行每卖给客户 1 英镑，应收取客户 1.7858 美元，不考虑费用，银行就净赚 0.0005 美元，这种差价收入代表的是银行承担风险的报酬。

表 10-2　中国银行人民币外汇牌价(2017 年 1 月 8 日)

货币名称	现汇买入价	现钞买入价	现汇卖出价	现钞卖出价	中行折算价
澳大利亚元	504.92	489.2	508.47	508.47	503.52
巴西里亚尔	—	206.58	—	225.95	215.09
加拿大元	522.67	506.14	526.34	526.6	518.29
瑞士法郎	679.14	658.19	683.92	683.92	678.9
丹麦克朗	97.91	94.88	98.69	98.69	97.82
欧元	728.38	705.69	733.49	733.49	728.43
英镑	849.98	823.51	855.95	855.95	851.57
印度尼西亚卢比	—	0.0502	—	0.0538	0.0516
日元	5.9157	5.7315	5.9572	5.9572	5.9508
韩国元	0.5749	0.5547	0.5795	0.6006	0.5797
林吉特	154.33	—	155.41	—	153.6
挪威克朗	80.99	78.49	81.65	81.65	80.85
新西兰元	481.38	466.53	484.76	490.7	481.7
菲律宾比索	13.95	13.52	14.07	14.72	13.91
卢布	11.58	10.87	11.68	12.12	11.48
瑞典克朗	76.22	73.87	76.84	76.84	76.18
新加坡元	480.45	465.63	483.82	483.82	480.21
泰国铢	19.35	18.75	19.51	20.11	19.27
美元	692.64	686.96	695.42	695.42	686.68

资料来源：中国银行。

3. 中间汇率

中间汇率又称中间价，是银行买入汇率和卖出汇率的平均数，即中间汇率＝(买入汇率＋卖出汇率)÷2。该汇率一般不挂牌公布，常常是官方和新闻媒体报道时使用，有时也被用来计算套算汇率。

由上述可见，买入价和卖出价都是从银行的角度而言的，在实际外汇买卖业务操作中一定要清楚。

(二) 按外汇买卖的不同交割时间分类

1. 即期汇率

即期汇率也叫现汇汇率，是指外汇买卖双方成交后，在当天或两个工作日以内进行交割的汇率。一般外汇汇率没有明确标明远期字样的都是即期汇率，实际交易中，即期汇率往往是远期汇率确定的基础。

2. 远期汇率

远期汇率是指买卖双方签订合同，约定在将来某一时间内，一般与日历月份相符，如30 天、60 天或 90 天等，进行交割的汇率。远期汇率是远期价格，属于预约性交易，远期汇率与即期汇率的差额成为远期差价，如果远期汇率高于即期汇率，就是升水，反之则是贴水，远期汇率可以在即期汇率的基础上加升水或减贴水而计算出来。升水表示远期汇率比即期汇率贵，贴水表示远期汇率比即期汇率便宜，平价表示两者相等。

（三）按外汇交易工具和收付时间不同分类

1. 电汇汇率

电汇汇率是以电报方式买卖外汇时所使用的汇率。如经营外汇的本国银行卖出外汇后，以电报委托其国外分支机构或代理行付款给收款人，此时使用的就是电汇汇率。

电汇外汇的交收时间最快，银行无法占用客户资金，其国际电信费用较高，所以电汇汇率一般最高。同时，由于电汇调拨资金的速度较快，可加快国际资金周转，因此其在国际贸易中占有较大比重，此外，电汇汇率因成交迅速，其中包含的利息因素较少，能够较真实地反映两国货币的比价，一般被视作基础汇率，除无特殊说明，各国银行外汇牌价一般都是电汇汇率，其他汇率则以此为基础计算得到。

2. 信汇汇率

信汇汇率是指以信函方式通知付款的外汇价格。由于航邮时间长于电信时间，银行可以在一定时间内占用客户资金，需要在汇价中给客户适当的补偿，因此信汇汇率通常低于电汇汇率。

3. 票汇汇率

票汇汇率是指银行买卖外汇汇票和其他票据时使用的汇率。由于用汇票方式结款，银行可以较长时间占用客户资金，所以，此汇率也比电汇汇率低。

（四）按不同的汇率制度分类

1. 固定汇率

固定汇率指一国政府用行政或法律手段选择某一基本参照物，并确定、公布和维持本国货币与其的比价，该比价基本固定，汇率波动幅度被局限在一个较小的范围内，货币当局有义务通过干预维持本国货币汇率的稳定。充当参照物的可以是黄金（如今已不再使用）、某国货币、特别提款权或多国货币组成的货币篮子。

2. 浮动汇率

浮动汇率指汇率水平完全根据市场供求关系决定的行情自由涨落，原则上货币当局没有义务维持汇率的稳定，因此不加干预，也一般不规定汇率波动的界限。但实际上，实行浮动汇率的国家往往会考虑本国实际经济政策的需要，对汇率变动产生影响。

（五）按制定汇率的方法不同分类

1. 基本汇率

基本汇率指一国货币对某种关键货币的汇率。通常关键货币是指在一国贸易和收支中使用最多、在一国储备中占比最大，同时又是可自由兑换、汇率行情稳定且被国际社会普遍接受的货币。如我国的关键货币一般是美元，但须注意，一国的关键货币并不是一成不变的，可随时在不同时期针对本国经济贸易变化情况做出最适合的调整。

2. 套算汇率

套算汇率又称交叉汇率，是通过两种货币对第三种货币（通常是美元）的汇率套算出此两种货币之间的汇率。之所以要通过基本汇率进行套算，是因为世界主要外汇市场只公布按美元标价法计算的外汇汇率，而不能直接反映其他国家货币相互之间的比价情况，为换算出各种货币的汇率，必须通过各种货币同美元之间的汇率进行套算。

此外，各国在基准汇率制定之后同其他国家货币的汇率，一般也是套算所得。要注意的是，货币当局在公布其外汇牌价时，一般都不注明何种汇率为基准汇率，何种汇率为套算汇率，而仅由官方内部掌握。

（六）按国家对汇率管制的程度分类

1. 官方汇率

官方汇率即官价或法定汇率，是指一国货币当局（中央银行或外汇管理局）公布的汇率，并规定一切本国境内的外汇交易都按此规定的汇率为准。一国外汇管制如果比较严格，一般没有市场汇率，官方汇率就代表实际汇率，且比较稳定。

2. 市场汇率

市场汇率是外汇市场上随供求关系自由波动形成的汇率，是市场外汇买卖的实际汇率，此汇率在与官方汇率并存的时候，往往高于官方汇率，但由于政府直接或间接政策工具的干预，一般也不会偏离官方汇率很多。

（七）按国家制定汇率种类的多少分类

1. 单一汇率

单一汇率指无论对贸易或非贸易用途，经常项目或资本项目的交易都按同一汇率进行交易。

2. 多重汇率

多重汇率也称复汇率，只在一国内就一种货币而言，货币当局规定几种同时并存的官方汇率，分别在不同条件下使用。

此外，还可以按在市场交易中的不同时间分为开盘汇率和收盘汇率，最高汇率和最低汇率等，在实际使用中，要对应不同问题的分析选用合适的分类标准和分类结果。

四、影响汇率变动的主要因素

一国汇率的变动往往会受诸多因素影响，特别是浮动汇率制度下，汇率随时都可能在发生变化，主要表现在以下几个方面。

（一）国际收支

国际收支系统综合地反映一国国际收支的整体情况，是影响一国汇率变化的最直接的因素。通常一国国际收支顺差，意味着收多付少，外汇供过于求，按照“物以稀为贵”的经济原理，作为货币价格的汇率必然表现出外汇汇率下降，本币汇率上升。反之，逆差出现，本外币的汇率变化正好与之相反。

此外，还应注意的是，国际收支状况究竟在多大程度上影响汇率，还需要关注差额的性质。长期、巨额的差额对汇率的影响是显著的，一般性、短期的、临时性、小规模的差额可以通过国际资本流动、利率的调节以及政府在外汇市场的吞吐干预来改善，对汇率未必产生影响。

（二）利率

国与国之间的利率差异也是影响汇率变动的一个重要因素。一国的利率水平主要利用“资本趋利避害”的特性，以高于他国的利率水平创造宽松的信用环境，吸引海外资本流入，流入的资本最终会使外汇的供给增加，大于需求，进而使本币升值；反之，一国较低的利率水平，对本币汇率的影响正好与前述相反。

（三）通货膨胀水平

通货膨胀水平是影响一国货币汇率变化的长期性、根本性且有规律性的因素。在信用货币条件下，一国发生通货膨胀，该国货币所代表的实际价值量会减少，实际购买力会相对下降，纸币对内贬值，导致以外币表示的商品价格上涨，商品进口增加，出口萎缩，外汇供给减少，本币贬值。此外，通货膨胀水平显著，降低了实际利率，资本流入受阻，相反却刺激资本流出，进一步反映在外汇市场供求关系上，进一步导致本币贬值。

（四）财政经济状况

从长期来看，一国财政收支是影响本国货币汇率的基本因素。一国财政收支改善，意味着国民收入增长，产生更多的有效社会总需求，进一步可导致用于进口支出的增加，进口一般是用外汇支付，意味着外汇需求增加，外汇升值。同时，一国国民收入的增长，会提高本国产品的竞争力，有利于增加出口，创造外汇，所以短期来看，影响是不确定的。但从经验来看，高的经济增长率，会长期支持本国货币升值。反之，一国财政赤字，会增加本国货币供应量和需求，导致本币贬值。

（五）心理预期因素

外汇交易者对汇率变动的心理预期对汇率的变动具有相当大的影响。在外汇市场上，人们究竟买还是卖，买卖多少数量的外汇，主要取决于交易者对汇率走势的预期。如果交易者预期某种货币的汇率下跌时，出于保值的目的，会大量抛售该种货币，而当他们预期某种货币今后会升值，就会大量买进。

甚至有的时候，这些预期往往会引致盲目跟风，所以很多时候，心理预期因素对汇率变动的影响难以捉摸，市场中会产生很多无法解释的不合理的现象。如 1989 年，日本爆发股市丑闻，波及政局，人们对日本经济前景十分忧虑。汇市上，汇率出现了与经济预测完全相反的波动。在日本经济增长强劲、外贸盈余的情况下，却出现抛售日元、收购美元的景观，推动汇率下跌。

（六）政府干预

政府的各项政策会通过多种途径直接或间接地影响汇率。很多时候，政府为了外汇市场的稳定，将汇率控制在一定的范围内，通常会采取一系列的干预措施，如在外汇市场买卖外汇直接改变供求关系、调节国内财政和货币政策间接影响汇率，或者在国际范围内发表表态性言论左右人们的心理预期等。

（七）国际储备

一国拥有国际储备的数量是国际清偿力的重要保证，也是维持本国货币信用的重要影响因素，一国储备的充足与否，对能否维持投资者对本国货币信心具有重要作用，如果一国的储备较充分，意味着政府未来干预外汇市场的能力较强，利于稳定本币汇率，反之，则容易影响人们对本币的信心，使本币疲软。

（八）政治局势

如今，社会生活中的政治与经济如同孪生姐妹，密不可分。一国政局不稳，会直接导致投资者对该国经济失去信心，进而影响到该国的货币汇率，甚至通过“传染性”，波及该国周遭国家和与该国有密切经济、政治联系的国家货币汇率。这些政治局势变化的原因可以是大选、战争、政变、边界冲突等。

五、汇率的变动和影响

（一）汇率的变动

浮动汇率制下汇率的变化表现为货币的上浮与下浮，而且这种变化是由外汇市场供求关系的变化决定的。当外汇供不应求时，货币汇率上浮，反之则下浮。这正是货币汇率的变化发挥着货币升值或贬值的作用。

（二）汇率变动的影响因素

1. 汇率变动对一国贸易收支具有重要影响

从理论上讲，一国货币贬值，本国产品的外币价格下降，外国进口品的本币价格却会上涨，因此会扩大出口、抑制进口，促进该国国际收支改善。当然，在实际中还要受诸多因素的影响。

2. 汇率变动对一国非贸易收支具有一定的影响

在不考虑其他条件的情况下，本币贬值，一定数量的外币在本国国内兑换本币数量增加，如果国内旅游等服务业本币价格不变，外币的购买力就增强，这将吸引更多的海外游客到本国旅游，进而促进本国旅游及相关非贸易收入增加。

3. 汇率变动对资本流动具有一定影响

一方面，以本币币值的长期下降为例，本国资本所有者将产生资本长期贬值的预期，为避免进一步的损失，会选择将资本迅速转移，带来长期的资本流入。同时，短期内的货币急剧贬值，也会引起国际短期资本迅速调转投向，撤出本国市场，带来动荡，1997 年亚洲金融危机泰国就是一个很好的例子。

另一方面，从国际直接投资项目来看，一国货币贬值，新引入的外币投资会折算成更多的本币，劳务和生产资料的价格也会大幅度下调，投资人会认为该项投资更加划算，将追加投资或新投入资金，带来实物投资的流入；最后，汇率的变动还会影响外债的成本。本币贬值，将加重债务还本付息负担，处理不善，甚至会发生债务危机，恶化投资环境，打击投资人的信心。

4. 汇率变动对一国物价具有一定影响

本币贬值可通过多种机制导致国内物价水平的上升。首先，如果进口品是必需品，本币贬值导致其价格上涨，从而抬升生活费用，名义工资相应提高。工资水平上升会直接导致产品生产成本上升，促使进一步追加名义工资，最终使整个市场价格水平上涨。

其次，如果进口品是主要生产原料，则会通过成本机制导致物价水平上升。再次，通过上述工资及成本机制，本币贬值将导致货币供给增加，政府在外汇市场上购入外汇将支付更多本币，从而进一步扩大市场上的货币供给量，促使物价水平的攀升。

最后，如果进出口商品的需求弹性均很低时，本币贬值可能进一步恶化国际收支，使本币的对外价值继续降低，最终导致其对内价值降低，其直接表现就是物价水平上升。

5. 汇率变动对一国储备具有影响

一方面，如果汇率的升值或贬值变动跟储备货币直接相关，会使储备的实际价值加强或削弱，严重的还会影响该种货币在储备币种中的地位；另一方面，汇率变化影响的资本流动、进出口贸易额，本身就是储备的重要来源。

6. 汇率变动对国际经济产生相当的影响

如果本国频繁采用本币法定贬值"以邻为壑"的策略，扩大对外销售，往往会引起别国的汇率报复，加剧一国与他国之间的矛盾。

六、汇率与汇率制度

汇率制度也叫汇率安排，是指一国货币当局对本国货币汇率变动的基本方式所做的基本安排和规定。第二次世界大战后，世界各国实行的汇率制度大致经历了两个发展阶段：战后至1973年各国普遍实行的是固定汇率制度，此后步入了以发达国家实行的浮动汇率为主的汇率安排多样化时代。

（一）固定汇率制度

所谓的固定汇率制度是指两国货币比价基本固定，或者波幅很小的固定汇率制度。金币本位制下的固定汇率制度是由货币含金量之比决定的，具有自动的调节机制，信用货币条件下的固定汇率制度则是通过国际间的协议人为建立起来的(在上述汇率的决定中已经详细讲解过)。实践中，实行固定汇率制度的各国政府有义务维持本国货币汇率的稳定，必要时会采取相关措施，如动用储备干预或运用外汇管制政策等。

20世纪60年代后，美国受财政赤字和货币危机的冲击，国际收支持续逆差，经济增长缓慢，美元地位动摇，布雷顿森林体系难以维持，固定汇率制举步维艰。1973年春，一些西方国家在放弃金平价的同时，宣布实行浮动汇率制度。自此，第二次世界大战后维持28年之久的固定汇率制度基本告终。

（二）浮动汇率制度

浮动汇率制度是"固定汇率制度"的对称，指一国货币当局对本国货币同他国货币的兑换比率不再规定上下波动界限，而任由外汇市场供求关系自行决定的一种汇率制度。此种汇率制度是在1973年固定汇率制度基本结束后，首先由发达国家先后采纳的，目前已经成为各国普遍实行的汇率制度。

根据政府是否干预，浮动汇率制度又可分为两种：一是清洁浮动，又称"自由浮动"，指本国政府对汇率变动不采取任何干预措施，完全根据外汇市场供求情况自主浮动。在现实中，完全不加干预的清洁浮动几乎不存在；二是肮脏浮动，也称为"管理浮动"，是指政府对汇率的波动采取公开或者隐蔽的干预。

此外，依据浮动汇率是单独的还是与他国采取联合行动，又可分为：①单独浮动，即一国汇率随外汇市场对其供求状况的变化自行浮动的汇率制度；②联合浮动，又称共同浮动或集体浮动，是指一些经济关系密切的国家组成的集团，在成员国内部实行固定汇率制度，对成员国以外国家的货币汇率实行同升共降的浮动的汇率制度。

（三）固定汇率制度与浮动汇率制度的优缺点比较

相对于浮动汇率制度而言，固定汇率制度下，两国货币的比价相对稳定，便于企业在国际信贷、投资、贸易等对外经济活动中进行成本利润核算，减少汇率波动的风险，有利于国际贸易和世界经济的稳定发展。

但是，正是因为固定汇率制度的汇率相对稳定的特性，也赋予其固有的缺点。

（1）汇率无法发挥其调节国际收支的经济杠杆作用。

（2）维持固定汇率制度往往会影响本国货币政策的独立性，如一国为实现一定的经济目标采取扩张性货币政策，但扩张性货币政策可能会导致国际收支逆差，使本币面临贬值压力，为维持汇率稳定，政府可能会选择在外汇市场抛出外汇购回本币，从而抵消了起初扩张性货币政策的效果。

（3）易受到投资资本的冲击，经历1997年亚洲金融危机的泰国就是一个典型的例证。

（4）容易使通货膨胀在国际间传播。

而与固定汇率制度相比，浮动汇率制度下，政府可以不对国际收支差额进行干预，而是任由汇率的升降自动调节，也正是这种汇率的自动调节，承担了外部均衡的重任，财政政策和货币政策可以专注于实现内部经济目标，避免了内外政策的冲突。但也正因此，汇率的频繁、剧烈波动，给经济主体的经济行为带来了很大的不确定性，加大了风险，就成了浮动汇率制度的一大缺点。同时，这种不确定性还为外汇投机提供了条件和土壤，必然会加剧国际金融市场的动荡与混乱。

七、人民币汇率问题

1994年以前，我国先后经历了固定汇率制度和双轨汇率制度，1993年，中国人民银行发布了《关于进一步改革外汇管理体制的公告》，公告规定："自1994年1月1日起，改革现行汇率制度，将官方汇率和调剂市场汇率实行并轨，建立以市场供求为基础的、单一的、有管理的浮动汇率制度，以适应我国建立社会主义市场经济体制的需要，进一步加快改革开放进程。"

1994年汇率并轨后，我国实行以市场供求为基础的、有管理的浮动汇率制度。企业和个人按规定向银行买卖外汇，银行进入银行间外汇市场进行交易，形成市场汇率。中央银行设定一定的汇率浮动范围，并通过调控市场保持人民币汇率稳定。实践证明，这一汇率制度符合中国国情，为中国经济的持续快速发展，为维护地区乃至世界经济金融的稳定做出了积极贡献。

1997年以前，人民币汇率稳中有升，海内外对人民币的信心不断增强。但此后由于亚洲金融危机爆发，为防止亚洲周边国家和地区货币轮番贬值使危机深化，中国作为一个负责任的大国，主动收窄了人民币汇率浮动区间。随着亚洲金融危机的影响逐步减弱，近年来我国经济持续平稳较快发展，经济体制改革不断深化，金融领域改革取得了新的进展，外汇管制进一步放宽，外汇市场建设的深度和广度不断拓展，为完善人民币汇率形成机制创造了条件。

推进人民币汇率形成机制改革，是缓解对外贸易不平衡、扩大内需以及提升企业国际竞争力、提高对外开放水平的需要。近年来，我国经常项目和资本项目双顺差持续扩大，加剧了国际收支失衡。

适当调整人民币汇率水平，改革汇率形成机制，有利于贯彻以内需为主的经济可持续发展战略，优化资源配置；有利于增强货币政策的独立性，提高金融调控的主动性和有效性；有利于保持进出口基本平衡，改善贸易条件；有利于保持物价稳定，降低企业成本；有利于促使企业转变经营机制，增强自主创新能力，加快转变外贸增长方式，提高国际竞争力和抗风险能力；有利于优化利用外资结构，提高利用外资效果。

2005 年 7 月 21 日，为了适应国内外经济发展的需要，中国人民银行结合中国的实际情况，开始实行以市场供求为基础、参考一篮子货币进行调节、有管理的浮动汇率制度。人民币汇率不再盯住单一美元，而是按照我国对外经济发展的实际情况，选择若干种主要货币，赋予相应的权重，组成一个货币篮子。

同时，根据国内外经济金融形势，以市场供求为基础，参考一篮子货币计算人民币多边汇率指数的变化，对人民币汇率进行管理和调节，维护人民币汇率在合理均衡水平上的基本稳定。参考一篮子表明外币之间的汇率变化会影响人民币汇率，但参考一篮子不等于盯住一篮子货币，它还需要将市场供求关系作为另一重要依据，据此形成有管理的浮动汇率。这就意味着我国汇率的市场化改革向前迈进了巨大的一步。

【关键术语】

国际货币体系、布雷顿森林体系、特里芬难题、汇率、直接标价法、间接标价法、美元标价法、买入价、卖出价、中间价、远期汇率、基准汇率、套算汇率、固定汇率制度、浮动汇率制度、外汇

本章实训题

一、单项选择题

1. 国际金本位制下，国际储备资产主要是(　　)。

A. 美元　　B. 黄金　　C. 特别提款权　　D. 英镑

2. 下列哪些人不可以划为本国的居民(　　)。

A. 刚刚注册的企业

B. 在该国居住了两年的自然人

C. 国际货币基金组织驻该国代表

D. 驻在本国的外国领事馆雇用的当地雇员

3. 逆差应该记入国际收支平衡表的(　　)。

A. 借方　　B. 贷方　　C. 借贷方都可以　　D. 附录说明

4. 若在国际收支平衡表中，储备资产项目为－100 亿美元，则表示该国储备(　　)。

A. 增加了 100 亿美元　　B. 减少了 100 亿美元

C. 人为账面平衡　　D. 无法判断

5. 下列哪种差额能够较好地衡量国际收支对国际储备造成的压力(　　)。

A. 贸易差额　　B. 经常项目差额

C. 资本和金融账户差额　　D. 综合账户差额

二、判断题

1. 由于一国国际收支不可能正好收支相抵，因而国际收支平衡表的最终差额绝不恒为零。(　　)

2. 资本和金融账户可以无限制地为经常账户提供融资。(　　)

3. 我国采用的外汇标价方法是间接标价法。(　　)

4. 我国某公司将在海外投资所得利润 100 万美元汇回国内并结售给政府，该笔交易应该贷记官方储备。(　　)

5. 电汇的速度快，银行占用客户的资金时间短，所以一般电汇汇率比较低。(　　)

三、简述题

1．固定汇率制度与浮动汇率制度的优缺点比较。

2．国际货币体系的含义及内容。

3．汇率的标价方法的种类有哪些？

4．一国汇率变动的影响有哪些？

四、实践课堂

实地调查一家企业，分析人民币升值对企业出口和进口的利弊影响，并分析企业是否因此承担了汇率风险？通过调查分析形成调查报告。

第十一章

金融创新与金融发展

【内容框架】

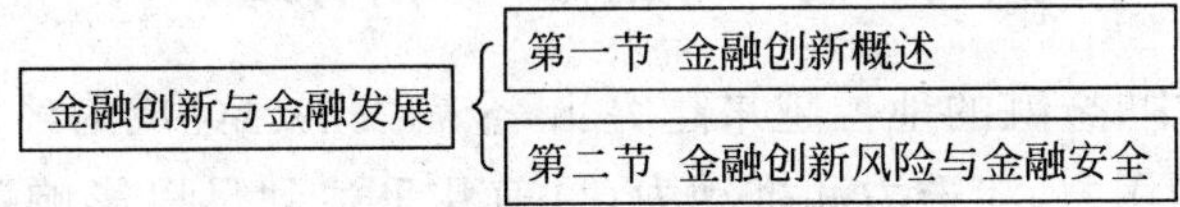

【学习目标】

1. 了解金融创新的含义，领悟金融创新按不同的分类标准划分的种类和应用；
2. 了解当代金融创新的主要内容和表现，掌握当代金融创新的主要原因；
3. 理解金融发展与金融安全的关系。

【学习重点】

1. 金融创新的分类，金融创新和金融风险的关系；
2. 金融创新风险的分类，金融发展和金融安全的关系。

【技能要求】

能对我国金融监管在金融创新的大环境下的具体作为有理性的认识，能辩证地看待金融创新与金融安全的关系。

引例

创新让金融普惠天下

在 2015 年两会的政府工作报告中，国务院总理李克强就指出要大力发展普惠金融，2016 年开年，普惠金融首次被国务院纳入国家战略规划。普惠金融，对互联网金融来说，是核心也是根本；对 P2P 平台来说，是特性也是对传统金融的补充。

普惠金融,所谓"普"——服务面广,融资不难:互融宝作为普惠金融的实践者,始终聚焦解决排除在传统金融体系之外的非高收入人群、小微企业等弱势群体投融资需求;所谓"惠"——通过创新手段,降低金融服务成本,融资不贵,通过互融宝严格的风控审核后,与平台另一端的投资人信息对接,降低个人与小微企业的投融资成本。

互融宝在创新上独树一帜:资金存管模式的创新,与徽商银行达成资金存管战略合作;风控模式的创新、升级,与南审达成战略合作,将专业的金融审计学与实战经验相结合,设计出最佳投资产品与风控模型。

2016年,互融宝获得中核恒通(北京)物资有限责任公司入股50%、南京中电熊猫现代服务产业有限公司入股10%,由此可见,稳定的优质资产端是网贷平台风控是否到位的决定性因素,而强大的风控则是一个网贷平台的生命。这标志着互融宝平台的安全性、业务模式、发展前景均受到全方位的认可,也表明获得战略入股后抗风险能力更上一层,逐渐向标杆平台发展,更值得投资人信赖。

资料来源:根据中国贸易金融网资料改编。

关于金融创新的研究和实践,直至今天依然是一个热门话题,那么什么是金融创新,金融创新对经济发展的作用与金融稳定的关系如何?这正是本章研究的内容。

第一节 金融创新概述

在现代市场经济中,金融的地位越来越突出,金融发展已经成为经济发展的重要因素和先导力量,具有强大作用力、渗透力和推动力,目前几乎达到足以影响甚至决定整个国民经济发展的程度。但是金融的发展离不开金融创新。

现代社会,一切重大经济价值、经济增长均与创新有关,金融创新推动了金融发展,并促进了整个经济进步。从20世纪50年代开始,尤其是步入20世纪70年代以来,西方国家的金融领域内出现了一系列影响重大、受人瞩目的金融活动和新鲜的金融事务,比如较为广泛地将新技术应用于金融行业、在金融市场方面不断地予以创新,新的金融工具不断地被研发出来,新交易和新服务也如浪潮般地冲击着金融领域。

诸如1966年美国出现大额存单,1970年出现浮动利率债券,代表着债券市场的重大变革和创新;1971年美国开始使用证券交易自动报价系统及1972年芝加哥交易所推出货币期货交易等,代表着交易技术的创新和变革。新技术、新市场、新工具、新交易、新服务令人目不暇接。

究其起源,这场变革源于美、加、英等发达国家,20世纪80年代中后期,随着金融开放和自由化程度的加深,发展中国家也纷纷踏上了创新之路。进入20世纪90年代,金融出现了前所未有的新局面,各种金融创新风起云涌,已经或正在改变着金融业乃至整个经济的面貌。

一、金融创新的含义

(一)创新理论概述

创新理论一般认为最早是由奥地利籍美国著名经济学家熊彼特(Joseph Alois Schumpeter,1883—1950年)在1912年著的《经济发展理论》一书中首次提出,并在他1913年所著《经济周期》一书中系统完成。

熊彼特认为创新就是由富于冒险精神的企业家建立一种新的生产函数，或者说是企业家对生产要素和生产条件进行重新组合而谋求最大化效益的过程。通常包括 5 种情形：①新产品的出现；②新的生产方法或生产技术的应用；③新市场的开拓；④新的原料供应来源；⑤新的管理方法或组织形式的推广。在熊彼特的创新理论中，非常强调生产技术、生产方法等方面的革新在资本主义发展中的重要作用，并把"创新"看成资本主义的最根本的特征。

此后，其他创新的提法在理论来源和语义根源上都或多或少受到熊彼特创新理论的影响。尽管熊彼特理论中没有金融创新的概念，但他强调"信用对于新的组合是重要的"，他所说的"信用"有相当一部分是当今金融创新的内容。可见虽然他受时代的局限，没有也不可能看到金融创新的重要性，但他清楚地认识到了"信用"在经济创新浪潮中的特殊作用，这为后来人们认识和描述金融创新奠定了理论基础。

（二）金融创新的含义

金融创新的含义，目前国内外尚无统一的解释。有关金融创新的定义，大多是根据上述熊彼特的观点衍生而来，并大多在 3 个层面对金融创新的内涵予以描述，描述的层次也表现出一定的差异性，具体如下。

1. 宏观层面

关注宏观层面的学者将金融创新与金融史上的重大历史变革等同起来，认为整个金融业的发展史就是一部不断创新的历史，金融业的每项重大发展都离不开金融创新。

对这一层面金融创新的描述主要表现出如下特点：将整个货币信用的发展史视为金融创新史，金融发展史上的每一次重大突破都视为金融创新，金融创新涉及的范围相当广泛，不仅包括金融技术的创新、金融市场的创新、金融服务和产品的创新、金融企业组织和管理方式的创新、金融服务业结构上的创新，而且包括现代银行业产生以来有关银行业务、银行支付和清算体系、银行的资产负债管理乃至金融机构、金融市场、金融体系、国际货币制度等方面的历次变革。

2. 中观层面

中观层面的金融创新强调的是 20 世纪 50 年代末、60 年代初以后，金融机构特别是银行中介功能的变化，它可以分为技术创新、产品创新、制度创新。

（1）技术创新是指制造新产品时，采用新的生产要素或重新组合要素、生产方法、管理系统的过程。

（2）产品创新是指产品的供给方生产比传统产品性能更好、质量更优的新产品的过程。

（3）制度创新是指一个系统的形成和功能发生变化，从而使系统效率有所提高的过程。

3. 微观层面

微观层面的金融创新仅指金融工具的创新。大致可分为 4 种类型。

（1）信用创新型，如用短期信用来实现中期信用，以及分散投资者独家承担贷款风险的票据发行便利等。

（2）风险转移创新型，它包括能在各经济机构之间相互转移金融工具内在风险的各种新工具，如货币互换、利率互换等。

（3）增加流动创新型，它包括能使原有的金融工具提高变现能力和可转换性的新金融工具，如长期贷款的证券化等。

(4) 股权创造创新型，它包括使债权变为股权的各种新金融工具，如附有股权认购书的债券等。

1986 年西方 10 国集团中央银行编写的《近年来国际银行业的创新》的研究报告中指出的金融创新定义与上述 3 个层面的描述具有共性，它指出金融创新从广义角度看包括两种情况：一种是金融工具的创新，主要是指票据发行便利、货币和利率互换、外汇期权和利率期权、远期利率协议；另一种是金融创新的 3 大趋势，主要是指金融领域的证券化趋势、资产表外业务与日俱增的趋势、金融市场越来越全球一体化的趋势。

我国学者对金融创新的定义为指金融内部通过各种要素的重新组合和创造性变革所创造或引进的新事物，并认为金融创新大致可归为 3 类：①金融制度创新，包括各种货币制度创新、信用制度创新、金融管理制度创新等与制度安排相关的金融创新；②金融业务创新，包括金融工具创新、金融技术创新、金融交易方式或服务创新、金融市场创新等与金融业务活动相关的创新；③金融组织结构创新，包括金融机构创新、金融机构内部经营管理创新与金融业组织机构相关的创新等。

北京大学陈岱孙、厉以宁主编的《国际金融学说史》根据熊彼特经济创新的定义将金融创新定义为在金融领域内建立"新的生产函数""是各种金融要素的新的结合，是为了追求利润机会而形成的市场改革。它泛指金融体系和金融市场上出现的一系列新事物，包括新的金融工具、新的融资方式、新的金融市场、新的支付清算手段以及新的金融组织形式与管理方法等内容。"

二、金融创新的类型

对金融创新进行进一步的分类是学习和了解金融创新发展和成因的基础，也是厘清金融创新逻辑的基本要求。国际清算银行认为，分类能明确金融创新的重要特点和功能。依据不同的分类标准，对金融创新的类型划分自然表现出不同的结果，具体如下。

（一）按金融中介功能差异分

按照金融中介功能差异这一标准对金融创新进行分类的想法是由国际清算银行提出并实施的，这种分类内容着眼于金融工具创新，而且着重从中介功能的特点上进行了考察，对金融工具的微观分析有用，但对金融创新的宏观研究则用途有限，其具体分类内容如下。

1. 风险转移创新

风险转移创新指能够使各经济单位之间转移价格和信用风险的新工具或新技术。

2. 流动性增进创新

流动性增进创新指能增加现有金融工具的可交易性或可转让性的新技术或新制度。

3. 信用（或债务）创造创新

信用（或债务）创造创新指更易获得信用（或债务）供给的新金融工具。

4. 股本创造创新

股本创造创新指能够使经济单位更易取得股本供给的创新。

（二）按金融创新的主体分

金融创新的主体包括政府金融当局、商业银行机构、投资银行和其他金融企业，后 3 类是市场主体。根据这一划分标准，金融创新被分为以下几种。

1. 政府主导型

政府主导型金融创新包括基本金融体制创新、金融监督制度创新以及金融调控方式创新。

2. 市场主导型

市场主导型金融创新包括商业银行主导的金融创新、投资银行主导的金融创新、其他企业主导的金融创新。

在金融创新的3个基本要素(制度、工具、技术)中,制度创新往往是政府主导,工具创新则是市场主导,货币市场工具创新一般是商业银行主导,资本市场工具创新则一般是投资银行主导,而辅助金融技术创新则是由经济环境中的技术企业主导。

(三) 按金融创新的动力来源分

金融创新的动力不仅决定创新的方向和性质,而且影响创新的强度和效率。根据这一标准划分,金融创新可分为以下几种。

1. 约束诱导型

约束诱导型金融创新是由美国经济学家西尔柏(W. L. Silber)首先提出并论证的,主要是从供给角度研究金融创新的动力。约束型包括外部约束(政府约束)和内部约束(金融机构或企业的约束)。

无论是外部约束还是内部约束,都有诱导经济组织开展金融创新的作用。这里的约束实际上就是宏观金融制度和微观金融制度的约束,比如美国1972年创新的可转让支付命令账户(NOW)、货币市场互助基金(MMMF),1978年美国创新的货币市场存款账户(MMDA)、自动转账服务账户(ATS)等都是为突破管制而进行的,都属于这一类型。

2. 需求拉动型

需求拉动型金融创新是一种常见的创新,应该说市场需求是金融创新存在的重要原因之一。需求又可以分为流动性需求、安全性需求、成本节约性需求及交易时效性需求,由此需求拉动型创新又可分成若干子类,前述按中介功能的分类实际上都可以看成需求拉动型金融创新。比如美国1981年创新的零息债券、利率互换等,就是应市场防范和转嫁利率风险而设计的创新产品。

3. 技术推动型

技术推动型金融创新近年来越来越重要,实质上技术创新不仅在提高金融的效率,而且在深刻地改变金融体系的观念与结构。近年来,ATM、无纸交易、实时支付、电子银行、虚拟证券等都是电子与通信革命促进金融创新的结果。而且技术推动型金融创新使传统的金融制度、金融体制、金融观念、金融组织都面临严峻的挑战。

技术推动型金融创新不仅大大降低了金融活动的交易成本,而且同时又可无限地扩展金融交易的边界,几乎可以彻底打破传统地域分隔和业务分割对金融机构的限制。如美国1971年创新的证券交易商自动报价系统,就属于这一类型。

4. 管制规避型

管制规避型金融创新就是为逃避政府对金融的管制而设计的与规定交易工具相对应的替代产品,这种替代产品或者政府不管制,或者存在管制真空,当政府对替代产品也实施管制时,金融企业又会寻求新的替代产品,形成“管制—创新—再管制—再创新”循环。比如国际机构1958年创新的欧洲债券、1959年创新的欧洲美元、20世纪60年代初的平行贷款、

20世纪60年代末英国创新的混合账户等都属于这一类型。

5. 竞争激励型

竞争激励型金融创新是客观存在的，而且在金融创新体系中具有十分重要的地位，可以说是当代金融创新的基本推动力量之一。竞争激励型创新依据竞争类型的不同又可为同业竞争和非同业竞争。金融业大致可分为商业银行业、证券业、保险业，其中证券业和基金业又可合称为投资银行业（尽管实际中有所差别）。

在全球金融市场中，商业银行业、投资银行业不仅其各自内部存在激烈竞争，而且它们之间也有较强的竞争关系。同业竞争激励型金融创新与非同业竞争激励型金融创新的主要差异是前者在于开发同业内的金融工具，而后者则开发混合性的金融工具。利率自由化以后的美国、日本的商业银行与投资银行业的竞争生动地反映了这一点。

此外，金融创新的分类还有其他标准，比如还可以按金融创新的层次特征将金融创新分为基础货币工具创新、债务工具创新、股权工具创新、衍生债务工具创新、衍生股权工具创新以及债务与股权混合工具创新；按金融市场的特性把金融创新分为面向货币市场的创新、面向资本市场的创新及面向两个市场的创新等。在此不一一赘述。

三、当代金融创新的主要表现和成因

（一）金融创新的表现

1. 金融制度创新

1）国际货币制度有所创新

20世纪70年代初以来，国际货币制度方面经历了以美元和固定汇率为维系的布雷顿森林体系的崩溃，随后部分主要发达国家正式宣布实行浮动汇率制度，从此以浮动汇率合法化和储备货币多元化为标志的牙买加体系诞生。

在上述背景下，国际货币制度方面产生了区域货币一体化的制度创新形式。其中，最有代表性的就是1999年1月1日，欧洲货币一体化的产物欧元诞生，突破了货币制度的主权特点，实现了某一地区若干国家组成货币联盟，成员国之间统一汇率、统一货币和货币管理、统一货币政策的制度创新。

2）国际金融监管制度不断突破

在国际金融监管制度方面的创新，成立于1975年的巴塞尔委员会起到了重要的推动作用。该委员会于1988年7月通过的《巴塞尔协议》成为国际银行业监管方面的一个里程碑式的规范文件。

此后，随着全球经济和金融一体化的进程不断推进，国际金融环境动荡性加剧，金融风险一旦发生，其破坏性和传染性更强，在各国监管当局和国际金融机构的努力下，一个新型的国际性金融监管组织体系开始运转，国际证券业委员会、国际投资与跨国企业委员会、期货业国际公会等组织都成为这个新型监管组织体系中的一员，共同致力于在国际范围内推进风险早期预警、风险事中防范、事后救援的新型国际化监管体系。

2. 金融市场创新

金融市场的创新主要表现在两个方面：一是欧洲货币市场上的金融工具创新；二是衍生金融市场上金融工具的创新。前者主要指创新型的贷款工具，如多种货币贷款、票据发行便利、远期利率协定等；后者指的是各种期货合约和期权合约。

3. 金融组织结构创新

1）新型金融机构不断创设

在金融组织制度方面的创新表现之一是非银行金融机构的种类和规模在不断地扩大，世界范围内各种保险公司、养老基金、住宅金融机构、金融公司、信用合作社和投资基金等不断发展，成为非银行金融机构家族中的重要一员。

在金融组织制度方面的创新表现之一是20世纪50年代以来，开始出现一些有别于传统金融机构的新型化金融机构，这些创新型金融机构突破了传统银行业务的经营模式，最具代表性的就是自20世纪90年代中期以来诞生的网络银行，网络的出现以及1998年全球范围内的“新经济”现象的出现，使银行业务运行的速度加快、效率提高、成本降低，逐渐成为银行经营模式的一种创新。

全球第一家纯粹网络银行：安全第一网络银行(SFNB)

1995年10月18日，美国亚特兰大市(Atlanta)成立了全球第一家纯网络银行，即“安全第一网络银行”(Security First Network Bank，SFNB)，其注册资本为100万美元，它的诞生轰动全球，因为它打开了银行业的“虚拟之门”，创造了一种全新的银行模式，对400余年来的传统金融业产生了前所未有的冲击。

在SFNB“开疆拓土”之后，很快便有一些专业性的纯网上银行成立，如Tele bank、Net Bank、Next Card、E-Loan、Mortgage. com等。

作为纯粹网上银行的代表，SFNB可以提供的主要业务有电话银行业务(包括账户查询、余额询问、账户转账)、网上开立账户、对第三方的网上支付等。

但是由于社会公众对网上银行安全性的担忧，SFNB的业务没有更多的进展，受亏损困扰，1998年10月被加拿大皇家银行收购。

资料来源：据互联网资料改编。

2）跨国银行得到了充分发展

各国大银行争先恐后地在国际金融中心城市设立分支机构，同时在业务经营中不断实现电子化、全能化、专业化的发展。金融组织制度方面的创新，使各国金融机构之间经营同质化特征明显，金融机构的业务经营趋势也越来越表现为混业。同时也使金融监管更加需要各国监管部门加强国际合作。

4. 金融业务创新

1）负债业务创新

银行负债业务主要包括定期存款、活期存款和储蓄存款。银行负债业务创新的要点是在存款利率受到一定限制的条件下，怎样适应竞争的需要，推出更吸引顾客的服务项目以增强存款业务竞争力。

除此之外，随着银行负债业务竞争加剧，未解决定期存款不能自由转让和提前支取的缺点，而退出的货币市场存款单、大额可转让定期存单、储蓄人存单等新型定期存款创新工具。

2）资产业务创新

银行的资产业务最主要的是贷款。“二战”以来，银行资产业务不断完善，形成信贷、有价证券投资为主的资产结构，而近几十年来，资产业务的创新尤以消费信用、住宅贷款更为突出，此外，银团贷款、组合性融资、平行贷款、分享股权贷款等都成为商业银行资产业务的重要创新形式。

3）中间业务创新

银行除了资产负债业务以外，还办理中间业务，即银行作为中间人为客户提供服务。随着银行面临行业内外的竞争越来越激烈，不得不考虑改变原来的业务结构，推出多样化服务，以招揽客户，增强竞争力。在这种背景下，银行业务大都采取综合化管理，使其具有“超级金融百货公司”职能，这个过程使得中间业务得到充分发展。

中间业务创新的主要形式一是信托业务，包括证券投资信托、动产和不动产信托、公益信托等；二是租赁业务，包括融资性租赁、经营性租赁、杠杆租赁等。正是因为上述中间业务的创新，使银行的传统业务结构有了很大的改变，竞争实力不断增强。

（二）金融创新的成因

金融创新的原因可以从以下几方面来探讨。

1. 经济思潮的变迁

20 世纪 70 年代西方兴盛的经济自由主义思潮是现代金融创新大发展的重要思想和理论武器。自由主义的核心是要求放松管制、追求自由，正是这种理论，促使金融业要求放松管制、追求自由经营。在经济自由主义思潮的支配下，金融业强烈要求监管当局放松“二战”后设置的种种限制，并不约而同地借助金融创新逃避管制，形成了金融自由化浪潮。

各国在上述经济自由主义思潮的影响下，放松的金融管制主要包括以下几个方面的内容：取消对存款利率的最高限额，逐步实现利率自由化；允许各金融机构业务交叉，鼓励银行“综合化”；放松对本国居民和外国居民在投资方面的诸多限制；开放各类金融市场，放宽对资本流动的限制，放松外汇管制，免征税赋，促进证券交易等，诸多方面管制的放松，促成了金融创新的发展。

2. 规避风险等需求的刺激

第二次世界大战后，各国经济和金融快速发展，在需求方面，随着经济货币化向金融化的发展，许多新的金融需求随之产生，对金融业提供的产品和劳务在范围、种类、数量、质量上的要求越来越高，尤其是需要新的金融工具来规避金融风险。在这些需要的推动下，金融创新不断产生。

例如，20 世纪 50 年代，3 个月期的美元国库券利率在 1% 和 3.5% 之间波动。到了 20 世纪 70 年代，它的波幅达到 4% 到 11.5% 之间。而20 世纪 80 年代这一波幅已扩大至 5% 到 15% 之间。利率的剧烈波动造成了巨额的资本利得或资本损失，并使投资回报率具有较大的不确定性。经济环境的这一变化，刺激了对满足该需求创新的探求，激励人们创造一些能够降低利率风险的新的金融工具。在该需求的推动下，20 世纪 70 年代产生了 3 种新的金融创新：可变利率抵押贷款；金融期货交易；金融工具的期权交易。

3. 对既有金融管制的规避

由于金融业较其他行业受到更为严格的管理，政府管理法规就成为这个行业创新的重要推动力量。金融管制对金融创新产生促进作用必须具备以下 3 个前提条件：一是金融管制影响金融机构在市场竞争中的活动，特别是威胁其经营地位和目标，这是金融创新主体（金融机构）的外在压力；二是金融管制存在一定的真空，创新主体有漏洞可钻，这样创新才有可能；三是金融机构通过创新产生的收益应大于其接受管制的机会成本。

在上述条件满足的前提下，当管理法规的某种约束可以合理地或被默认地予以规避，并可以带来收益，创新就会发生。比如，过去美国银行业在法定准备金与存款利率两个方面受到限制，自20世纪60年代末期开始，由于通货膨胀率引起的较高的利率水平同存款利率上限和存款准备金合在一起减少了银行的利润，促使商业银行产生了欧洲美元、银行商业票据、可转让支付命令账户(NOW)、自动转账服务账户(ATS)和隔日回购协定、货币市场互助基金(MMMF)等形式的金融创新。这些创新正是在管制的压力下，由参与创新的主体绕开管制的产物。

4. 同业竞争

金融业的同业竞争既发生在国内市场又发生在国外市场，同业竞争是现代金融创新的重要成因之一，这一动因贯穿于金融创新的全过程，它与许多甚至全部的金融创新工具有关。一方面，同业竞争迫使各金融机构通过创新降低交易成本；另一方面，经济的不断发展促使各金融机构不仅对传统业务进行创新，而且在传统业务之外积极开拓新的业务领域。

5. 新科技革命改善了金融供给条件

20世纪70年代发生了世界范围内的新科学技术革命，国外称之为“第四次产业革命”。它以电子计算机、遗传工程、光导纤维、激光、海洋开发的广泛应用为根本特征，是人类历史上规模最大、影响最深远的一次科学技术革命。全球范围的科技革命不仅改变了金融观念和运作，而且直接成为金融创新的重要推动力。金融电子化在全球范围的广泛应用，使电子计算机和电子通信技术的发展为金融创新提供了物质基础。

首先，计算机的应用成本决定了金融创新的成本，随着电子计算机运用范围的推广和运用成本的不断降低，金融机构运用计算机进行金融创新的费用下降，加快了其创新的步伐；其次，以电子计算机为核心的新技术的运用增加了金融机构从事金融创新的收益，扩大了金融创新的步伐。20世纪70年代以来，几乎所有的金融创新都直接或间接依赖于新科技革命所提供的物质基础和技术支持。

正是由于计算机和通信技术的改善，进一步导致金融供给条件发生了重大变化，有力地刺激了金融创新。当能够大大降低金融交易成本的新计算机技术可以运用时，金融机构便可据以设想出可能对公众有吸引力的新金融产品和新金融工具，银行卡即是其中之一。计算机和通信技术的进步也改善了市场获得证券信息的能力，这种由交易和信息技术的改善而引发的金融创新最重要的例证是证券化。此外，政府管理制度的变化也能够导致供给条件变化，由政府管理变化而发生的金融创新例子是贴现经纪人和股票指数期货的出现。

第二节　金融创新风险与金融安全

一、金融创新与金融风险的关系

金融创新与金融风险间的关系探讨，重点要解决和做出回答的问题是：金融创新究竟是转移和分散了金融风险，还是促使金融业产生了新的风险？国内大部分学者认为两者兼而有之。金融创新好比一把“双刃剑”，如果运用得当，它可以为金融业带来许多好处，起到传统避险工具都无法起到的风险规避作用；但如果运用不当，也会产生负面影响，带来很多创新风险，使市场参与者遭受严重损失，甚至危及整个金融市场的稳定。

（一）金融创新具有转移和分散金融风险的功能

考证一直以来的各种金融创新可以发现，某些金融工具和金融业务的创新，能够在一定程度上转移和分散金融风险。尤其是20世纪70年代的金融创新，其主要创新的目的也是风险转移型创新。

首先，金融业务和金融市场的创新可以使金融企业有效地转移各类市场风险，如利率风险、汇率风险、通货膨胀风险等。例如20世纪70年代出现的NOW账户、浮息票据、浮息债券、与物价指数挂钩的公债以及金融期货等都是金融企业转嫁市场风险的理想工具。

金融创新不仅可以转嫁和分散市场风险，而且可以转嫁和分散信用风险、流动性风险，如金融期货出现后，其独特的"中央结算制"使传统金融交易中存在的信用风险问题大为缓解；又如可转让的货币市场存款工具、货币市场互助基金、可转让的贷款合同及证券化资产等创新工具都使金融企业的资产流动性大大提高。

当然，更重要的是金融创新还产生了分散和转移风险的新途径，如股指期货产生前，股票市场的投资者只能通过投资组合的变化防范非系统性风险，而对系统性风险通常无可奈何。股票指数期货出现后，投资者可通过股票现货和期货市场的套期操作防范系统性风险。

此外，金融管理的创新也有助于缓解金融企业资产负债不对称的风险。比如，20世纪60年代初美国花旗银行推出CDs后，引发了银行业从资产管理向负债管理的转变，商业银行可以通过负债的扩张来支持资产的扩张，商业银行长期存在的存款不稳定导致银行资产负债不对称的问题得到缓解。

最后，金融制度的创新可以转移金融风险，还可以在一定程度上降低风险，如金融监管的加强可以减少金融体系的不稳定性，金融当局的科学决策可以减少决策失误，从而减少整个金融体系的风险。

（二）在转移和分散金融风险的同时，金融创新也促成了新的金融风险

所谓金融风险，是指在一定条件下和一定时期内，由于金融市场中各种经济因变量的不确定造成结果发生的波动，而导致行为主体遭受损失以及这种损失发生可能性的大小，损失发生的大小与损失发生的概率是金融风险的核心参量。

金融创新在转移和分散金融风险的同时，促成新的金融风险主要表现如下。

1. 创新使金融机构的经营风险增加

金融创新使金融机构同质化，使金融机构间的竞争更加激烈，银行传统的存贷利差缩小。为了获得必要的利润，金融机构通常转而从事高风险、高收益的业务，从而使金融机构的经营风险增加，信用等级下降。20世纪80年代同70年代相比，西方商业银行的信用等级普遍下降，20世纪90年代更是出现了英国"巴林银行倒闭案"和日本大和银行巨额损失的案件，几乎全球每一场金融风暴都与金融创新有关。

此外，2007年爆发于美国的次贷危机的快速蔓延，也有很多学者在危机的后续研究中指出，从次贷危机爆发的整个过程来看，金融创新首先带来了美国房地产信贷市场和金融市场的繁荣，而随后又带来了巨大的信用危机和流动性危机等金融风险，正是以次级抵押贷款为基础的CDO市场的介入，使金融危机的波及和影响面不断扩大，对世界多国金融体系的

影响也进一步加深。在这个过程中，金融创新扮演着金融繁荣的创造者和终结者的双重角色，淋漓尽致地用血的教训印证着金融创新是一把“双刃剑”。

关于金融创新品种 CDO

抵押债务债券（Collateralized Debt Obligation，CDO）被一致认为是 2007 年美国次级债危机中的最大杀伤力，作为资产证券化领域最重要的金融创新，CDO 是把不同类别的债务信用（如住房抵押贷款、公司债券、ABS、MBS、项目融资等）打包组合在一起，以这些债务的现金流收入为支撑，通过内部信用增级，重新分割投资风险和回报以整体发行的债券。

2000 年后美国房价翻倍上涨和超过两年之久 1% 的低利率，使其能以名义上的转移风险和承诺高额回报而达到惊人的急速膨胀。次级债危机爆发前的 2007 年上半年，全球 CDO 发行量就已超 3136 亿美元，美国占 75%。CDO 占美国资产证券化产品中的比重已由 1995 年的 0.4% 提升至 2006 年的近 16%，在欧洲更达到 24%。亚洲投资者占总数的 25% 至 30%，以亚洲资产做抵押的 CDO 占全球发行总量的 20% 左右。

但正因为发行量如此之大的 CDO 的推波助澜，2007 年的次级债危机才能有如此大的破坏力，危机发生后的 CDO 市场极度缩水，并迅速波及全球金融市场，被认为是造成投资者损失惨重的重要原因之一。这让各类投资者比较清楚地认识到此类信用衍生产品隐藏的弊病，也对金融创新品种的过度膨胀带来的金融风险有了进一步的认识和思考。

资料来源：据章琪，梁寒冰，陆宏春. CDO 与次债危机的成因及影响分析一文改编。

2. 金融创新使表外风险增加

表外风险指不在金融企业的资产负债表中得到反映，却又可能转化为金融企业真实负债的业务或交易可能产生的风险。即金融企业的各种或有负债转为真实负债所带来的风险。表外风险源于表外业务，表外业务包括 20 世纪六七十年代的贷款承诺、借款担保、备用信用证及金融期货等。

金融机构从事表外业务的实质就是变相减少账面负债，这种表外业务既可以维持虚假的资本资产比率以回避金融当局的监管，又可以增加金融机构的利润，但同时也造成金融企业的潜在风险增加。一旦表外业务的或有负债转变成真实负债，金融企业的潜在风险也就转变为真实风险。

3. 金融创新增加了风险的易传染性

金融创新推动了金融业的同质化、自由化、现代化与国际化。一个国家的各种金融机构之间、内外资金融机构之间、国内与国际金融市场之间的相互依赖性增加。这样金融体系中某个环节的差错都可能波及整个金融体系，如西方国家盛行的电子转账清算系统，所有经过该系统的交易都不能取消，一旦一家银行不能及时支付，整个支付链条就会中断。

4. 金融创新扩张了信用创造的能力，增加了风险传播的速度

金融体系创造信用关系的渠道及方式越来越多，信用创造变得越来越容易而且迅速，整

个经济体系中的信用关系日益庞杂、多变，信用膨胀显著；以衍生金融工具为代表的当代金融创新成果，为投机者提供了大批操纵市场的先进手段和便利工具，使之拥有了撬动一国或一地区金融市场的巨大能量；在金融自由化成为当今金融发展的主旋律时，以确保金融系统稳健运行为目的的金融监管在如雨后春笋般的金融创新中显得被动无力，这些金融创新在分散与转移风险的同时，也正在潜在地提升和积累新的风险。所以，金融创新风险就是金融创新活动本身的风险和由于金融创新所带来的新的风险。

5. 金融创新增加了投机风险

对创新市场而言，投机是一柄“双刃剑”，一方面它是维持创新市场流动性不可缺少的“润滑剂”，同时也是套期保值转移风险的载体；另一方面非稳定性投机又可能加剧金融市场的波动，并且由于创新交易的高杠杆性，其投机性对金融市场的影响较之传统交易更大。

二、金融创新风险的分类

根据以上对金融创新与金融风险关系的分析，金融创新风险可以被定义为金融创新活动本身的风险和由于金融创新所带来的新的风险。其具体可以分为以下几种类型。

（一）金融创新自身活动及产品风险

1. 金融创新活动本身的风险

金融创新的本质是在金融领域的创新，而创新活动本身就具有风险性。所谓创新就是创造原来没有的，就其创新过程来看，要投入较大的财力、人力和物力，并且面临创新随时失败的可能。另外，在创新之初往往缺少实际投入产出的财务数据支持和运行、管理的经验，加上传统惯性思维的阻力，常常使创新在推广的过程中便中途夭折。同时，即使创新活动获得成功，并很好地得以推广应用，但业务创新很容易被其他机构模仿而使创新的收益大大减少，所以金融创新也面临创新保护不足的风险。

2. 金融创新产品设计风险

金融创新产品设计风险要归因于最近几年兴起的金融工程。金融工程包括新型金融工具与方法的设计、开发和应用，并为金融问题提供创造性的解决办法。

这一定义中的“新型”和“创造”具有3种含义：一是金融领域中思想的跃进，其创造性最高，如创造出第一个零息债券、第一个互换合约等；二是指对已有的观念做出新的理解和应用，如将期货交易推广到以前没能涉及的领域，发展出众多的期权及互换的变种等；三是指对已有的金融产品和手段进行重新组合，以适应某种特定的情况，如远期互换、期货期权、互换期权的出现等。

所有的金融创新产品都不可能是十全十美的，都会有这样或那样的缺陷，在规避或转移了某种风险之后，又创造了新的风险，只不过有的很快显现，有的潜伏其中，在一段时期内并不被人所知。

另外，在大量的金融工程活动中，杠杆都起着重要的作用，保证金交易的普遍使用使杠杆的比率往往很高。因此，杠杆在放大可能的财务收益的同时也放大了相应的财务风险。金融创新使金融产品多样化，高技术的采用使金融资产具有更大的流动性，再加上金融工具以小博大的特点，交易的规模日趋扩大，风险也日益增大。金融创新产品设计中高杠杆的使用也是放大自身风险的致命弱点。

（二）金融创新市场风险

1. 流动性风险

金融创新产品特别是金融衍生产品市场大多是场外交易，而且具有较高的金融杠杆系数，流动性风险普遍高于非创新的基本衍生品。流动性风险指金融资产的持有者无法在市场上找到出货或平仓机会，无法在无损状态下顺利变现所造成的风险。流动性风险的大小取决于合约标准化程度、市场交易规模和市场环境的变化。

对于场内交易的标准化合约（如期货、期权）来说，由于标准化程度高，市场规模大，交易者可随时根据市场环境变化决定运作方式，流动性风险较小，但是场外交易的衍生工具中，每一张合约基本上都是“量体裁衣”，所以没有一个可流通转让的市场，很难转售出去，流动性风险很大。

2. 结算风险

结算风险又称交割风险，即交易对手无法按时付款或交货所造成的风险。多数结算风险是由时差和结算方式不同所导致的，但有时也会由交易对象本身的性质所引发。例如在利率互换交易中，可能出现一方每一季度支付一次浮动利息，而另一方则每年支付一次固定利息的情况。这样当一方已支付了3个季度的利息，而另一方在期满不能履约付息时，已付利息就变成了损失。金融创新产品市场的结算风险也是远高于成熟的基本金融产品市场的。

3. 盲目跟风带来的风险

在当代金融创新中，一大批高收益和高风险并存的新型金融工具和金融交易应运而生，如股票指数交易和期权、期货交易等，衍生工具的虚拟特性使金融市场成为一个充满不确定性的市场。

根据现代投资理论，金融市场价格的高低往往取决于投资者对未来价格的预期。当一种金融产品价格发生波动时，价格越是上涨，就越有人由于价格上涨的预期而入市投机，从而产生所谓的“羊群”效应，出现虚拟资本市场价格数倍、数十倍于原生资本市场价格而膨胀的现象，助长金融市场的投机和盲从，从而使金融资产价格严重偏离价值，形成资产泡沫，这种泡沫膨胀和过度投机达到一定程度，一旦泡沫破灭必然导致价格狂跌，引起金融动荡，增大整个金融体系的风险，这也是近年金融危机发生的直接诱因。

（三）金融创新机构风险

1. 经营风险

由于金融创新打破了传统上金融业务的分工和垄断，随着各类金融机构同质化倾向加强，它们之间的竞争也日趋激烈。激烈的竞争迫使各金融机构不断涉足一些自己并不熟悉和擅长的业务领域，竞相开展高风险、高收益的业务，这些都增加了金融机构的经营风险。其中最突出的是金融创新中涌现出诸多新型表外业务，这些创新的表外业务给传统的商业银行带来了很大的经营风险。

2. 操作风险

操作风险即运作风险，指由于金融机构内部控制系统或清算系统失灵而导致的风险。这种失灵可能是由于监管体系的不完善，或是计算机系统发生故障，导致了工作或技术流程出现问题。同时，大规模的金融电子创新在提高金融活动效率的同时，也伴生出新型的电子风险，如计算机病毒、电子犯罪、网络安全问题等由于技术创新所导致的操作风险。

另外，由于创新产品大多结构复杂，在估价和进行动态交易时往往会涉及数理模型，因此操作上人为失误的可能性会大大增加，特别是衍生工具，由于其价值计算、交易环节和支付过程比较复杂，更容易引发操作风险。

3. 信用风险

信用风险又称履约风险，是交易中的一方不按合同条款履约而导致的风险。在金融创新的背景下，金融监管薄弱、金融业竞争加剧、高杠杆利润机会大量存在，受趋利心理支使，不少金融机构通过增加杠杆比来扩张信用牟取暴利，金融机构的稳健经营风格发生偏离，高杠杆风险不断衍生，尤其在场外交易市场，由于交易对手是分布在全球各地的数以百计的单个交易者，又没有可靠的资本保证与监管，所以金融创新使信用风险不断加大。

（四）金融创新政策及监管风险

1. 政策风险

金融创新的政策风险最典型的是货币政策风险，主要指金融创新削弱了货币政策作用的发挥。金融创新产品对货币政策的影响主要体现在政策工具、中介目标和传导过程 3 个方面。

第一，对政策工具的负效应。许多金融创新产品，尤其是以规避管制为目的的产品，如 NOW 账户、ATS 服务等，使得部分传统的选择性货币政策工具失灵。一些不受存款准备金制约的非存款工具，例如回购协议（RP）、货币市场互助基金（MMMF）等缩小了存款准备金制度的作用范围。通过资产证券化、发行短期存单等金融创新产品，中央银行再贴现窗口的作用也下降了。

第二，对货币政策中介目标的负效应。金融创新产品模糊了作为货币政策中介目标的金融变量的定义，降低了中介目标的可控性。

第三，对货币政策传导过程的影响。货币资金的“脱媒”，即原来采取活期存款形式的金融资产纷纷脱离商业银行这个重要的金融中介，流向非银行金融中介和证券市场，直接影响了货币性金融中介的货币创造过程，加剧了经济生活的不稳定性。

2. 金融监管风险

现代金融的基础是信用经济，现代金融机构的本质是信用机构，金融业必须凭借公众对其的信任实现负债经营或代理经营。由于金融创新的一个基本动机就是绕开金融管制，许多创新品种是基于这一目标来进行，而目前整个国际金融业，包括金融监管相对完善的发达国家也还没有形成一整套对金融创新业务实行有效监管的方法，从而削弱了金融监管力度。另外，金融创新打破了传统金融分业经营模式，全能银行越来越多，各种金融创新工具使得各种业务越来越难以区分，金融机构向综合性和一体化发展，从而增加了监管的难度。

对于中小银行来说，如其倒闭，一般不会对金融体系造成多大的影响，但对于综合性的大型银行来说，一旦倒闭，对整个金融体系甚至整个社会经济都会造成灾难性打击。除此之外，金融市场也进入了垄断竞争时代，中小银行面临的生存压力会更大，大型银行之间的竞争会更加激烈，防止超级垄断、维护一个充分竞争的有效率的金融市场成为监管当局面临的迫切任务。

遏制互联网金融风险

2016 年 4 月份，国务院组织 14 个部委召开电视会议，在全国范围内启动有关互联网金融领域的专项整治，为期一年。

2016 年 10 月 13 日，国务院办公厅公布《互联网金融风险专项整治工作实施方案》。相关部委同时发布了包括 P2P 网络借贷、股权众筹、第三方支付、网络资管跨界金融、互联网金融广告、互联网保险在内的 6 个子方案。

此次互联网金融专项整治的一个亮点就是采取穿透式监管。按照此前的分类，股权众筹归证监会管，网络借贷平台由银监会负责，互联网保险业务则由保监会来监管。但互联网金融往往具有混业经营特征，业务相互嵌套，因此方案具体决定如下。

一是持有金融业务牌照但开展业务不规范的，由牌照主管部门进行整治。

二是不持有金融业务牌照，但明显具备 P2P 网络借贷、股权众筹、互联网保险、第三方支付业务特征的，按照相关分领域的专项整治工作方案进行整治。

三是不持有金融业务牌照，也不明确具备 P2P 网络借贷、股权众筹、互联网保险、第三方支付业务特征的，由省级人民政府统一组织，采取"穿透式"监管方法。

资料来源：根据中国财经报网资料改编。

（五）金融创新系统风险

1. 金融创新系统化、国际化风险

在金融创新背景下，世界金融机构间交往越来越密切，逐步形成了以资金联系为纽带的互惠合作关系，表现出很强的相关性。任何一个部门出现问题都将迅速波及其合作方，产生"多米诺骨牌"效应，从而影响整个金融系统的稳定性。

当一家金融机构因经营不善出现风险，通过债权债务链条很快会传递影响到其他金融机构，在金融国际化程度不断加深的情况下，这种风险还将在国际间迅速传播，威胁到整个国际金融体系，形成金融创新系统性风险。当代金融创新的另一大趋势是金融市场的全球一体化，现代计算机和通信技术使各地金融市场连为一体，从而使金融业的国际风险加大，一国的金融风险会殃及整个世界金融体系。

2. 金融创新经济虚拟化风险

金融创新经济虚拟化是指金融工具独立于现实资本运动之外，却能给金融工具的持有者带来一定收入的特性。正是由于金融衍生工具具有虚拟性，金融衍生市场的规模才大大超过相关资产市场的规模，其价格甚至会远远脱离原生工具的价格。

虚拟资本数量的急剧增长和经济虚拟化的发展是经济高度发达、高度成熟的必然结果。经济虚拟化又进一步削弱了虚拟资本与真实资本的联系，使金融资产日益脱离实质经济的基础而自我膨胀，形成了一个极不稳定的"倒金字塔"结构。其上层的虚拟资本越膨胀，底层实质经济的支撑压力就越大，一旦公众对金融资产价值转化为物质产品的信念破灭，或物质生产出现动荡，金融危机的爆发就不可避免。

同时金融资产的虚拟性越高，自我膨胀性就越强，泡沫就越多，投机的狂热性就越强，金融风险也越大，尽管最终会因泡沫破灭而消肿，但在这种膨胀和消肿过程中，不仅加大金融风险，造成金融市场的动荡，还会危害整体金融和经济的正常运作，加大经济波动的幅度并引发金融危机。

案例

以美国次债危机为例，危机爆发后，很多研究者才发现美国发行的CDO衍生工具的量早已经超过了美国GDP的无数倍，这是危机爆发后实体经济难于承受的数量。

三、金融创新风险与金融监管

正是因为金融创新会带来一定的创新风险，所以金融监管当局有必要对金融创新进行合理的引导和适当的管制。

（一）金融创新与金融监管的关系

从根本上说，金融监管和金融创新是两个不同的金融主体为了实现各自的目标而分别进行的金融活动，两者之间既对立又统一。

对立是指金融创新的一个重要原因是为了规避金融监管方面的金融管制，而现行的金融管制体制也是在金融监管当局与金融机构之间管制与创新的博弈过程中形成的。而反过来，金融创新又削弱了金融监管部门的监管职能。大量新工具的产生，导致各种金融工具的区分越来越难，传统的货币测量和监督采用的货币层次渐趋失效，货币总量与信贷总量的监控难度加大，金融创新模糊了各金融机构之间的界限，使金融监控越来越复杂，在两者的博弈过程中，监管方总是处于被动的地位，导致监管弱化。

统一则是说两者所要达到的目标具有一致性，即要实现金融业的发展，金融发展史也表明金融监管与创新是金融业发展永恒的主体，“监管管制—创新—再监管管制—再创新”，从而推动金融业不断向前发展。

（二）加强金融监管，防范金融创新风险的措施

1. 推进金融创新，分散金融市场风险

推进金融创新，分散金融市场风险，通过加快房地产金融发展分散金融市场风险，曾是美国化解储贷危机的有力工具。20世纪70年代，美国房地产金融市场处在初期阶段，市场上金融产品比较单一，对银行间接融资渠道的依存度非常高，大量房地产贷款由银行系统持有（其中约2/3由储贷机构持有），累积了很大风险。至1980年，美国房地产市场进入调整期，大量房贷违约引发了储贷机构的倒闭风潮。

据统计，截至1980年储贷危机爆发时美国银行系统共持有近70%的房地产按揭贷款。这次储贷危机甚至威胁到美国整个银行系统，迫使美国政府、美联储动用大量资金清理储贷市场。随后美国政府通过一系列法规放松管制，促进金融市场创新，将原来高度集中在银行系统的房地产按揭贷款资产通过金融市场分散给不同的投资者主体。到1993年，银行系统持有的按揭贷款比例已降低到30%左右，并长期保持在该水平。

通过现代金融产品的创新，美国房地产行业的风险由金融市场上不同投资者群体分担，减小了房地产发展周期对金融体系和整个国民经济可能带来的系统性冲击。美国房地产金融市场的发展在很大程度上降低了银行系统乃至整个金融体系的风险隐患。

房地产金融市场的不发达，已经成为制约我国房地产市场稳定健康发展的重要因素，并

成为影响我国银行系统乃至整个金融体系稳定的潜在风险点。因此，应大力推进房地产金融领域的创新，尽快推动住房按揭贷款证券化市场的发展，以化解集中于银行体系的金融风险。

2. 加大金融衍生品市场监管力度

当前，激烈的竞争迫使金融机构不断进行金融创新，流动性过剩又迫使其迅速提供更新、更直接地能让消费者受惠的金融服务。但随着金融创新活动的深化和金融业务的细分，信息不对称的问题日趋严重，金融衍生产品的链条越拉越长，潜在的风险越来越难以察觉。这种情况下若监管不到位，金融创新所带来的风险积累到一定程度，极易爆发全球性金融危机。

因此，监管部门应要求市场参与者进行必要的信息披露并解释衍生产品收益和风险形成的机理，同时也要设计出一套有效的激励机制，以事前约束信贷市场中金融创新所可能伴随的道德风险。

3. 加强市场纪律，注重市场约束，减低金融创新市场与机构风险

市场既是竞争的场所，也是一个自然的监督机制。因为市场本身就从不间断地对参与者行为进行着监督，所以各经济体都日益强调市场约束。如1999年美国《金融服务现代化法案》的实施、2001年《新巴塞尔协议》的出台以及2002年美国《萨班斯—奥克斯利法案》的颁布，使金融监管中的市场约束受到高度重视。

各国监管当局正采取各种方法将政府监管与市场约束有机地结合起来，提高金融监管的效率，加强市场信息披露、注重信用评级，通过积极推行银行信用、加强金融债权管理等一系列措施强化市场信用观念，提高信用意识，发挥市场制约作用。这些措施就是通过市场经济力量本身对金融机构和金融活动实施约束，从根本上防范金融风险。

网络小额贷款清理整顿工作正式开始

2017年4月，中共中央政治局就维护国家金融安全进行第四十次集体学习。习近平总书记指出：要加强金融监管，科学防范风险，强化安全能力建设，不断提高金融业竞争能力、抗风险能力、可持续发展能力。坚决守住不发生系统性金融风险底线。习近平总书记在十九大报告中再次强调：守住不发生系统性金融风险的底线。

12月1日，互联网金融风险专项整治工作领导小组办公室和P2P网贷风险专项整治工作领导小组办公室，联合下发了《关于规范整顿"现金贷"业务的通知》(以下简称《通知》)，中央对网络小额贷款清理整顿工作正式开始。

《通知》称，将严格规范网络小额贷款业务管理。对现金贷业务划出三大门槛，暂停发放无特定场景依托，无指定用途的网络小额贷款，逐步压缩存量业务，限期完成整改。

资料来源：互联网资料汇总。

4. 金融市场开放有序，减少外资对内资市场的冲击

稳步有序地推进金融开放，加强对跨境资本流动的监管，最大限度地减少外部风险对境内资本市场的冲击。近年来，在人民币升值预期等因素的带动下，流动性的境外输入成为境

内流动性过剩的一个重要原因。次级债危机迅速波及全球资本市场再次表明，在全球资本流动日益频繁且市场预期趋同化的背景下，一个开放经济体的金融市场很难独善其身。

对目前我国还处于发展初期的金融市场来说，市场规模、金融产品以及抗风险能力尚待完善，稳步有序地推进金融开放至关重要。事实证明，相当数量的境外资金已经通过各种渠道流入境内，加剧了境内的流动性过剩。因此金融监管层尤其应加大协调和配合力度，加强对跨境资本流动的监管，防止其对境内金融市场的稳定带来不利影响。

5. 防范金融创新造成的泡沫急剧累积

切实防止资产价格过快攀升与资产泡沫堆积。资产价格虽然是一种虚拟经济元素，但往往隐藏着巨大的破坏力，其过快攀升导致的直接后果就是对实体经济的平稳运行造成巨大伤害。无论是美国次贷危机、1997 年的亚洲金融危机还是 20 世纪日本的经济萧条，资产价格的过快攀升都是一个直接诱因。对此，我国必须要有清醒的认识，并引以为戒。

6. 提升金融监管的国际合作力度

随着金融市场的全球一体化，金融创新具有系统化、国际化特征，一国金融监管部门在进行监管时通常是鞭长莫及，这就要求通过金融监管的国际协作，各国监管机构与国际性金融组织的合作与协调，能有效地降低金融创新风险。

金融创新监管的国际监管可以是国与国之间的协作监管，也可以是国际性组织对其成员国所进行的风险监管，加强各国金融监管部门的合作，对国际性的金融创新实行统一的监管标准，确保金融创新既有效率，又安全可靠。

【关键术语】

创新、金融创新、金融创新风险、经营风险、技术操作风险、信用风险、CDO

一、单项选择题

1. 金融创新增强了货币供给的（　　）。

A. 内生性　　B. 外生性　　C. 可测性　　D. 可控性

2. 创新理论最早是由（　　）提出的。

A. 凯恩斯　　B. 熊彼特　　C. 麦金农　　D. 费雪

3. 金融创新风险可以被定义为（　　）。

A. 金融内部通过各种要素的重新组合和创造性变革所创造或引进的新事物

B. 金融创新活动本身的风险

C. 金融创新所带来的新的风险

D. 金融创新活动本身的风险和由于金融创新所带来的新的风险

二、判断题

1. 金融创新能大大促进一国金融的发展，为金融活动提供更多的机会和更丰富的形式，对一国金融有百利而无一害。（　　）

2. 我国目前没有金融创新风险。（　　）

3. 金融创新不断强化了金融监管部门的监管职能。（　　）

4. 按金融创新的主体不同，可将金融创新划分为政府主导型和市场主导型。（　　）

5. 金融创新会带来一定的创新风险，但是因为风险有很多不确定性，所以金融监管当局没有必要对金融创新进行合理的引导和适当的管制。　　（　　）

三、简述题

1. 简述金融创新及其基本分类。
2. 金融创新的主要表现有哪些?
3. 简述金融创新的主要原因。
4. 简述金融创新的正效应和负效应。

四、实践课堂

通过查阅资料，了解美国金融危机与金融创新工具之间的关系。此后由教师组织课堂讨论和分小组讨论，分析美国金融危机之所以快速蔓延，其内在的原因是什么？是否与金融工具创新具有一定的联系。最后，由各小组总结讨论发言和对上述问题的重新思考和完善，形成讨论报告《美国次债危机快速蔓延的成因分析》。

参考文献

[1] 许鑫辉.商业银行表外业务及风险管理实务手册[M].北京：中国知识出版社，2006.
[2] 吕细根.外汇交易实验教程[M].北京：中国金融出版社，2006.
[3] 满玉华.金融创新[M].北京：中国人民大学出版社，2009.
[4] 贾芳林.商业银行信贷实务[M].北京：中国财政经济出版社，2009.
[5] 苏剑.宏观经济学(中国版)[M].北京：北京大学出版社，2010.
[6] 宋羽.金融学教程(双语)——理论与实训[M].上海：复旦大学出版社，2010.
[7] 魏强.外汇交易进阶[M].2版.北京：经济管理出版社，2011.
[8] 龚维新.现代金融企业营销[M].北京：立信会计出版社，2011.
[9] (美)艾特曼，斯通西尔，莫菲特.国际金融[M].刘园，译.北京：机械工业出版社，2012.
[10] 立金银行培训中心.银行公司业务新产品、新思路培训[M].北京：中国金融出版社，2012.
[11] 周小川.国际金融危机：观察、分析与应对[M].北京：中国金融出版社，2012.
[12] 梁建峰.人民币外汇市场风险管理研究[M].北京：经济管理出版社，2012.
[13] (美)罗斯，(美)赫金斯.商业银行管理[M].北京：机械工业出版社，2013.
[14] 武飞.商业银行柜台业务[M].二版.北京：中国人民大学出版社，2013.
[15] 张亦春，郑振龙，林海.金融市场学[M].4版.北京：高等教育出版社，2013.
[16] 魏洋.商业银行经营中的法律风险与防控[M].杭州：浙江大学出版社，2013.
[17] 马晓青.商业银行业务与管理实务[M].上海：上海财经大学出版社，2013.
[18] 姜达洋.商业银行业务与经营实验教程[M].北京：中国人民大学出版社，2013.
[19] 凯恩斯.从零开始读懂金融学[M].北京：立信会计出版社，2014.
[20] 窦学欣.金融的力量—你必须知道的金融学常识[M].北京：时事出版社，2014.
[21] 王丽丽.商业银行资产管理业务实践与探索[M].北京：中国金融出版社，2014.
[22] 李俊峰，张永军.金融学学科前沿研究报告[M].北京：经济管理出版社，2015.
[23] 中国人民银行征信管理局.现代征信学[M].北京：中国金融出版社，2015.
[24] 杨丽荣.公司金融学[M].四版.北京：科学出版社，2016.
[25] 王德河.衍生金融工具[M].北京：中国金融出版社，2016.
[26] 刘纪鹏.资本金融学[M].北京：中信出版集团，2016.
[27] 张红伟.货币金融学[M].二版 .北京：科学出版社，2016.
[28] 何海霞.金融学理论与实训(示范性应用技术大学创新教材)[M].北京：经济科学出版社，2016.
[29] 胡征.网络金融[M].北京：清华大学出版社，2017.
[30] 陈平，何太胜，刘志婷，等.金融学[M].北京：高等教育出版社，2017.

推荐网站

1. 中国人民银行网 http：//www.pbc.gov.cn/
2. 国家外汇管理局 http：//www.safe.gov.cn/
3. 中国银行业监督管理委员会 http：//www.cbrc.gov.cn/
4. 中国证券监督管理委员会 http：//www.csrc.gov.cn/
5. 外汇通：http：//www.forex.com.cn/
6. 世界汇金网：http：//www.globefinance.net/
7. 国家发展和改革委员会官网 http：//www.sdpc.gov.cn/
8. 各大商业银行网站
9. 金融界网站：http：//www.jrj.com/

附录

金融行业相关法规

一、法律

1. 中华人民共和国民法通则
2. 中华人民共和国劳动法
3. 中华人民共和国商业银行法
4. 中华人民共和国保险法
5. 中华人民共和国证券法
6. 中华人民共和国合同法
7. 中华人民共和国担保法
8. 中华人民共和国票据法

二、行政法规

1. 中华人民共和国保障措施条例
2. 中华人民共和国证券公司监督管理条例

三、部门规章及规范性文件

1. 保险代理、经纪公司互联网保险业务监管办法(试行)
2. 保险公司保险业务转让管理暂行办法
3. 电子银行个人结售汇业务管理暂行办法
4. 保险业反洗钱工作管理办法
5. 保险中介服务集团公司监管办法(试行)
6. 中国人民银行令〔2013〕第1号《征信机构管理办法》
7. 证券投资基金销售管理办法(2011)
8. 证券投资基金管理公司公平交易制度指导意见(2011年)

9. 关于印发电信网络新型违法犯罪案件冻结资金返还若干规定实施细则的通知

10. 证券登记结算管理办法(2009)

11. 证券发行与承销管理办法(2010)

12. 证券公司融资融券业务管理办法(2011)

13. 银行卡清算机构管理办法(中国人民银行行长：周小川)

14. 商业银行贷款损失准备管理办法

15. 商业银行代理保险业务监管指引

16. 证券期货业反洗钱工作实施办法

17. 第三方电子商务交易平台服务规范

18. 商业银行理财产品销售管理办法

19. 商业银行杠杆率管理办法

20. 票据管理实施办法

21. 工业和信息化部关于做好中小企业金融服务合作工作的通知

22. 存款保险条例(国务院令　第660号)中华人民共和国国务院令　第660号

23. 中国人民银行金融城域网入网管理办法(试行)

24. 融资性担保公司管理暂行办法

25. 中国银监会关于规范银行业服务企业走出去加强风险防控的指导意见银监发〔2017〕1号

26. 同业拆借管理办法

27. 关于对小微企业免征有关政府性基金的通知财税〔2014〕122号

28. 中国银监会关于完善和创新小微企业贷款服务，提高小微企业金融服务水平的通知(银监发〔2014〕36号)